U0468974

新时代『长江之歌』

贺云翱 著

2022年江苏省主题出版重点出版物

·南京·

图书在版编目(CIP)数据

新时代"长江之歌" / 贺云翱著. -- 南京 : 河海大学出版社, 2022.12(2024.9 重印)
ISBN 978-7-5630-8173-8

Ⅰ. ①新… Ⅱ. ①贺… Ⅲ. ①长江流域—文化史
Ⅳ. ①K295

中国国家版本馆 CIP 数据核字(2023)第 025003 号

书　　名	新时代"长江之歌" XINSHIDAI "CHANGJIANG ZHI GE"
书　　号	ISBN 978-7-5630-8173-8
策划编辑	朱婵玲
责任编辑	倪美杰　吴　淼
文字编辑	朱梦楠
特约校对	陈晓峰　刘　超
装帧设计	私书坊 红骑士设计
摄　　影	孟　凯
出版发行	河海大学出版社
地　　址	南京市西康路 1 号(邮编:210098)
电　　话	(025)83737852(总编室)　(025)83722833(营销部)
经　　销	江苏省新华发行集团有限公司
排　　版	南京布克文化发展有限公司
印　　刷	南京新世纪联盟印务有限公司
开　　本	718 毫米×1000 毫米　1/16
印　　张	20.25
插　　页	1
字　　数	295 千字
版　　次	2022 年 12 月第 1 版
印　　次	2024 年 9 月第 2 次印刷
定　　价	98.00 元

序言

2020年11月14日，习近平总书记在南京主持召开“全面推动长江经济带发展座谈会”。他在会上指出：“要保护传承弘扬长江文化。长江造就了从巴山蜀水到江南水乡的千年文脉，是中华民族的代表性符号和中华文明的标志性象征，是涵养社会主义核心价值观的重要源泉。要把长江文化保护好、传承好、弘扬好，延续历史文脉，坚定文化自信。要保护好长江文物和文化遗产，深入研究长江文化内涵，推动优秀传统文化创造性转化、创新性发展。”2021年12月，国家决定正式启动长江国家文化公园建设，今天，长江一线十三个省（含自治区、直辖市）的长江国家文化公园建设正如火如荼地展开。

考古学证明，作为中华民族的母亲河，长江与黄河共同哺育了中华文明。

长江文化的起点在哪里？可以通过考古学的发现来探寻。长江流域是东亚地区人类最早的栖息地。在安徽繁昌，发现了距今约200万至170万年的人字洞旧石器文化遗址和远古人类使用过的石制品和骨制品，这是迄今为止东亚区域发现的最早的人类文化遗存。此外，在长江上游发现了约170万年前的旧石器早期巫山人遗址、元谋人遗址，在南京汤山，安徽和县，湖北郧阳、大冶等地发现了距今50万至20万年的史前古人类遗存，证明长江流域是东亚地区人类起源和早期发展的最重要地区之一。

旧石器时代晚期，在文化演进上，生活在长江南岸的人类先民有很多创造性突破。在江西万年县仙人洞与吊桶环遗址、湖南道县玉蟾岩遗址，发现了距今约1.5万年、有人工驯化特点的水稻，显示长江流域是世界栽培稻的起源地。在上述地点发现的陶片，则证明长江流域是我国乃至世界上最早的陶器制作技术诞生地。在长江下游的浙江浦江上山文化和长江中游的湖南澧县彭头山文化遗址，距今约1万至8000年，人类已走出洞穴，开始稳定的农业定居生活。此后，长江之滨的先民渐渐发明了先进的木结构建筑技术、木船制造技术和漆器制作技术。在浙江余姚河姆渡遗址，考古学家发现的榫卯种类有十余种，使今人不得不惊叹先民们高超的建筑技艺。

新石器时代中晚期，长江流域又出现了大溪文化、屈家岭文化、马家浜文化、崧泽文化、桂圆桥文化等文化类型。湖南澧县的城头山古文化遗址，出现了我国迄今为止时代最早的古城遗址，代表着中国乃至东亚的城市起源。

大约五千年前，中国境内最早的国家文明在长江流域的良渚出现，形成了完备的城市、水利、农业、手工业系统。根据对良渚文化、石家河文化、宝墩文化等一系列古城系统的研究，学者认为，大约4500年前，长江流域的上、中、下游区域都已大体进入区域性古国阶段。长江文明的产生，为此后夏商周时期广域国家的出现奠立了深厚而广博的文化基础。

商周青铜时代，长江流域盛产铜、锡原料。沿着长江，从今天的江西瑞昌到安徽铜陵和繁昌，均发现了一些商周时期开采的铜矿，说明中原青铜礼器文化所需要的铜料采集和初步加工离不开长江流域。这一时期，瓷业技术也在长江下游一带诞生。春秋战国时期，长江流域最终形成了三个主流文化圈：上游的巴蜀文化圈、中游的荆楚文化圈、下游的吴越文化圈。此后各个历史阶段，长江流域的文化一直稳步发展，日臻完善。必须提及的是六朝，在这一阶段，长江文化攀上新高峰。两晋之交，衣冠南渡，来自北方的移民带来了优秀的文化和先进的农业手工业生产技术，不但促进了江南的经济繁荣，也使长江文化更加丰富多元。六朝时代，长江流域在哲学、文学、科学、史学、教育、书法、绘画、雕塑等方面，涌现出一大批著名学者和艺术家，创作了很多传世之作。出自建康(今南京)的文化还远播到东亚各国，产生深远影响。

隋唐时期，长江下游的扬州和上游的益州成为富庶繁荣的全国性大都市，享有“扬一益二”之誉。南宋时代开始，中国的经济、文化中心转移到长江流域。明清时代的长江下游，以南京、杭州、苏州、徽州等城市为中心，形成驰名中外的江南文化圈，代表了中国古代社会的又一文化高峰，一直影响到近现代。

1840年鸦片战争之后，长江是较早直面西方工业文明挑战的区域。上海、宁波、安庆、芜湖、武汉等长江流域城市陆续开埠，张之洞、张謇、无锡荣氏家族、卢作孚、范旭东等民族工业巨子在长江沿岸建造工厂，探寻实业救国之路。教育救国、科学救国的时代风潮也在长江流域兴起。100多年来，长江也是上演革命风云的大舞台，从辛亥革命到新文化运动，从中国共产党成立到南昌起义，从井冈山革命根据地到瑞金中华苏维埃共和国政府成立，从遵义会议到飞夺泸定桥，从抗战全面爆发到渡江战役，近代史上很多重大的事件都发生在长江一线。新中国成立以来，特别是改革开放以来，长江经济带和长三角一体化建设成为国家重大战略，今天，长江是真正的中国经济脊梁和生态文明建设的重地。

历史表明，万里长江浇灌了长江文化数万年之花，哺育了中华文明五千年果实，也滋养着近现代无数的仁人志士持续奋进。

长江文化是独特的流域性文化，是中华传统文化的重要组成部分。其富有创造性的文化精神历久弥新。长江文化细腻精致，浪漫潇洒，恣肆豪放，兼容并蓄。曾有学者从文学角度进行比较，认为黄河流域文学以《诗经》为代表，充满了浓郁的现实主义风格；长江流域文学以《楚辞》为代表，屈原、李白、苏东坡等来自长江边的作家潇洒不羁，尽情挥洒着浪漫激情，他们的文字会让人联想起奔腾不止、浩浩汤汤的一江碧水。

长江是世界第三大河、亚洲第一大河，在国际上享有很高的知名度。长江具有一往无前的开放胸襟，自古以来，长江上游连通着绿洲丝路、高原丝路、西南丝路，长江中下游连接起大运河与海上丝绸之路，从六朝开始，来自各国的商船就在长江上下游往来不绝。在当代，我们要大力发掘长江文化内涵，用多种形式讲好长江故事，不但重视长江厚重深远的历史积淀，更要展示长江流域日新月异的发展面貌。

万里长江最后在江苏和上海之间汇入大海。江苏段长江长达433公里，对江苏文化的形成起过重要作用。长江和大运河一横一纵，滋养和塑造了江苏璀璨的地域文化。历史上，和长江文化相关联的吴文化、越文化、楚文化、汉文化、六朝文化、盛唐文化、宋文化、明文化、江南文化、江淮文化、江海文化、近代工商业文化等，均与江苏有密不可分的关系。江苏人崇文重教、儒雅精致、开放包容的性格，也能归因于日夜流淌的长江水。在历史上一些南北对峙的年代，长江曾几度阻挡了北方游牧民族的铁蹄，使得江南免遭兵燹，在相对安定的环境中推动着江南文化的持续发展。

江苏学术界一直重视对长江文化的研究，江苏考古学界与文化遗产界为长江文物发掘、长江文化遗产保护传承、长江文化文博场馆建设等做过大量卓有成效的工作。同时，江苏省委宣传部、江苏省文化和旅游厅、江苏省社科联、江苏省社科规划办以及南京市文化和旅游局等也分别组织过与长江文化保护继承弘扬及长江国家文化公园建设的课题研究，本书在形成过程中，同样得到这些部门的大力支持，在此深表感谢！南京大学文化与自然遗产研究所长期以来一直投身于长江文化的研究和建设事业，20多年前就创办了《长江文化论丛》，积累了丰富的成果，本书所录正是其中的一部分。在长江文化研究课题进行过程中，南京大学文化与自然遗产研究所的干有成、杜九如、李志平、管燕如、万圆圆、黄亮、和玉兰、黄文浩等同志协助开展田野调查和资料收集。在此一并表示感谢！我们将和全国其他学者协同努力，与长江经济带沿线各省、直辖市以及各兄弟城市加强合作，为建好用好长江国家文化公园，让长江文化在中国式现代化建设中发挥更大作用而做出不懈奋斗，继续谱写新时代的长江之歌。

上篇　中华文明标识体系中的长江文化内涵与价值

下篇　长江文化在江苏的保护、传承与弘扬研究

专题篇

上篇

中华文明标识体系中的长江文化内涵与价值

一、长江文化：中华文明的壮丽篇章

长江流域是东亚地区最早的人类栖息地。在长江上游发现的旧石器时代早期巫山人、元谋人化石，长江下游出现的繁昌人字洞旧石器文化，时代可以早到200万年到170万年前，这是迄今东亚区域发现的时代最早的古人类和文化遗存。此后的百万年间，长江流域一直有人类活动，在南京汤山，安徽和县，湖北郧阳、大冶、长阳等地都发现了50万～20万年前的史前古人类，至于10万～5万年前的古人类及其文化遗存更是分布于长江的上中下游地区。这表明长江流域是我国乃至东亚地区现代人起源和早期发展最重要的地区之一。

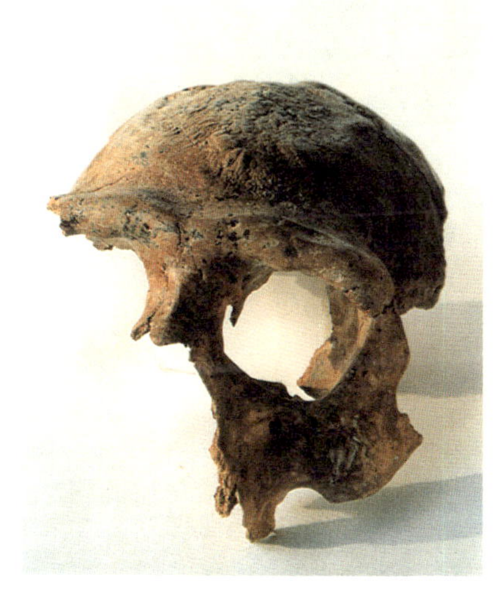
南京人Ⅰ号头骨

大约在旧石器时代晚期，长江南岸已经开始了将野生稻驯化为人工栽培稻的伟大历程。湖南道县玉蟾岩、江西万年仙人洞两处遗址都发现了距今1.5万年左右带有人工驯化特点的水稻遗存，这证明我国长江流域是世界栽培稻的重要起源地。此后，在1万年前左右，人工栽培稻已经在浙江境内普遍种植，并且由长江之滨向淮河流域传播。至于长江流域的人工水稻技术是如何影响东亚、东南亚乃至世界其他国家的，则是一个正被广泛讨论的全球性学术话题。

昆山绰墩遗址出土稻谷遗存

与水稻驯化有关的是，长江流域目前还是我国乃至世界上最早的陶器制作技术诞生地。在上述江西、湖南两个发现最早有水稻驯化遗存的考古地点，同样发现了最早的陶器遗存。陶器的发明，意味着人类已经由单纯把一种自然原料加工成另一种成品(如从石头到石器、从木头到木器等)的历史阶段，进入了将不同的自然原料经过一定物理、化学过程而制造出一种全新产品的新时代。如果说，人工栽培水稻最早从长江流域起源与这里的野生稻品种、气候、土壤及水热条件等有关，而陶器这种纯粹的文化之物也从这里诞生，则可能与长江之滨这一时期古人的生活方式变革和生活智慧的累积有密切关系。

农业的诞生改变了人类的发展进程，为此，考古学家柴尔德称之为“农业革命”。在1万年到8000年前，长江流域的下游有上山文化，中游有彭头山文化、高庙文化，都已经出现农业聚落。此后，长江流域的先民利用较为稳定的农业定居生活，发明了中国也是世界上最早的发达的木结构建筑、木船制造、漆器制作、竹编工艺等，在浙江跨湖桥遗址、河姆渡遗址、田螺山遗址等，都发现了干栏式建筑遗存或造船与漆器制作遗存，那些令人惊叹的榫卯技术实物为后来中国乃至东亚区域的木结构建筑体系和家具工艺开启了技术先河。

到五六千年前，整个长江流域的先民依靠不同的地区条件，分别创造了上中游结合部的大溪文化，中游的屈家岭文化、山背文化，下游的马家浜文化、凌家滩文化、崧泽文化、北阴阳营文化、薛家岗文化等。在长江上游地区，到5000年前左右，也出现了桂圆桥文化类型，尽管这种文化最初来自黄河上游，但它一旦到了长江之滨，很快就由原先的旱地粟作农业转向水田水稻农业。长江全域的水稻农业经济培育创造了长江文明。

历史发展到5000年前左右，世界上几个大河流域——非洲的尼罗河、西亚的底格里斯河与幼发拉底河、南亚的印度河与恒河、中国的长江与黄河以及辽河流域，都诞生了世界上最早的国家文明。目前，考古界认为，在今天的中国境内，最早的国家文明出现于长江流域。2019年成功申报为世界文化遗产的良渚文化古城遗址正是早期国家文明的标志性遗存。在这里，保存着具有都邑性质的古城、高等级祭坛式墓地、发达的农业水利系统、巨大的水稻仓储设施、宛如天工的玉礼器系统及其他先进的手工业如丝织、竹编、牙雕、石器、漆木等遗存，还有遍布于太湖平原和杭嘉湖平原的不同规模和级别的良渚农业聚落群，都展现出这一中国时代最早的区域性古国高度发达的文化创造，尤其是其玉礼器系统，可谓开启了中国后来夏商周时代玉礼器传统的第一页。如果结合长江中游地区时代稍晚的石家河文化古城系统、长江上游地区的宝墩文化古城系统，我们可以认为，在四五千年前的时代框架内，因为治水、农业、适应复杂社会的治理要求、面对内部和外部的各种压力等种种需求，长江流域上、中、下游区域都已经大体进入区域性古国阶段。长江与黄河共同塑造了中华文明早期阶段的多彩场景，为此后中国广域国家的出现奠立了最深厚最广博的文化基础。

在4000多年前，中国的文明中心是在黄河中游地区，以夏王朝的出现为标志。相当于3000多年前的商王朝时期，长江流域的文化地位重新崛起，从上游的三星堆文化，到中游的吴城文化，再到下游的湖熟文化、马桥文化，都有各自的文明创造。三星堆奇异的人物青铜铸像、铜铸神树神坛、黄金面罩、巨型玉器、青铜礼器和象牙祭祀，吴城的新干大墓青铜器群，长江中下游开创的世界上最早的瓷器技术系统等，都昭示着长江流域先民拥有文化的独创性。整个青铜时代，长江流域还因盛产铜、锡原料而受到中原王朝的高度重视，“金三品”成为《尚书·禹贡》篇中地处长江中下游的“扬州”和“荆州”之域的最重要“贡品”。位居湖北武汉郊区的商代盘龙城遗址被认为是与中原王朝控制长江流域铜、锡资源有关

的重要遗存。考古学家近年在湖南麻阳，江西瑞昌，安徽铜陵、南陵等地都发现了商周时期的铜矿开采遗址。可以认为，中国的青铜文明离不开长江流域青铜原料资源的支撑作用。

三星堆遗址出土大立人像

三星堆遗址出土跪坐人像

三星堆遗址出土人面像

三星堆遗址出土人头像

到距今 2500 年左右的春秋战国时期，长江流域最终形成了三个主流文化圈，即上游的巴蜀文化圈、中游的荆楚文化圈、下游的吴越文化圈。这三大文化圈其实也是不同区域文化数千年甚至是万年持续发展的结晶，更是长江文化与黄河文化不断互动发展的重要成果。这一时期，长江流域的三大文化圈都有非凡的创造，有的文化成就影响极其深远。如长江中下游的青瓷及其"龙窑"烧制技术，楚国发达的漆器工艺和青铜工艺，吴越国家的铜剑铸造技术和航海技术，吴、越、楚国的铁器冶炼技术、丝绸纺织技术，齐人孙武在吴国完成的《孙子兵法》，楚国伟大的文学家屈原等人创造的"楚辞"文化成就，楚人老、庄完成的"道家"学说，沿江区域先民对水利水运事业的开拓等，都代表着许多开创性的业绩。其中吴人依托长江开挖的"邗沟"成为后来中国大运河的滥觞，秦蜀郡守李冰父子创设的"都江堰"造福成都平原两千多年，长江流域历来成为道教文化的重地，它们的相关创造今天都成为饮誉世界的文化遗产。

整个春秋战国时代，长江流域多国并立，各国大力发展水利、航运、农业、手工业等产业，积极开发铜、铁、锡、铅等矿藏，几乎都率先进入铁器时代；创造出造型繁复的瓷器、成熟的几何印纹硬陶器和龙窑烧制技术，都江堰、邗沟、芍陂等水利水运成就世界领先；漆器、蜀锦、丝织、盐业、铸铜、冶铁、治玉、造船等各业发达。水陆交通推动着商业兴盛，楚国使用金银铜三种货币，在当时列国中独树一帜。各国都出现了一些优秀人才，如吴之干将、伍子胥、季札、孙武、夫差等，越之欧冶子、范蠡、计然，楚之孙叔敖、屈原、李耳、鄂君启，蜀地之李冰父子，临邛之卓氏，巴之寡妇清等，他们堪称手工业、商业、水利业、军事、文学等不同方面的文化巨子，是长江流域文化发展的重要代表。其中

吴王夫差剑

楚国的道家思想成为中国古代最为重要的原生态思想，其自然主义和浪漫主义的结合，为此后长江流域文化的发达提供了独特而深厚的哲学基础。

战国末期，中国出现政治统一的趋势，当时列国中以黄河流域的秦国和长江流域的楚国最具统一天下的条件。楚国首先统一了长江下游的吴、越国家，把楚国势力从长江中游扩展到长江下游，同时也进军上游攻击地处长江三峡一带的巴国。然而，地处黄河流域的秦国君臣早已看到长江上游的战略地位，出兵先行攻灭巴、蜀两国，为从上游出兵循江而下攻灭楚国而最终统一天下创造了条件，正如秦国国相司马错所言“得蜀则得楚，楚亡则天下并矣”。史书又言李冰于蜀郡“开成都两江，造兴田万顷以上，始皇得其利，以并天下”。果然，从公元前 313 年开始，秦人逐步夺取楚国长江上游及汉水一带的领土，迫使楚国离开中游的郢都(今江陵)而迁往长江下游区域，楚国势力由此迅速衰弱。公元前 224—前 223 年，秦军先后灭楚都寿春、郢陈，到公元前 222 年，秦将王翦率大军平定江南，设会稽郡于吴(今苏州)，楚国即彻底灭亡。秦国为统一岭南，又于湘江上游开凿沟通长江与珠江的重要人工运河——灵渠，并借此运输粮草，于公元前 214 年成功实现统一岭南地区的战略任务。

秦国灭楚及统一中国，使得长江文化与黄河文化能够一体化发展，共同成为华夏文明中的核心内容。不过，尽管楚亡于秦，但立足于长江流域的楚国文化底蕴深厚，而且楚文化在战国后期广泛传布于长江上中下游，故而在秦汉之际，民间就有“楚虽三户，亡秦必楚”的说法，果然，秦国统一之后不过 15 年时间便告灭亡，楚人陈胜、吴广、项梁、项羽、刘邦、陈婴等成为起兵灭秦的主要力量。到公元前 202 年，刘邦建立西汉王朝，汉语、汉字、汉赋、汉民族、汉文化、汉文明等都因西汉而得名，而汉文化体系中便包容着大量楚文化要素。我们从西汉时代的文学、艺术作品和手工业产品中，可以深切感受到楚文化在其中占有着重要地位。

西汉实行“郡国并行制”，长江流域分封的吴、楚等国势力强大，立国广陵(今扬州)的吴王刘濞一度富敌天下，以致酿成后来威胁中央的吴楚“七国之乱”。考古学家发现的湖南长沙马王堆汉墓、江西西汉海昏侯墓、江苏盱眙大云山西汉江

长江北岸盱眙大云山汉墓

都王墓、江苏高邮神居山西汉广陵王墓等，都展现了西汉时代沿江流域封建侯王强大的政治和经济力量。西汉时代，长江上游还有云南的滇国、贵州的夜郎国等，这些区域后来也被逐渐纳入国家郡县治理体制。不过，总体上而言，西汉时代的长江流域开发程度要弱于黄河流域，西汉史学家司马迁在《史记》中说过：“楚越之地，地广人稀，饭稻羹鱼，或火耕而水耨……是故江淮以南，无冻饿之人，亦无千金之家”。当然，此话不可尽信，依考古发现，当时的长江南北之地皆有“千金之家”。结合《汉书·地理志》及其他资料，可知西汉长江一线中心城市有成都、江陵（今荆州）、长沙、合肥、广陵、会稽（吴，今苏州）等。其时，四川盆地的矿产、井盐、铸钱、蜀锦、漆器、冶铜，长江中下游的冶铁、陶瓷、蚕桑及丝绸、海盐、水上运输等各业都有显著进步，其中东汉耒阳人（桂阳郡人）蔡伦还是我国造纸术的重要发明人。

西汉时代，一批新的大型农田水利和运河开凿事业在长江流域兴起，如东汉马援进一步开拓灵渠；吴王刘濞开邗沟东道以通鱼盐之利；东汉陈敏为邗沟开挖新道，由广陵北樊良湖取道津湖，并从津湖直趋末口（今淮安），改变了邗沟绕道射阳湖的

长江北岸盱眙大云山汉墓出土的犀牛、驯犀俑

都江堰

图片来源:四川省都江堰水利发展中心

旧道;东汉顺帝时会稽太守马臻于今绍兴起建鉴湖,沟通钱塘江,又开通至姚江的水道,使浙东运河大体形成,长江北通淮、泗,南连钱塘江、姚江和珠江的水上运道日趋便利。

长江流域攀登上更高的文化高峰是从汉唐之间的六朝时代开始的。东汉末年,中原陷入农民起义和军阀争战,哀鸿遍野。公元220年东汉覆亡,进入三国时期,当时长江流域上游有蜀汉政权定都成都;中下游有孙吴政权定都建业(今南京),又有副首都在中游的武昌(今鄂州)。蜀汉大力开发西南,孙吴重点发展江南,都取得了超越往昔的成就,尤其是今南京从孙吴开始成为都城,此后又先后成为东晋及南朝宋、齐、梁、陈的都城,一举改变了长江下游长期以太湖平原苏州为中心城市的格局,从此临江而立的南京便成为长江下游中心城市,这种格局一直到近代鸦片战争之后上海崛起才得到改变。

孙吴以南京为中心,开挖了连通江南运河与秦淮河的人工运河“破岗渎”,这是把长江支流秦淮河第一次纳入大运河系统的重要工程。孙权还以今南京为中心,充分利用“通江达海”的有利条件,派海军或使臣去辽东、夷洲(今台湾)、扶南(今东南亚柬埔寨等地),开辟了长江流域的“海上丝绸之路”事业,史书上说当时“吴王浮江万艘”,由此可知东吴时期长江航运业的发达。

三国之后,西晋(265—316)短暂统一,定都洛阳。但西晋时期,政治不宁,建国26年后即发生“八王之乱”,黄河流域百万人民为之死亡,社会经济遭到严重破坏,最终导致更为严重的“永嘉之乱”及“五胡十六国”长达百年的持久战乱,中原大地都城被毁,白骨遍野,经济凋敝,长安、洛阳千年文明毁于一旦。西晋末年,晋室琅琊王司马睿率领一批大臣渡过长江,到达原东吴都城及江南地区,史称“衣冠南渡”。公元317年立国建康(今南京),史称东晋,长江流域大体成为东晋乃至后来的南朝国土,时间长达270多年。这一时期,横贯东西的长江成为阻挡北方“胡马”南下,保护中原百万南渡人士及江南土著的一道天险,黄河流域的中华优秀传统文化在江南大地得以保存和发展。这一时期北方先进的农业、手工业技术与江南传统生产技术相结合,大量南下人口以侨置郡县的方式安家落户，共同开垦长江流域的土地，开采矿藏资源，使得江南经济文化迅速发展，晋元帝本人就说过“今之会稽，昔之关中”，把浙东平原一带比喻为曾是膏腴之地的周汉立都之地关中沃野。广州出土的东晋砖铭也有“永嘉世，天下灾，但江南，皆康平……余吴土，盛且丰”的记载。都城建康，人口多达百万左右，有“大市百余所，小市十余所”，晋安帝时一次发生洪灾，石头城外江面上“商旅方舟万计，漂流败断”，可知长江航运之繁盛。沿江一线，大城市众多，著名者就有益州、荆州、雍州、湘州、江州、郢州、南徐州、广陵、毗陵郡、义兴郡、吴郡等。整个六朝时代，人才荟萃，文化成就突出，在建筑、哲学、文学、科技、史学、教育、书法、绘画、雕塑、佛教文化、道教文化等方面涌现出一大批著名学者、艺术作品及著作等，有的作品或著作迄今还属于经典之作，如王羲之的书法，顾恺之的绘画，南朝石刻，刘勰的《文心雕龙》，钟嵘的《诗品》，萧统的《昭明文选》，范晔的《后汉书》，裴松之的《三国志注》，沈约的《宋书》，萧子显的《齐书》，谢灵运和谢朓等人的诗歌，周兴嗣的《千字文》，徐陵的《玉台新咏》，萧绎的《职贡图》，常璩的《华阳国志》，葛洪的《抱朴子》《肘后备急方》，刘义庆的《世说新语》，僧祐的《出三藏记集》《弘明集》，慧皎的《高僧传》，法显的《佛国记》等，皆为当时文化智慧之凝聚，展现了长江流域特别是长江下游区域建康文化的一时之盛。诚如隋炀帝杨广所说：“永嘉之末，华夏衣缨，尽过江表，此乃天下之名都”。其时，长江流域成为华夏文化之中心，故而以都城建康为代表的文化远播到东亚列国，对今日本、韩国、朝鲜、越南一带的文化产生深远影响。

长江南岸南京象山王氏家族墓出土鹦鹉螺杯

公元 589 年，隋朝统一天下，相继分裂达 300 多年的黄河和长江流域再次统一。隋唐统一和秦汉统一最大的不同，就是长江流域的全面崛起，唐代人有谓长江下游区域是“茧税鱼盐，衣食半天下”“天下大计，仰于东南”之胜地。韩愈则说“当今赋税出天下，江南居十九”，即江南贡赋占了全国赋税的十分之九。长江下游的扬州和上游的益州成为全国性大都市，有“扬一益二”之誉。隋朝统治者尊重事实，不仅在文化上倾慕南方，而且开挖南北大运河，构建了以大运河为纵轴、长江为横轴联通整个国土的水运系统。长江及大运河沿线分布着众多政治和经济中心城市，国家的经济、文化中心逐渐从过去的黄河流域南移到长江流域，对外交往的中心也渐次南移，扬州、明州（今宁波）、青龙镇（在今上海）都成为重要的国际海港。到唐代中叶，“安史之乱”（755 年 12 月—763 年 2 月）导致黄河中下游地区一片残破，许多民众无家可依，由此推动了自西晋“永嘉之乱”后的第二次北方人口大量南下长江流域，这就进一步促进了南方劳动人口的增长和生产技术的提高，从此，长江流域经济文化地位超过黄河流域的格局便大体定型。唐代末年，起义四起，藩镇割据，天下大乱，历史进入五代十国阶段，“十国”中有九国分布在长江流域及东南沿海一带，位于南京的南唐，杭州的吴越，成都的前、后

南唐二陵顺陵

蜀尤其重要。以南唐为例，它被公认为是五代十国时期文化最为发达的国家，国主李煜有“词帝”之称，他把过去的伶工之词转而为“士大夫之词”（王国维评价），开一代文学之风，历史地位十分重要；南唐画院、南唐的文房用器、南唐国学教育、南唐佛学皆名垂后世，北宋史学家马令评价说“五代之乱也，礼乐崩坏，文献俱亡，而儒衣书服，盛于南唐……不然，则圣王之大典，扫地尽矣”。

五代之后的两宋时期，中国一直处于分裂状态，北方及西部少数民族先后建立辽、西夏、金、蒙古等政权，与宋王朝相继并立，两宋长期面临严峻的军事压力。但是，两宋王朝依托着经济发达的长江流域及南方区域，故而能够持续保持国家之强盛。据国内外史家研究，两宋时代商品经济、文化教育、科学创新均达到中国古代最繁荣的程度。咸平三年（1000），中国 GDP 总量折算为 265.5 亿美元，占世界经济总量的 22.7%，人均 GDP 达 450 美元，超过当时西欧的人均 400 美元，民间经济之富庶繁荣程度远超盛唐，故而历史学家陈寅恪先生说“华夏民族之文化，历数千载之演进，造极于赵宋之世”。我们从政治上观察，北宋并不拥有全部的黄河流域，其都城东京（今开封）虽为当时世界上之最大城市，然而其经济支撑却离不开大运河对长江流域丰富物产源源不断地输入。史载北宋时长江下游的“两浙之富，国用所恃，岁漕都下米百五十万石，其他财富供馈不可悉数”，其中太湖地区稻米产量居全国之冠，时有“苏常熟，天下足”之说。数据显示，北宋太平兴国六年（981），始定大运河岁运江淮税米 300 万石至京师，到了宋真宗（998—1022）、仁宗（1023—1064）二朝，年运量竟高达 800 万石，这是中国历代王朝从未有过的数量；南宋初，江淮、湖广、四川等沿江漕粮运抵都城临安的也达到 600 万石，其中江西一地占比达到近 1/3。

宋代国家财政还有一大特点，即商业税占到财政总收入的 70%左右，而当时商业税的主要收入来自城市。据学者研究，北宋年收税 40 万贯的城市先后有东京和杭州二城，长江流域占其一；20 万贯的城市有 5 个，都在长江一线；10 万贯的城市 18 个，其中 17 个在长江流域；5 万贯至 10 万贯的城市有 31 个，其中 18 个在长江一线；3 万贯至 5 万贯的城市有 43 个，其中 23 个在长江流域。这些城市中以今天的杭州、苏州、扬州、南京、镇江、宁波、衢州、湖州、长沙、成都等较为重要，长江流域的成都还是世界上最早的纸币（交子）诞生地。

两宋时代，西北陆上丝路受阻，海上丝路发达，长江一带设负责外贸机构“市舶司”的城市先后有杭州、明州（宁波）、苏州、润州（镇江）、温州、江阴军（江阴）、嘉兴府（秀州）的华亭（松江）、澉浦（海盐）、上海镇（上海）等。宋代长江流域农业发达，辟有围田、湖田、葑田、涂田等各种农田作业方式，南方传统的水稻和北方南下的麦、粟、黍、玉米等皆有种植；茶、棉、桑、麻、果木、甘蔗等经济作物普遍推广；国家在长江中下游引种“占城稻”，使产量大增。手工业如矿冶、煤炭、造纸、建筑、漆木、纺织、食品加工、陶瓷、造船、印刷、制茶、酿酒等各业兴旺，大量经济性集镇在沿江兴起，城市和城镇密度大为提高。

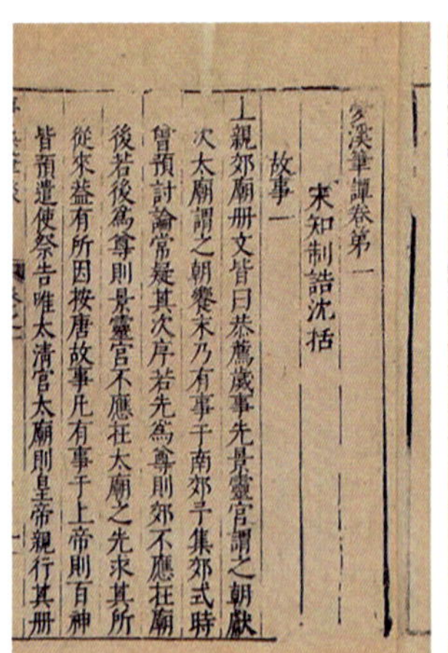
夢溪筆談卷第一
宋知制誥沈括
故事一
上親郊廟冊文皆曰恭薦歲事先景靈宮謂之朝獻
次太廟謂之朝饗末乃有事于南郊予集郊式時
曾預討論常疑其次序若先爲尊則郊不應在廟
後若後爲尊則景靈宮不應在太廟之先求其所
從來蓋有所因按唐故事凡有事于上帝則百神
皆預遣使祭告唯太清宮太廟則皇帝親行其冊

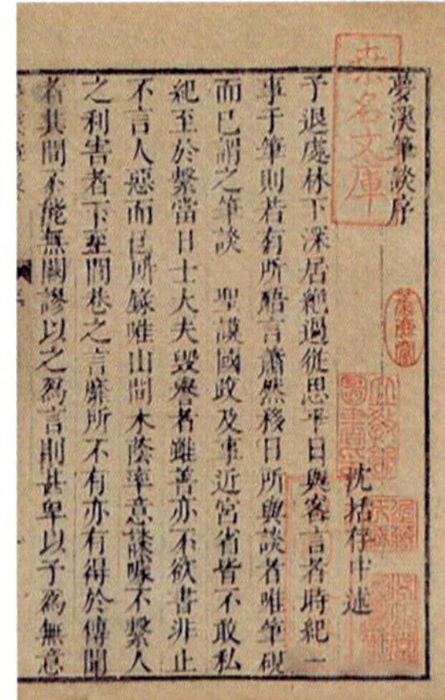
夢溪筆談序
沈括存中述
予退處林下深居絕過從思平日與客言者時紀一
事于筆則若有所晤言蕭然移日所與談者唯筆硯
而已謂之筆談　聖謨國政及事近宮省皆不敢私
紀至於繫當日士大夫毀譽者雖善亦不欲書非止
不言人惡而已所錄唯山間木蔭率意談噱不繫人
之利害者下至閭巷之言靡所不有亦有得於傳聞
者其間不能無闕謬以之爲言則甚卑以予爲無意

《梦溪笔谈》书影

这一时期，长江流域教育发达，科技称雄，民间书院兴起，理学兴盛。四大发明的发明者中的毕昇是杭州人；被世界著名科技史家李约瑟称为“中国整部科学史中最卓越人物”的沈括在镇江完成了“中国科技史上的坐标”——《梦溪笔谈》的撰著；火药及火枪制造中心主要在江陵、安陆、寿县等地；指南针已用于海上航行。宋代长江流域名人辈出，“古文运动”大师欧阳修，名满天下的“三苏”（苏洵、苏轼、苏辙），“江西诗派”的开创者黄庭坚，北宋改革家王安石，北宋理学大师周敦颐，南宋理学大师朱熹，南宋“四大家”杨万里、范成大、陆游、尤袤，词作大家晏殊、苏东坡、周邦彦、秦少游，爱国诗人文天祥等，皆是长江流域的文化巨子。

两宋之际，发生宋、金对抗，金兵对中原地区的野蛮军事行动引起中原人口的第三次大规模南下，渡江人口高达 600 多万人，长江流域再次接纳了大批北方移民，并且凭淮守江，保护了华夏文明的血脉，从此以宋文化为代表的中华优秀传统文化依据长江流域这片沃土坚守和创新，中国经济中心也彻底转移到长江一线，尤其是长江下游地区成为全国最富庶之地，乃至南宋时期形成了“上有天堂，下有苏杭”之说。

元明清时代，是中国的又一个大统一时期。除明朝早期首都在南京外，其他朝代的首都都在北京(元代称大都)。当时地处北方的政治中心与南方长江流域经济中心相分离，不得不继续通过联通长江的大运河或海运方式解决南方漕粮、瓷器、砖木、文房四宝、图书典籍、各类工艺品、名特产品等北运都城的重大问题。元代对隋唐大运河进行改道，直接开会通河从河北经山东入江苏，形成“京杭大运河”。又在长江口一带设立上海县、太仓等海运港口，从太仓刘家港北运元大都的漕粮最高年份达 350 多万石。元代的长江流域，棉种植业和棉纺业都堪称发达，出现了黄道婆这样的纺织技术改革家。特别是元代，为了发展海外瓷器贸易，在景德镇创烧青花瓷，从此，景德镇就发展成为中国及世界的“瓷都”。事实上，从 3000 多年前在长江以南创烧成功瓷器之后，长江流域曾先后诞生过越窑、长沙窑、湘阴窑、邛崃窑、洪州窑、湖田窑、吉州窑、赣州窑、婺州窑、龙泉窑、南宋官窑、宜兴窑、醴陵窑等诸多窑口，许多窑口的瓷器顺长江水道经沿海港口销往世界各地，推动了造船业、外贸业及海上丝绸之路的发展。不过，只有到了景德镇元青花瓷的创烧成功，才为长江流域“瓷都”的诞生奠定了产品品种和技术上的最大优势。

元代实行不平等的民族政策，原南宋区域的居民被划为“南人”，其身份低于蒙古人、色目人、北人三个人群，然而，元朝统治者也深知，他们离不开南方经济的支持。在当时的腐败吏治下，江南地区赋税沉重，徭役众多，反抗不断，仅 1283 年，江南抗元起义就有 200 多起，1289 年增加至每年 400 多起。到元惠宗时期，即发生以“复宋”为旗号的农民战争，最终朱元璋以南京为中心，打出“驱除

太仓浏河天妃宫

胡虏,恢复中华”的旗号,推翻元朝,建立明朝。这是中国历史上第一次以南京及长江流域为中心完成统一全国的任务。

明代早期,朱元璋以南京为中心,建立了明朝一系列的政治、经济、文化、军事、外交等制度。永乐十九年,朱棣迁都北京,实际是把南京的国家文明体系迁往北京,包括其宫室、陵寝制度等均移至北方。国家经济上更是依赖南方,明清两代每年通过大运河北运的漕粮都在 300 万石以上,宣德时最多达 674 万石,成化八年(1472)始规定岁运 400 万石的常额,而漕粮所出主要是在长江一线各省域。明代学者丘浚说:“天下之租赋,江南居其十九,浙东西又居江南十九,而苏、松、常、嘉、湖五府又居两浙之十九,而苏州尤甚。苏州之田,约居天下八十八之一弱,而赋近天下十分之一弱。”时又有民谚讲“湖广熟,天下足”。这一时期,长江流域的农业种植以水稻、小麦、玉米、甘薯、棉花、茶叶、桑麻、果树等为主,手工业则以织染、陶瓷、造纸、制盐、玉雕、家具、矿冶、印刷、营造等为主。明清三大织造中心(南京、苏州、杭州)都在长江流域;瓷都景德镇、陶都宜兴位于长江中下游。明末江西人宋应星在其巨著《天工开物》中详细记录了当时长江中游区域丰富多彩的传统手工业。明代的南京先后为首都和陪都所在,人口达百万左右,是沿江规模最大的城市，它借助长江运道，一举成为海上丝路的中心城市，在这里，郑和七下西洋，28年间航行世界30余国，把古老的海上丝绸之路推到了历史的巅峰。明末，汉口称"楚中第一繁盛处"，又有"九省通衢"之美誉。

南京明城墙（吴小宝摄）

明清时代，长江流域已经是人才渊薮。位于南京的国子监，一度学生规模达到9000多人；"江南贡院"作为长江下游科举重地，走出过大批的封建国家治国人才；苏州则成为"状元之乡"。美国学者马麦可认为，15—18世纪，苏州儒、商结合的社会精英分子有雄厚的经济实力和文化上的独特创造能力，他们能通过诗礼传家、科举考试等途径，一代一代形成良性循环，从而影响整个江南乃至明代中国。从更大的范围而言，明清时代，长江流域整体上处于全国经济的高位，由此推动了文化的发达和思想的创新。如在长江下游，以南京、杭州、苏州、徽州[①]等城市为中心，形成了一个江南文化圈，由教育、科举、出版、藏书、学术、手工技艺、园林建筑、书画艺术、文学创作、戏曲、宗教等文化要素组成，这一文化圈

① 徽州，即徽州府，古代行政区划名。辖境包括今安徽省黄山市除黄山区（原宁国府太平县）以外的区域、宣城市绩溪县及江西省上饶市婺源县。

南京长江边的宝船厂遗址六作塘

代表了中国古代社会的又一文化高峰，许多文化成就一直影响到清代乃至近现代。在长江流域，明清时代产生过大量优秀学术成果，如王阳明的心学，王艮的泰州学派，无锡的东林之学，顾炎武为代表的实学，乾嘉学派中的吴派、皖派和扬州学派，常州学派，安徽的桐城派，湖南的湖湘学派等。其中“湖湘学派”起于两宋，到明末清初以王夫之为代表，形成名家层出的态势，从曾国藩、左宗棠、郭嵩焘、魏源、陶澍、贺长龄到谭嗣同、陈天华、黄兴等，展现了该学派经世务实、爱国体民的优良传统。诸多讲求实学的著作在长江流域诞生，代表作有《农政全书》《天工开物》《本草纲目》《徐霞客游记》《景德镇陶录》《阳羡茗壶系》《物理小识》《古今历法通考》《补农书》《加减乘除释》《海国图志》等，许多优秀文化也随之积累和传播。一个区域，如果只有经济，没有文化，其经济也不可能持久，只有让经济与文化互相促进，螺旋上升，才能保证社会的良性发展，而明清时代的长江流域正体现出这种态势。

1840 年，鸦片战争让西方资本主义国家敲开了中国的大门，中国在侵略者的严酷挑战下走上艰难的现代化历程，长江流域既是《南京条约》的签订地，也是被迫接受这种挑战并率先做出积极探索的区域。从上海、宁波、南京、武汉等城市开埠，到太平天国运动的发生，从洋务运动兴起，到维新运动的参与，从辛亥革命打响第一枪，到亚洲第一个资产阶级共和国中华民国的建立；从新文化运动的开始到《新青年》杂志的创办，从中国共产党的成立到南昌起义武装反抗国民党的屠杀政策，从井冈山第一个革命根据地建立到瑞金第一个中华苏维埃共和国建立，从于都迈出万里长征第一步到遵义会议召开，从四渡赤水到飞夺泸定桥，从第二次国共合作到抗战胜利，从打响渡江战役到新中国成立……近代史上几乎所有重大的事件都发生在长江一线。万里长江，浇灌了长江文化数万年之花，哺育了中华文明五千年果实，滋养着近现代无数的仁人志士持续奋进——他们立足长江，面向世界，探索着天人合一、知行圆融、家国情怀、大道之行的至理和实践。

南京静海寺

今天,在中华民族走向复兴的进程中,长江又肩负起新的伟大使命。从“三峡工程”到“南水北调”,从“长江经济带”到“长三角一体化”,从“一带一路”交汇地到“生态文明”先行区,既要共抓大保护,不搞大开发,又要创新发展不止步,引领全国作贡献。双重的挑战,内外的压力,让万众瞩目,令全球期待,中华民族在行动,长江儿女在协力！回看历史,我们有过太多的骄傲,积累下充分的智慧;瞻望未来,我们有着百倍的信心,具备着丰实的条件,不负国家的厚望,去履行应尽的职责,一定要让中国特色社会主义现代化的长江流域崛起成为中华民族实现伟大复兴大业的坚强脊梁!

二、内涵特征与精神价值

（一）内涵特征

长江造就了从巴山蜀水到江南水乡的千年文脉，是中华民族的代表性符号和中华文明的标志性象征。它与黄河共同哺育了中华文明。

“长江文化”的早期主要内涵是由考古学家发掘而发现的。

20 世纪二三十年代，考古学家关注的是黄河流域和北方地区的重大考古项目，南方几乎不在主流的学术视野之内。卫聚贤和陈志良、何天行、施昕更、慎微之等一批学者最早从考古学角度开启了“长江文化”探索的大门。

1928 年，卫聚贤担任南京古物保存所主任，这个所就在南京明故宫遗址内。1930 年，南京栖霞山张家库出土六朝墓葬，卫氏在发掘中偶然发现一些时代较早的陶片和石器。学者李凤、地质学家李四光、考古学家李济等都见过这批石器，然而当时人们相信古代文献所言江南开发的时间较晚，对这批石器的时代存在疑问，因此未给予重视①，卫氏却认为它们应为石器时代的遗物，而且由此认为江南的文化起源也甚早。他为此写了一篇叫《吴越民族》的文章并公开发表，

① 卫聚贤：《吴越考古汇志》，《说文月刊》1940 年 1 卷合订本。

文章的主旨就是认为吴越民族不是如史书所言为中原南下民族，而是原本即生活于江南的土著，长江下游本有自己的早期文化源头[①]。为了证明自己的观点，此后他和其他学者一直坚持在江浙一带做广泛调查，结果于常州、苏州、上海等地续有发现[②]。1935 年，何天行开始注意良渚一带出土的玉、石陶器[③]。1936 年 5 月，杭州老和山发现一新石器时代遗址，卫聚贤与西湖博物馆等联合做了发掘[④]。1936 年 7—11 月，曾参加过杭州老和山新石器遗存发掘的西湖博物馆青年学者施昕更在杭县良渚镇附近调查，连续发现石器、陶器等，这推动了后来名闻天下的“良渚文化”早期发现的进程。当年 12 月至次年 3 月，施昕更先后做了三次发掘，取得了轰动性的效果，当时“中央研究院”史语所考古学家董作宾、梁思永也前往良渚做了察看，充分肯定了施昕更的发现[⑤]。1934 年，上海沪江大学慎微之先生在湖州钱山漾再次发现了石器时代遗址[⑥]。这一系列的发现，更加激起了这批学者对探索长江下游地区远古文化的兴趣，包括卫聚贤在内的几位甚至提出“中国文化发源于东南”或“发源于南方”的激进观点，而且还对“中国文化之发展究为自北向南抑为自南向北之问题”做了分析[⑦]。到 1936 年 8 月，终于促成了“吴越史地研究会”的成立[⑧]。现在看来，当时由于受材料之限制，他们有些观点是偏颇的，但是我们不能不看到，他们依据地下出土材料最早提出长江流域也有古老的史前文化，也有自己的文化之源，这种“敢为天下先”的学术勇气是令人敬佩的。正如当初人们所说，“长江中游的南部地方在北方古人是目为荆蛮

---

① 卫聚贤:《吴越民族》,《进展月刊》第一卷第二、三合刊(1931 年)。

② 卫聚贤:《吴越考古汇志》,《说文月刊》1940 年 1 卷合订本;另见金祖同:《金山卫访古记纲要》,第 3 页。

③ 何天行:《杭县良渚镇之石器与黑陶》,吴越史地研究会丛刊之一,1937 年;吴汝祚:《施昕更与何天行》,《东南文化》1997 年第 1 期。

④ 浙江省西湖博物馆等:《杭州古荡新石器时代遗址之试掘报告》,1936 年。

⑤ 施昕更:《杭县第二区远古文化遗址试掘简录》,《吴越文化论丛》,1937 年;施昕更:《良渚——杭县第二区黑陶文化遗址初步报告》,浙江省教育厅出版,1938 年。

⑥ 慎微之:《湖州钱山漾石器之发现与中国文化之起源》,《吴越文化论丛》,1937 年。

⑦ 卫聚贤:《中国古文化由东南传播于黄河流域》,《吴越文化论丛》,1937 年。

⑧ 《吴越史地研究会成立的经过》,《吴越文化论丛》,1937 年。

之地的。……在文献上的确是向来被视为黄河流域中心地带的附品的”，现在居然有了不同的说法，“这都是卫（聚贤）、陈（志良）二氏在……探查下所得极重要的结论倡导出来的，不但打破西洋人的臆说，而且这种傍证也值得敬畏的”[①]。实际上，他们当时对长江流域早期文化所做的探索是有阻力和被质疑的，如卫聚贤最初的发现不被人认可，他们在杭州古荡、良渚等地发现的史前“新石器”，也被一些学者所否定，或认为“江南一带新石器时代未必有人类居住之可能。那么这些石器也只能看做金石并用时期的物品。……时代亦只可推定为周末为止”[②]。甚至有些发掘者本人亦将在江南发现的良渚遗存看成是黄河下游古文化南传的结果[③]。

1949 年中华人民共和国成立以后，考古工作获得了稳定发展的条件，沿江地区考古资料日益丰富，以南京博物院为主组成的华东文物工作队在长江下游地区做了大量的考古工作。著名考古学家曾昭燏和尹焕章等在长江两岸确立了青铜时代的湖熟文化，赵青芳先生又发现了史前时代的青莲岗文化遗存。不仅长江下游的各原始文化不断有新的发现，而且 1954 年湖北省文物管理委员会也于京山县发现了屈家岭文化遗存。1958 年四川省博物馆、重庆博物馆、四川大学等在巫山发现了大溪文化遗存等，由此，人们对长江流域的古代文化有了新的看法。如 1959 年 12 月 26 日，著名考古学家夏鼐先生在长江流域规划办公室文物考古队队长会议上以《长江流域考古问题》为题，对长江流域的古代文化发表了意见，认为“长江流域的考古工作不仅可以解决这地区的旧石器时代的人类和文化的性质问题，并且也许可以解决人类起源的问题”；“新石器时代中农产品、家畜和家禽的品种方面的问题。……有些可能要在长江流域的考古工作中解决”；“铁器在长江流域早期便发展到较高的水平”；“漆器……釉陶和瓷器，可能

---

① 苏铁：《吴越文化之探查》，《吴越文化论丛》，1937 年。

② 胡行之：《浙江果有新石器时代文化乎？》，刘之远：《石器的形成与地层之探讨》，卫聚贤：《浙江石器年代的讨论》，《吴越文化论丛》，1937 年。

③ 施昕更：《杭县第二区远古文化遗址试掘简录》，《吴越文化论丛》1937 年；施昕更：《良渚——杭县第二区黑陶文化遗址初步报告》，浙江省教育厅出版，1938 年。

都是长江流域首先发明和发展的"。夏先生的这些观点,对长江文化的考古学研究起了重要指导作用。当然,受制于学科发展的局限,夏先生肯定"从猿发展到人,石器工具的出现,可能长江流域并不比黄河流域为晚",可他又认为"进一步战胜了自然,从狩猎采集经济到有农业和家畜的新石器文化,长江流域可能较晚",新石器文化在"长江流域似乎开始较晚","长江流域只有在春秋战国时期利用铁器以后,才产生了高度的灿烂文明"[①]。在考古界和历史学界,一方面,人们从南京北阴阳营遗址,湖熟文化遗址,湖北京山屈家岭,浙江马家浜,江苏丹徒烟墩山土墩墓,安徽屯溪土墩墓,湖南、湖北楚墓等新的发掘资料中已经感觉到长江流域可能在中国文化的发展过程中起过重要作用,但另一方面,又难免还受着传统史观特别是当时考古资料的限制,对长江流域新石器文化和文明的产生年代估计得较晚,更不可能从系统的角度去考察"长江文化"问题。

到了 20 世纪 60—70 年代,有几次重大的考古发现终于撼动了人们的固有观念,不仅让中国学者,也让一些海外学者开始对长江流域的古文化刮目相看。1962—1964 年,考古工作者对江西万年仙人洞遗址做了发掘,发现了一批包含陶器、石器、骨器、蚌器等在内的 9000 多年前的遗存,揭示了长江流域新石器时代早期的文化面貌[②]。1965 年,地质工作者在云南元谋县上那蚌村发现了 2 颗古人类牙齿化石,后由古生物学家鉴定,为一成年个体一左一右的两枚上内侧门齿,并定名为"元谋直立人"。"元谋人"化石年代距今约 170 万年,比先前所知的"北京人"和"蓝田人"年代要早得多,这就从旧石器时代考古上确认了"长江流域也是中华民族的摇篮"这一观念[③]。另就是浙江余姚河姆渡

---

① 夏鼐:《长江流域考古问题:1959 年 12 月 26 日在长办文物考古队队长会议上的发言》,《考古》1960 年第 2 期。

② 江西省文物管理委员会:《江西万年大源仙人洞洞穴遗址试掘》,《考古学报》1963 年第 1 期;江西省文物管理委员会:《江西万年大源仙人洞洞穴遗址第二次发掘报告》,《文物》1976 年第 12 期;黄万波、计宏祥:《江西万年仙人洞全新世洞穴堆积》,《古脊椎动物与古人类》1963 年第 3 期;彭适凡:《试论华南地区新石器时代早期文化——兼论有关的几个问题》,《文物》1976 年第 12 期。

③ 胡承志:《云南元谋发现的猿人牙齿化石》,《地质学报》1973 年第 1 期;李普、钱方等:《用古地磁方法对元谋人化石年代的初步研究》,《中国科学》1976 年第 6 期。

遗址[①]和吴县(今苏州吴中区、相城区)草鞋山良渚文化墓葬[②]的发掘,前者于1973年和1977年做了两次发掘,结果证实这是一处距今约7000年的史前文化遗址,它拥有一组特色鲜明的器物、人工栽培稻及工具体系、干栏式建筑、艺术品和以动植物遗存为代表的文化遗存,其年代之古老、面貌之独特、内涵之丰富都大大超出了人们的想象。这一发现当时即轰动了全国,也引起了日本、菲律宾等国学者的关注,被称为一次"惊人的发现","中国史前考古的一件大事","标志着早期中国的文化至少有两个共存的中心"[③]。当然,也有少数学者囿于旧有观念,对其年代有所怀疑,不过,事实毕竟胜过一切,长江流域早在7000年前便有了不逊于北方地区的独特文化体系,长江流域也是中华文化的发祥地之一,终于在学术界得到承认。

草鞋山遗址考古是1972—1973年由南京博物院和南京大学历史系考古专业师生进行的。这次发掘确认了良渚文化时期就有玉琮、玉璧等礼器存在的事实,从而彻底修正了过去把这类玉器的时代定于周、汉的观点,这就使收藏于国内外各大博物馆的同类玉器获得了新的学术评估[④],也为重新考察分布于长江下游的良渚文化的内涵、发展水平和文化地位提供了新的学术方向。

1977年10月,在国家文物局和江苏省文化局的领导下,南京博物院和文物出版社发起组织的"长江下游新石器时代文化学术讨论会"在南京召开,与会的全国专家就长江下游已经发现的诸史前文化,如青莲岗文化、马家浜文化、崧泽类型文化、良渚文化及附近的大汶口文化、东南沿海地区的原始文化等做了广泛的讨论。会上,苏秉琦先生指出:我国以长江下游为中心的面向海洋的东南部地区"各类型原始文化,在形成灿烂的中国古代文化中常常是作为一个对应的方面

① 浙江省文物管理委员会:《河姆渡遗址第一期发掘报告》,《考古学报》1978年第1期;林华东:《河姆渡文化初探》,浙江人民出版社,1992年。

② 南京博物院:《江苏吴县草鞋山遗址》,《文物资料丛刊》第3期,文物出版社,1980年。

③ 林华东:《河姆渡文化初探》,浙江人民出版社,1992年。

④ 〔美〕朱莉亚·凯·默里著,贺云翱译:《新石器时代的中国玉器》,《江苏省考古学会第四、五次年会论文选》(1985—1986年)。

而发挥着积极作用”[①]。这次会议对推动长江下游地区乃至长江流域的史前考古和原始文化研究是有积极作用的。1978 年秋，江西省博物馆与文物出版社联合发起的“江南地区印纹陶问题学术讨论会”在庐山召开，与会代表利用 20 世纪 20 年代以降在长江流域以及东南沿海各地出土的印纹陶资料，深入探讨了长江流域及南方地区古代文化的特征、区域分布、文化发展系列、分期、文化观念以及文化创造者的族属等诸多理论问题[②]，这次会议在长江文化研究学术史上也占有重要的地位。

当然，“长江文化”作为一个涉及面深广的课题，它的诞生不能只靠考古资料的刷新和累积，理论的开拓和宏观的指导有时比具体的材料更能推进学术的进步。在这里，我们不能不特别提到著名考古学家苏秉琦先生于 20 世纪 70 年代中期创立并于 80 年代初期公布的“中国考古学文化区系类型学说”[③]，苏先生当时认为，中国考古学文化分为六大区系：(1) 以燕山南北长城地带为重心的北方；(2) 以山东为中心的东方；(3) 以关中(陕西、晋南、豫西)为中心的中原；(4) 以环太湖为中心的东南部；(5) 以洞庭湖与四川盆地为中心的西南部；(6) 以鄱阳湖—珠江三角洲一线为中轴的南方。在这六大区系中，有三大区系涉及长江流域文化。苏先生认为，这六大区系之间，中原影响各地，各地也影响中原。这一理论的价值在于“同以往在中华大一统观念指导下形成的黄河流域是中华民族的摇篮，中华民族文化先从这里发展起来，然后向四周扩展，其他地区文化比较落后，只是在中原地区影响下，才得以发展的观点有所不同，从而对在历史考古界根深蒂固的中原中心、汉族中心、王朝中心的传统观念提出了挑战”。该理论成了“有效探索中华文化起源和统一多民族国家形成发展的一把钥匙”。正是在这一学说的指导下，在苏秉琦先生及石兴邦、俞伟超、张忠培、严文明、安志敏、佟柱臣等先生的研究、指导下，在全国各省、市大批考古学家的努力

---

① 《长江下游新石器时代文化学术讨论会论文集》，《文物集刊》第 1 集，文物出版社，1980 年。

② 《江南地区印纹陶问题学术讨论会论文集》，《文物集刊》第 3 集，文物出版社，1981 年。

③ 苏秉琦、殷玮璋：《关于考古学文化的区系类型问题》，《文物》1981 年第 5 期；苏秉琦：《中国文明起源新探》，三联书店，1999 年。

奋进下，全国不同区域包括长江流域各地区的史前文化区系逐步明朗和完善起来。中华文化多元一体的发展历程与机制也得到了深入的探讨。很自然地，长江流域文化也和北方草原地区文化、黄河流域文化等一样，受到了各地专家学者的特别倾力。20 世纪 80 年代以降，长江流域新的考古发现如雨后春笋，不断问世，有的发现达到了可谓令人震惊的程度。

1982 年武进寺墩遗址发掘，发现一座随葬 57 件大型玉琮、玉璧的墓葬①；1986 年浙江余杭长命乡反山遗址发现良渚文化时期人工堆筑的“高台土冢”墓地及 11 座随葬大批精美玉礼器的大墓②；1987 年余杭安溪乡瑶山遗址又发现良渚文化祭坛及大批玉器③；1987 年安徽含山凌家滩遗址出土新石器时代玉人、玉龟、饰方心八角星纹及圭形纹长方形玉片、玉勺等罕见玉器④；1990—1991 年江苏昆山赵陵山遗址出土良渚文化大墓、土筑高台和人殉现象⑤；1991 年余杭瓶窑汇观山发现一座良渚文化祭坛和 4 座大墓⑥；1993 年在余杭莫角山发现一处面积达上万平方米的大型夯筑遗址，被认为是宫殿和宗庙的遗存，张学海先生称之为“莫角山古国”遗存⑦。这是 5000 年前“良渚文明”的重要例证，也是实证长江流域同样是中华文明主要起源地之一的最重大的考古发现。对良渚文化中存在着大量的玉制礼器的现象，国内外许多研究者认为这是文明的一种表征，牟永抗、吴汝祚先生等于 1990 年就此提出中国存在一个“玉器时代”的问题，引起了

---

① 南京博物院：《1982 年江苏常州武进寺墩遗址的发掘》，《考古》1984 年第 2 期。

② 浙江省文物考古研究所反山考古队：《浙江余杭反山良渚墓地发掘简报》，《文物》1988 年第 1 期。

③ 浙江省文物考古研究所：《余杭瑶山良渚文化祭坛遗址发掘简报》，《文物》1988 年第 1 期。另《东南文化》1988 年 5 期上刊发了瑶山 12 号墓出土资料。

④ 安徽省文物考古研究所：《安徽含山凌家滩新石器时代墓地发掘简报》，《文物》1989 年第 4 期；陈久金、张敬国：《含山出土玉片图形试考》，《文物》1989 年第 4 期。

⑤ 钱锋：《赵陵山遗址发掘获重大成果》，《中国文物报》1992 年 8 月 2 日；江苏省赵陵山考古队：《江苏昆山赵陵山遗址第一二次发掘简报》，《东方文明之光——良渚文化发现 60 周年纪念文集》，海南国际新闻出版中心，1996 年。

⑥ 刘斌、王云路：《余杭汇观山遗址发现祭坛和大墓》，《中国文物报》1991 年 8 月 11 日。

⑦ 杨楠、赵晔：《余杭莫角山清理大型建筑基址》，《中国文物报》1993 年 10 月 10 日；张学海：《论莫角山古国》，《良渚文化研究》，科学出版社，1999 年。

学术界长达数年的热烈讨论[①]。

在长江中游地区,1988 年以来,裴安平先生等在湖南先后发掘了长江中游地区迄今发现的时代最早的新石器时代遗存——澧县彭头山遗址[②],这里的出土资料把我国稻作农业推到了 8000 年以前,而近年考古专家在江西万年仙人洞遗址及湖南道县玉蟾岩遗址发现了可以早到 12000 年前的人工种植水稻遗存,证明了长江流域水稻栽培及稻作农业文化源远流长,在世界农业文化史上占有十分重要的地位[③]。而近年发现的 10000 年前左右的浙江“上山文化”遗存更为东亚地区时代最早水稻农业聚落的出现提供了极其丰富的资料。另外,在澧县八十垱遗址,还发现了 7500 年前带有围墙和围沟的聚落遗存[④],从而为研究长江中游地区新石器时代早期古城址及文明起源提供了珍贵资料,也为此后出现于长江中游地区的大溪文化古城[⑤]、屈家岭文化及石家河文化古城[⑥]找到了源头,说明长江中游地区早期文明有着自己的发展过程和渊源。1996 年以后,成都市文物考古所也在成都平原上先后发现了新津宝墩古城、郫县古城、温江鱼凫城、都江堰芒城、崇州双河古城和紫竹古城等一批时代相当于中原龙山文化时期

---

① 叶辉:《牟永抗、吴汝祚等人经过大量考古发掘研究证明在石器和青铜器时代之间曾有一个玉器时代》,《光明日报》1990 年 7 月 4 日;牟永抗、吴汝祚:《试谈玉器时代——中华文明起源的探索》,《中国文物报》1990 年 11 月 1 日;张明华:《玉器时代之我见》,《中国文物报》1991 年 10 月 27 日;高一龙:《“玉器时代说”商榷》,《文物研究》第 8 辑,黄山书社,1993 年;吴汝祚、牟永抗:《玉器时代说》,《中华文化论坛》1994 年第 3 期;杨菊华:《良渚文化与玉器时代》,《文博》1994 年第 4 期;谢仲礼:《“玉器时代”——一个新概念的分析》,《考古》1994 年第 9 期;林华东:《“玉器时代”管窥》,《浙江社会科学》1996 年第 4 期;林华东:《良渚文化研究》,浙江教育出版社,1998 年。

② 湖南省文物考古研究所等:《湖南澧县彭头山新石器时代早期遗址发掘简报》,《文物》1990 年第 8 期。

③ 姚伟钧:《中国稻作农业起源新探——兼析稻在先秦居民饮食生活中的地位》,《南方文物》1997 年第 3 期。

④ 湖南省文物考古研究所:《湖南澧县梦溪八十垱新石器时代早期遗址发掘简报》,《文物》1996 年第 12 期。

⑤ 湖南省文物考古研究所:《澧县城头山古城址 1997—1998 年度发掘简报》,《文物》1999 年第 6 期。

⑥ 张绪球:《屈家岭文化古城的发现和初步研究》,《考古》1994 年第 7 期;许宏:《先秦城市考古学研究》第二章,北京燕山出版社,2000 年。

的古城[①]，这对研究长江上游地区古代文明的起源和发展历程提供了大量事实依据。至此，长江流域上、中、下游以古城址或古玉器为典型标志的一系列考古发现，彻底改变了过去认为黄河流域是中国古代文明唯一起源地点的观点，从而使学术界提出了中国古代文明产生的“满天星斗”说，也有人认为中国早期文明发展的核心区域也有一个“两河（黄河和长江）流域”。当然，北方草原地区和东北地区辽河流域在中国文明发展进程中也有过特殊的成就。

我们还注意到，如果仅仅是史前文化的发现，还无法构筑“长江文化”学术体系的大厦。除了长江下游地区“吴越文化”研究之外，长江中游的“楚文化”和上游的“巴蜀文化”以及沿江其他一系列考古发现及研究成为长江文化学术不断进步的重要动力。对楚文化与考古学的关系，著名楚史专家、湖北省社会科学院原副院长、华中师范大学教授张正明先生在他 1985 年完成的大著《楚文化史》导言中做了阐述：“从 1933 年—1938 年，位于安徽寿县李家孤堆的楚幽王墓三次被盗掘，出土文物数以千计，其中有些文物被收藏者公之于世，引来学术界关注，成为楚文化这个学科诞生的契机”。此后经过湖南、湖北、安徽、河南等省广大考古学者的辛勤劳动，发掘了包括曾侯乙墓等大型墓葬在内的数以千计的楚墓和其他遗存，“从 50 年代到 70 年代，经过反复比较和多次修正，基本上建立了东周楚墓的年代学序列，并且大体上认识到了东周楚文化的考古学特征”。张先生充分肯定了考古学者在楚文化学科确立和研究上的地位，“当考古工作者为楚文化遗物拭去历史的尘垢，使它们重见天日之时，纷华照眼，令人有美不胜收之感。考古工作者的发现，为一切有关的学科加入楚文化研究的行列开辟了广阔的道路”[②]。迄今楚文化已经建构了自己庞大的学科体系，物质文化方面有城市和建筑、青铜器、纺织与服饰、矿冶、髹漆、货币、墓葬等，精神文化有哲学、文学、艺术

① 成都市文物考古所：《成都平原发现一批史前城址》，《中国文物报》1996 年 8 月 18 日；成都市文物考古所：《成都史前城址发掘又获重大成果》，《中国文物报》1997 年 1 月 19 日；成都市文物考古所等：《宝墩遗址》，〔日〕有限会社阿普（ARP），2000 年；许宏：《先秦城市考古学研究》第二章，北京燕山出版社，2000 年。

② 张正明：《楚文化史》，上海人民出版社，1987 年。

以及语言文字、风俗文化等，几乎都有突出的学术成果问世，这方面湖北教育出版社出版的由20多位专家撰写的《楚学文库》可以作为代表作。这些著作大量运用考古资料，并结合历史文献资料、民族学资料和其他不同学科的研究方法，揭示出隐含在文物中的丰富文化信息，使楚文化研究成为中国当代历史文化研究、区域文化研究特别是“长江文化”研究中的学术奇葩。

“巴蜀文化”这一概念最初是在20世纪40年代前期提出来的①。当时人们主要是针对柳叶形剑、折腰圆刃钺等一套铜器而言，内涵较为单薄，具体的时空关系也不太明确。实际上，在四川地区，早在1929年就于广汉真武宫发现玉石器，1934年正式发掘，还引起了郭沫若等先生的注意。20世纪40年代初，主要是由于抗战爆发，全国学者云集西南，加上成都附近又常出土“巴蜀铜器”，“巴蜀文化”问题自然获得一批著名学者的重视，徐中舒、顾颉刚、卫聚贤、冯汉骥、郑德坤先生等都加入了研究的行列，取得了初步的成果。新中国成立以后，在著名考古学家冯汉骥、徐中舒先生等主持下，巴蜀考古取得了重大突破，1954年昭化宝轮院船棺葬的发掘，1953—1956年成都北郊羊子山商周神坛遗迹的发掘，1957—1958年新繁(今新都)水观音遗址和墓葬的发掘及1959年彭县竹瓦街铜器窖藏的发现等，都大大促进了巴蜀文化的研究②。进入20世纪80年代以后，新的考古发现不断丰富着巴蜀文化研究的学术宝库，如1980年对广汉三星堆遗址的发现和调查③，1985—1986年成都十二桥商代宫殿建筑等建筑遗存的发掘④，特别是1986年三星堆两个祭祀坑的发掘⑤，出土早蜀时期的神人铜立像、青铜面像、头像、神树、龙、蛇、鸟兽、黄金面罩、金杖，铜玉礼器璋、瑗、圭、璧、戈、矛、凿及象牙等上千种罕见文物，在国内外引起了巨大轰动，为研究中国长江上

---

① 赵殿增:《巴蜀原始文化的研究》,《巴蜀考古论文集》,文物出版社,1987年。

② 林向:《近五十年来巴蜀文化与历史的发现与研究》,《巴蜀历史·民族·考古·文化》,巴蜀书社,1991年。

③ 四川省文管会等:《广汉三星堆遗址》,《考古学报》1987年第2期。

④ 四川省文物管理委员会等:《成都十二桥商代建筑遗址第一期发掘简报》,《文物》1987年第12期。

⑤ 三星堆遗址第一、二号祭祀坑考古资料分别发表于《文物》1987年第10期和1989年第5期。

游地区的早期文明提供了极其珍贵的实物资料，将巴蜀文化推向了一个新的研究高潮[①]。近年来，成都金沙遗址出土的大批玉器、金器和象牙等稀见文物，三星堆遗址一批新的祭祀坑的重大考古发现，把长江上游古蜀文明的研究又推向了新的高峰。

长江中游早期青铜文化遗存早在1955年已因黄陂盘龙城的发现而引起人们重视，后对该遗址做了三次发掘，导致了有关长江流域早期青铜文化、商王朝南疆与长江流域的关系等讨论。70年代以后，在长江中、下游又先后发现了一批商周时期的青铜采矿与冶炼遗址，如湖北大冶铜绿山、湖南麻阳、安徽铜陵南陵等，特别是1988—1989年在江西瑞昌市铜岭村发掘的商周矿冶遗址[②]，其年代早，内涵丰富，展现的技术体系完备，它们对研究我国青铜时代文化，特别是研究长江流域先秦时期的文化地位及与黄河流域的文化关系提供了极重要的视角和材料。有学者指出，如果没有商周时期长江流域的青铜原料和锡原料的开采，就不可能有中国发达的青铜文化和青铜时代。1989年冬，就在人们刚刚还在为长江流域一系列青铜文化遗存的新发现而激动时，江西新干又发现了一座商代大墓[③]，墓中出土了1900多件青铜器、陶器、玉器、陶瓷器、骨器等，被认为是中国南方考古的重大突破，从而提出了重新评估商代时期长江流域文化发展水平的新问题。主持瑞昌、新干考古发掘工作的彭适凡先生等对这些重大发现做了多方面的研究。而且，我们还注意到，彭适凡先生于1983年完成、1987年出版的《中国南方古代印纹陶》一书中，经过对印纹陶遗存的综合研究，已经对长江流

① 三星堆祭祀坑发现以后，极大地推进了“巴蜀文化”的研究。近年来有关“巴蜀文化”研究的成果十分丰硕，参见李绍明等主编：《三星堆与巴蜀文化》，巴蜀书社，1993年；陈德安等：《三星堆——长江上游文明中心探索》，四川人民出版社，1998年；屈小强等：《三星堆文化》，四川人民出版社，1993年；段渝：《政治结构与文化模式——巴蜀古代文明研究》，学林出版社，1999年；以及《三星堆祭祀坑》（文物出版社，1999年）大型考古报告集等。

② 江西省文物考古研究所：《江西瑞昌铜岭商周矿冶遗址第一期发掘简报》，《南方文物》1990年第3期。湖北铜绿山东周铜矿遗址资料见《考古》1981年第1期，《文物》1975年第1期；湖南麻阳战国时期古铜矿遗址资料见《考古》1985年第2期；安徽南陵、铜陵古铜矿资料见《东南文化》1988年第4期。

③ 江西省文物考古研究所等：《江西新干大洋洲商墓发掘简报》，《文物》1991年第10期。

域文化地位的问题提出了自己的看法[1]。除此之外，在长江下游，也多次发现属于商周时代“吴越文化”的大型墓葬以及中小型土墩墓、土墩石室墓、城址、陶瓷窑址以及铜器和原始青瓷等遗存。无锡鸿山战国墓中出土了千余件早期瓷器和玉器，许多器型从未面世，刷新了迄今所见的吴越文化考古资料，证明当时长江下游地区存在着自己的礼器系统。这样，沿江上下各省、市、县的考古工作不断调查、发掘、探索、研究，补充、完善着长江流域古代文化这个大系统、大网络，人们通过对出土的不同物质遗存面貌的比较，辨认出那些属于个性的内涵，进而延伸到制度文化和精神文化层面，再经与文献资料的结合，即经过一个由表及里、由个别而一般、由局部而全面、由单一而系统的过程，“长江文化”的轮廓逐渐明朗起来了。

在工作实践中，考古界过去关注最多的是长江流域的史前文化和三代时期的文化，这固然是与考古最能发挥作用的领域便是对没有文献或很少有文献记载的历史时期的研究有关，不过，从“文化”研究角度而言，秦汉时代及此后时期的考古发掘同样可以在长江文化研究中发挥重要作用。例如，近年我们在六朝时代考古中，便感觉到从考古学上的“汉文化”到“六朝文化”再到“唐文化”的变迁过程中，“黄河文化”和“长江文化”扮演了不同的角色，发挥了各自的作用。

三国之前，“汉文化”已在黄河流域发展了400多年，铸成了雄厚浑朴、苍劲凝重、色彩斑斓的风格，但东汉后期开始到东吴、西晋，长江流域轻盈灵巧、晶莹玲珑、雅致清纯的文物风貌也日益成长起来，六朝时代则为这两种风格的交融提供了契机。通览六朝文物的造型、结构、组合和类别，其典型特征就是呈现“多元”性，举例而言，六朝时代的墓葬结构及墓地制度、车制及部分日用器皿、早期的制玉技术、石雕风格等都取自中原汉、晋文化，但青瓷的大量使用，墓志制度及其书法艺术的成熟，建筑上人面纹瓦当、单瓣莲花瓦当的广泛使用等都富有时代或地域创造性。特别是多元文化因素的糅合运用更是别具一格，如魂瓶装饰，既

---

[1] 彭适凡：《中国南方古代印纹陶》，文物出版社，1987年。

有反映儒家观念的孝子故事，又有道家神仙羽人，还有海外传来的佛像宝莲；南朝帝王陵前的石雕华表，双螭座与顶上站立的辟邪呈典型的中国传统风格，中间主体为多面凹槽柱，具有鲜明的古希腊特色，而柱顶的大型莲花盖则是古代印度的佛教产物；南朝墓中的砖印壁画，也是既有反映玄学和道家思想的《竹林七贤及荣启期》图，又有讲求礼仪制度的儒家景物，还有佛教题材飞天、莲花、忍冬、狮子、化生等形象。盛唐时代所出现的文化上的开放体制其实早在六朝时代已经大放光彩，而且六朝人对不同文化的容纳吸收是较为成功的，隋唐时代出现的儒道释三教融合后所形成的新型文化格局也于六朝后期发育成型。

考古学已经证明中华文化呈“多元一体”或“多样一体”的发展模式，“多元”或“多样”的主体是黄河流域与长江流域，它们的汇合交融、互补互依关系是中华文化经久不衰的重要原因。纵观中国历史，凡是出现大一统的盛世或文化的高峰，其前奏必是“两河”流域文化的大开发。史前社会晚期，黄河流域的龙山文化和长江流域良渚文化、石家河文化、宝墩文化等的发展，成就了夏商文明；春秋战国时代黄河流域列国文化和长江流域楚、吴、越、巴、蜀文化的发展创造了秦、汉大一统文化；而隋、唐文化的产生，又是因为此前的黄河流域的北朝文化及南方东晋、南朝文化的共同发展。辉煌的北宋文化也是建立在五代十国文化的基础上，而“十国”有九国是在南方。这种现象甚至一直到明代还十分明显，以帝陵考古为例，明代以前的汉、唐、宋三代，帝陵建筑体制的主流一直是逐步建立和完善起来的方上、灵台、方垣、上下宫制度，即使汉唐之际立国江南的“六朝”帝陵和唐宋之际立国南方的诸国帝陵曾经一度呈现出新型的格局，但一旦唐、宋王朝在黄河流域定都，便迅速恢复该地区传统的帝陵体制。这种状况到了明代终于有了重大突破，朱元璋立国江南，定都金陵，它既继承了南方帝陵的圜丘、长方形陵宫或陵园的制度，又整合、变革北方帝陵制度中的一些要素，新创了方城、明楼、享殿、圜丘、长方形陵宫的制度，而且后来尽管朱棣迁都北京，但朱元璋创立的这一套帝陵制度却一直为明、清两代帝陵所沿用，从而改变了中国帝陵发展中一直以北方体制占主导地位的规律，这从一个侧面体现了 14 世纪下半叶中国文化大势在空间上的位移①。换句话讲，只要我们不仅仅从王朝兴替和政治起灭上看问题，而是站在“多元一体”“多样一体”的中华文化的发展历程和规律上认识评估“长江文化”，那么，我们对中国文化的许多方面就会有新的思考、新的理论、新的收获。研究“长江文化”，其目的是要弄清楚中华文化的起源、发展的真正过程，时空布局和演变机制、结构、内涵及经久不衰的动力等问题，以便消除历史的偏见和错误，还原事物的本来面目，丰富我们的民族文化宝库，为中国，也是为人类的今天乃至未来文化的发展提供一些参考和借鉴。这种研究需要宏观，但更需要精细，大而化之无助于问题的解决，而精细的研究，就需要从每一时段、每一地域、每一人群、每一类别的物质文化入手，旁及其他文化类象，条分缕析，从现象到原因，逐层揭示，最后得出结论恐怕才是根牢地实的。

20 世纪 80 年代后期以来有关江浙沪地区良渚文化的一系列重大考古发现，澧县彭头山、万年仙人洞、道县玉蟾岩、浙江上山等早期农业文化遗存的出土，长江中上游多处新石器时代中后期古城址的发现，长江中下游多处先秦时代古矿冶遗址以及新干商代大墓广汉三星堆商代祭祀坑等的发掘等，它们对“长江文化”研究课题的正式促成起了重大的作用。近年来，长江上游地区巴蜀文化考古也有重大突破，成都市文物考古研究所对古蜀国大型船棺、独木棺墓地遗址进行发掘，推测其为古蜀国开明王朝王族甚或蜀王本人的家族墓地。三星堆遗址祭祀坑又有了一系列新的震撼性考古发现。长江中游地区对潜江龙湾楚宫殿遗址的发掘以及在肖家屋脊、枣林岗等地对石家河文化玉器的发现，江西西汉海昏侯墓的发现和战国越人大墓的发现，吴城遗址的考古发现等，改变着人们传统的看法。长江下游地区对含山凌家滩、江阴高城墩、高淳薛城、金坛三星村、高邮龙虬庄、昆山赵陵山、嘉兴南河浜、萧山跨湖桥、浦江上山等多处史前遗址和苏州真山吴国王陵及绍兴越国王陵、无锡鸿山大墓的发掘等，先秦及汉代以后的陶瓷考古、礼制遗存考古、城市考古、帝王陵考古等，也有多项重大发现，它们为长江文

① 贺云翱：《明孝陵文化价值评估》，《明孝陵志新编》，中国矿业大学出版社，2001 年。

化研究提供了恢宏、独特、具体、新颖的资料。

从文化科学角度和层面上对长江流域文化做系统研究，可以发现“考古学”与“长江文化”是一种互为因果、互相依存、互相促进的整体关系。

“长江文化”作为一个思考完善的、正式的讨论课题被提上学术研究的日程，大约是在 20 世纪 80 年代后期，因为到这个时候，考古资料及其个案研究成果的积累已经到了一个很高的程度，它为高层次的综合研究和理论思考提供了厚实的基础。再一点就是改革开放已经过了十来年，人们的思想更加解放，思维也比过去更加开阔和活跃。在这个过程中，沿江流域及南方各地和北京、陕西、山东等地的考古学界、历史学界的专家从不同侧面对“长江文化”或长江流域不同区域的文化开展了广泛的研究，长江上、中、下游的巴蜀文化、楚文化、吴越文化研讨活动十分活跃；南京博物院开始筹办“长江下游五千年文明展”，这个展览的思路主要是运用考古文物资料展示长江下游这个特定空间内 5000 年上下文明(包括物质文明和精神文明)的发展过程。

1989 年前后，南京博物院及《东南文化》杂志社先后发起或参与“湖熟文化”“东南滨海文化”“运河文化”“徐、淮夷文化”“佛教初传南方之路”等一系列研究长江流域古代文化的学术会议或讨论活动，并意识到长江流域文化博大精深，在中国文化大系统中有过巨大的贡献，占有独特的地位，有必要把它“拎”出来进行专门的研究。但做这样一个题目，靠少数人、少数机构、少数省份甚至单靠考古学界和历史学界本身都是无法完成的，必须采取多方面学术合作和多学科学术整合的形式方可有所成就。1991 年 9 月，《东南文化》杂志推出《长江文化研究》专栏，专栏由张正明先生主持，时任南京博物院院长、《东南文化》杂志总编梁白泉先生也在《东南文化》杂志 1991 年第 6 期上发表《研究长江文化的设想》一文。1991 年 12 月 13 日至 14 日，由湖北省社会科学院、《东南文化》杂志社等多家单位发起的“‘长江文化研究’规划与协商会议”在武汉召开，与会的专家有沿江各省的考古学家、历史学家和其他方面的一些专家，体现了“长江文化”研究以考古学为主，兼采用多学科合作的思路①。与此同时，除了一些全国性刊物以外，长江流域各省所创办的一些专业刊物或大学学报如《南方文物》《四川文物》《江汉考古》《文物研究》等都对长江文化研究给予了极大关注。1995 年 8 月，首届长江文化国际学术讨论会在武汉召开，这次会议的成果会后还由湖北教育出版社出版了专门的论文集。在武汉会议召开前后，有关“长江文化”研究的问题日益引起有关学者的重视和参与，其中四川省社会科学院等在成都也组织过相关会议，上海、武汉、南京等地相继建立专门科研机构，新成果不断问世，著名历史学家李学勤、徐吉军等先生主编的由江西教育出版社出版的《长江文化史》，篇幅则最为浩繁。2001 年，《长江文化论丛》杂志在南京也正式面世，为有关研究者提供了一个专业的学术阵地。在这期间，最值得称道的是由湖北省社会科学院部分专家发起组织并得到著名学者、北京大学教授季羡林先生支持的《长江文化研究文库》的编撰，该《文库》由“综论”和“六个系列”（文物考古、经济科教、学术思想、民族宗教、文学艺术、社会生活）共 50 多部著作构成，卷帙壮观，季羡林先生就《文库》设计方案提出“望精心实施，同心协力，完成此项伟大工程，使长江文化研究成为国内外显学”，这一愿望在此后的出版著作中得到了体现。此外，江苏出版界也推出了一批有关长江文化的研究著作。近年，湖北长江出版社推出的由著名学者李学勤、徐吉军先生主持的四卷本《长江文化史》则代表了长江文化研究的新成果、新高度②。

在中央做出建设长江国家文化公园的大背景下，我们相信，长江文化的考古和学术研究还会不断开创新局面，让长江文化之花开放得越加绚丽！

可以说考古学、历史学等学科成果证明，万里长江，浇灌了长江文化数万年之花，哺育了中华文明五千年果实，也滋养着近现代无数的仁人志士持续奋进，

---

① 与会专家的发言和会议纪要发表于《东南文化》1992 年第 1 期。另参见贺云翱《历史与文化》有关篇幅，中国人事出版社，1996 年。出席会议的专家有张正明、梁白泉、林向、段渝、陈振裕、郭德维、彭适凡、张增祺、高至喜、张之恒（书面发言）、刘建国、陆勤毅、郑重、丁福村、刘玉堂、蔡靖泉、高蒙河、李倩、张胜琳、朱俊明（书面发言）、贺云翱等。

② 〔英〕马林诺夫斯基著，费孝通等译：《文化论》，中国民间文艺出版社，1987 年。

并形成了一定的内涵特征：

一是历史悠久，内涵复杂。它首先是有一连串若干万年以来在中华大地上长江沿线孕育、成长、演变、发展形成的历史文化形态。旧石器时代中晚期后，长江流域的历史文化创造就绵延不绝，如青铜时代的三星堆文化、盘龙城文化、吴城文化、湖熟文化、马桥文化，铁器时代的秦汉文化、六朝文化、唐宋文化、元明清文化，近代工业文化、反抗外国侵略的文化、太平天国文化、辛亥革命文化、民国文化，中国共产党领导中国人民创造的抗战文化、红色文化等。

二是文物和文化遗产资源丰富。根据第三次全国文物普查资料，长江沿线省(直辖市)共有全国不可移动文物 30.6 万余处，约占全国不可移动文物总量的 39.8%。截至目前，长江沿线省(直辖市)共有全国重点文物保护单位 1872 处，省(直辖市)级文物保护单位 7320 处，市县级文物保护单位 45252 处，涉及古城、道观、寺庙、古桥梁、古祠堂、民居、牌坊、古石刻、古塔、古代名人墓葬、古文化遗址、古窑址、革命旧址、古城墙关隘等，在中国古代文明发展史上占有举足轻重的地位。还有 20 多项世界遗产以及大量的农业遗产、工业遗产、文化景观类遗产、水利遗产、老字号、地名遗产、宗教遗产以及数以百万计的可移动文物，数以千计的不同类型的博物馆等。它们共同构成了博大精深的长江文化内涵。

三是中华文明的核心文化之一。中华文明是以黄河和长江为主体的“两河文明”。长江文化与黄河文化均是中华文明的核心文化。在党中央的决策下，“黄河”已与大运河、长城、长征一起被列为国家文化公园，“长江”也已经被列入国家文化公园，这是保护、传承与弘扬长江文化的应有之举。

(二) 精神价值

长江文化是独特的区域文明成就，是中华传统文化的重要组成部分。百万年的发展历程中，长江文化形成了独特的内涵和精神价值。与黄河文化相比，长江文化细腻精致，浪漫潇洒，恣肆豪放，兼容并蓄。如曾有学者从文学角度进行比较，黄河流域文学以《诗经》为代表，充满了沉郁的现实主义风格；长江流域文学以《楚辞》为代表，屈原、李白、苏东坡等来自长江边的作家潇洒不羁，尽情挥洒着浪漫激情，他们的文字会让人联想起奔腾不止、浩浩荡荡的长江水。

长江文化精神可以归纳为五个方面：

一是根深叶茂，传承有序。从繁昌"人字洞"石器和重庆"巫山人"化石算起，长江流域文化的发展序列清晰，拥有很多中国文化史上的"第一"，文化根脉之深厚、体系之绵长、世界性影响之大，令人敬仰。

二是多样竞辉，开放包容。长江流域地理单元复杂，山体多，支流多，在这种文化生态中养育出来的长江流域地域文化，如上游的羌文化、巴文化、蜀文化、滇文化、夜郎文化，中游的楚文化，下游的吴文化、越文化等各有特征，多元丰富。长江通江达海，与"海上丝路"有共生关系，海纳百川的气质非常强烈。长江江苏段就是这一文化特质的重要见证，它对外来的异域文化或异质文化包括外来人都是抱着欢迎和善于融汇的态度，如先秦时期吴国的创立者泰伯本身就是外来者，后来吴国的强大也得益于楚国、晋国、齐国、鲁国、徐国、越国等各国人士的参与。江苏人也乐于依托长江江苏段将自己的文化创造奉献给异文化和异民族，如东晋高僧往高丽传法、梁武帝赠百济国儒学典籍和艺人、鉴真东渡扶桑、郑和七下西洋、王韬译"四书"等，相关实例甚多。再有明代以来直到民国早期一直属于江苏辖境的上海，在近代养育成海纳百川的"海派"文化气质和指向，奠定了今天国际化大都会的文化根基。

三是创新超越，与时俱进。长江文化富有创新性，这方面例子不胜枚举，史前良渚文化开中华文明五千年之先河；六朝时代长江流域出现中国文化史上的第二次百花齐放……无不展现了长江精神中的创新领先特质。长江江苏段呈现得尤为显著。江苏自明代以来形成了一种良好的学风，即实事求是、"经世致用"之学，从无锡的东林学派到顾炎武的朴学以及泰州学派，再到清代的扬州学派、常州学派等，一脉相承，它以关心时事、利民济世为特点，反对空疏僵化、闭门造车的旧式文人学风，这种与时俱进、经世致用的学术追求实际为后来的"海派文化"奠定了精神上的根基，也发扬光大了江苏历史上存在的勇于接受外来文化、开放包容的良好传统，成为江苏文化的宝贵特质之一。

四是精勤内敛，家国天下。从远古开始，长江流域就表现出精于工艺的文化特点，木结构工艺、丝绸、玉雕、漆艺、硬木家具等技艺均在长江流域形成体系。屈原投江殉国，祖逖中流击楫等。可以说，自古以来，无数长江儿女厚植家国情怀，胸怀天下，为国家安危和民生疾苦勤勉奋进，壮志动天地，业绩垂千秋。这在长江江苏段沿线表现得尤为明显，北宋时苏州人范仲淹有“先天下之忧而忧，后天下之乐而乐”的千古宏愿，树立了中国知识官员执政时的崇高理想。明代无锡东林党人以“风声雨声读书声，声声入耳；家事国事天下事，事事关心”为志向，对读书人提出了由小我达天下的伟大人格追求。晚明昆山人顾炎武则以“国家兴亡，匹夫有责”的爱国精神撼人心魄。在南京创立民国的孙中山先生以“天下为公”为建国方略之一，集中国古代儒家理念与现代政治理想于一体，南京迄今还用“博爱之都”标示自己的城市个性。

五是诗情画意，浪漫自由。长江流域山水秀美，草木茂盛，山水间易生智者、诗人、画家。加之古代长江流域有神巫文化传统，失意精英流放大江之南等因素，养成了长江流域的浪漫气息和人们相对自由的心灵世界。如江苏文化人中的不少人能走出书斋，面向社会，善于打破脑力劳动与体力劳动的界隔，不断提升人生的品质和品位，助力社会发展；而一般劳动者也善于钻研知识，提升技艺，成为有文化修养的劳动者或一代匠师，有的甚至还能著书立说，这使江苏的建筑、园林、陶瓷、织绣、漆木、玉石、雕版印刷、茶饮、美食、家具、文房器用及戏曲等许多实用工艺或民间艺术体现出很高的精英文化品质和高度审美特征。

（三）长江流域早期玉文化

1. 在进入人们生活领域的众多物质形态中，大概没有哪一种能像玉那样深刻地影响过中国人的精神世界。专家们认为“东西方最早的基本差异即新石器时代发达玉器文化之有无”。迄 20 世纪，金玉两者分别为西方和东方人类物质文化最高的代表[①]。

学术界一般认为，玉属于矿物中的矽酸盐类，分别包括“角闪石类”(一称“闪玉”)和“辉石类”(一称“辉玉”)[②]，过去把前者译为“软玉”(Nephrite，摩氏硬度为6～6.5)，在中国以新疆和阗玉为代表；后者译为“硬玉”(Jadeite，摩氏硬度为6.5～7)，以缅甸翡翠为代表。但是在中国古代，玉的内涵远比现代科学定义要复杂，人们最熟悉的就是东汉人许慎在《说文》中所言“玉，石之美者，有五德”，即要成为玉，首先须是美的石头，其次要具有“五德”：“润泽以温，仁之方也；䚡理自外，可以知中，义之方也；其声舒扬，专以远闻，智之方也；不桡而折，勇之方也；锐廉而不忮，絜之方也。”用今天的话解释，就是要求具备温和爱人、表里一致、令人愉悦、刚正不阿、有理有节等种种“人性化”的优点方可称玉。正是因为这样，所以也有人认为，中国古代的玉，泛指摩氏硬度 3 以上、7 以下，美丽而温润的天然矿物集合体，包括石髓、玛瑙、孔雀石、闪玉、辉玉、绿松石、南阳玉、水晶等。以水晶为例，现代归之于宝石，古人却称之为“水玉”，认为也是玉的一种。说到底，玉，其实不过是一种硬度很高较为美丽又有透明感的石头，奇怪的是，它在中国却会被演绎成一种文化。世界上爱玉的民族也不仅是中华民族，但只有在中国，才把玉养育为一个源远流长博大精深的思想体系和艺术体系。

早在史前时期，玉器就成了沟通人、神的“灵物”，创造出丰富多彩的玉器造型，并由此建构了当时独特的精神世界。正是因为玉在中国文明发育、奠基的过程中发挥过支柱性作用，所以它才伴随着中华民族的整个文明过程而一直占有重要的地位。夏商迄西周，玉在实施国家祀典、规范统治礼仪、昭示社会等级等方面承载着多重职能，尽管专家们对《周礼》中记载的有关玉器及其所代表的文化体系的真实性还有争议，但越来越多的考古资料已不断证实，玉器在古代国家

---

① 参见闻广、荆志淳：《中国古玉地质考古学研究》，《东方文明之光——良渚文化发现 60 周年纪念文集(1936—1996)》，海南国际新闻出版中心，1996 年；后文见邓聪：《蒙古人种及玉器文化》，《东亚玉器》第一册，香港中文大学中国考古艺术研究中心，1998 年。

② 此说由台湾大学谭立平教授倡导，参见臧振、潘守永：《中国古玉文化》322 页；邓淑苹：《百年来古玉研究的回顾与展望》，中国书店，2001 年。

的政治、经济、军事和文化领域中扮演着极其重要的角色。春秋以降，经过数千年的积淀，终于塑造出中国人“於玉比德”的世界观和“类玉”的审美观，先秦诸子如孔子、管子对“玉德”都做过归纳，所以玉有“五德”“七德”“六美”“九德”“十一德”之说[①]，其精神内涵之丰厚无可匹敌，举凡天、地、道、德、仁、义、礼、智、忠、信、勇、洁等咸备一身，人们把最美好的社会理想和人性品质都倾注到玉的身上，让玉代表了中华民族的文化之魂。汉代以后，虽然玉在人们社会生活中的地位逐步降低，但它却以文字符号的形式广泛渗透到各种审美意象中，那些至真、至纯、至贵、至美的事物无不可以用“玉”来形容和表述：玉皇大帝是上天至尊，“琼楼玉宇”是神仙住的地方，皇帝的“玉玺”代表着无上权威，法典性的事物可称“金科玉律”，美好的声音叫“金声玉振”，好形象为“玉树临风”，好喝的是“玉液琼浆”，人间最佳结合为“金童玉女”，最好的姻缘是“金玉良缘”，最富有的莫过于“金玉满堂”，最美丽的莫过于“花容玉貌”，最宝贵的牺牲精神是“玉石俱焚”“宁可玉碎”，最高尚的品性是“冰清玉洁”，至于“龙袍玉带”“亭亭玉立”“白璧无瑕”等等以玉喻物比事的实例举不胜举，以至到了清代，文学巨匠曹雪芹著《红楼梦》时，将书中男女主人公分称宝玉、黛玉，其实就是两块美玉，很自然地，“通灵宝玉”也就在全书故事情节中发挥了起、承、转、合的重要作用[②]。直到今天，玉能辟邪、保健、求安、美容、生财的观念仍在许多人心目中留存，这不能不说是“玉”的文化已经流淌在我们民族的血液中。从这个意义上说，研究中国玉器就有了多方面、多层次的价值，而研究长江流域的古代玉器，正可以说明在中国玉文化的大系中，长江流域的先民们作过什么贡献。

2. 尽管中国古玉（按：本书主要指汉代及汉代以前的玉器）至少在宋代就已经引起了学者们的重视，近代以来，海内外研究成果丰富，但是长江流域的玉器开始引起人们的注意，却要晚至 20 世纪 30 年代。1933 年冬—1934 年春，华西

---

① 玉有“五德”说见《说文解字》；玉有“七德”说见《荀子·法行》孔子语；玉有“九德”说见《管子·水地》；玉有“十一德”说见《礼记·聘义》；玉有“六美”见《说苑·杂言》。

② 贺云翱：《鉴玉杂录·〈红楼梦〉与玉文化》，《收藏界文汇》，四川大学出版社，2000 年。

协合大学(今四川大学)博物馆的美籍教授葛维汉和林名均教授等,根据1929年广汉三星堆遗址内月亮湾(今真武村)燕家发现玉石器的线索,前往月亮湾做考古发掘,结果获得玉璋、玉琮、玉圭、玉璧及石璧、石环等一批礼器①。专家们判断这些玉器的年代为铜石并用时代(约相当于商代前后)到周代初期,郭沫若先生则从器物造型特征上推论它们是“古代西蜀曾与华中、华北有过文化接触的证明”②。

在此前后,地处长江下游的浙江余杭一带也常有古玉器出土,时人记曰:“杭县玉器,出土甚多,类为乡民盗掘,辗转入于古董商之手,流至海外者,不可胜计。”“每一窖的玉器,形式俱全,所置部位,亦俨然如同《周礼》:‘圭在左,璋在首,琥在右,璜在足,璧在背,琮在腹。盖取象方明,神之也’的情形相符节”③。1936年7月,杭州西湖博物馆施昕更先生在杭县北乡调查,试图弄清玉器与石器分布及埋藏的情况,他共调查了遗址12处,结果有6处发现玉器,依玉器出土地层,他认为这些玉器属于铜石并用时代的遗存④。施氏当时对出土玉器的时代断定虽然有误(实际是属于新石器时代晚期的遗物),但他最早注意到从考古学上去发现和研究良渚玉器则功不可没。

除此之外,当时在安徽、湖南等省境内还发现过少数战国到汉代的玉器。

由于受到时代的局限,1949年以前,长江流域的玉器不仅时代和性质判断上往往失真,而且由于科学出土资料不足,更无法形成系统的研究成果。

1949年以后,中国的考古学进入一个新的发展时期,许多重大发现不断揭示出闻所未闻的历史事实,玉器领域也是如此。不过,在20世纪80年代以前,学者们往往把长江流域发现的玉器更多地放到全国玉器发展过程的体系中去考

---

① 葛维汉:《汉州发掘报告》,《华西边疆研究学会杂志》1933—1934年第6卷;林名均:《广汉古代遗物之发现及其发掘》,《说文月刊》1942年第3卷第7期;郑德坤:《四川古代文化史 · 广汉文化》,华西大学博物馆专刊之一,1946年。

② 参见屈小强等:《三星堆文化》39-40页,四川人民出版社,1993年。

③ 施昕更:《杭县第二区远古文化遗址试掘简录》,《吴越文化论丛》,1937年。

④ 施昕更:《良渚——杭县第二区黑陶文化遗址初步报告》,浙江省教育厅出版,1938年。

量，有关长江流域玉器的起源、发展、类型、体系、特征、地位等一系列问题尚未得到探讨。进入 80 年代中期，沿江地区一批玉器的出土，终于促使学术界从中国玉器文化传统的生成、中国文化特质的化育、中国文明的起源等多种角度，认真对待长江流域的出土玉器，从而使这方面的研究形成了 90 年代中国及东亚学术界一个不大不小的热潮。

现在回顾一下，下面几次重大发现成为长江流域玉器研究的“推进器”：

1973 年 7 月，南京博物院等单位发掘吴县草鞋山遗址，发现良渚文化晚期墓葬中随葬有琮、璧、钺及珠、管、镯、坠等多种玉器，这就为解决此前江浙地区出土古玉的年代问题提供了准确的考古地层学依据，带动了国内外有关学者对流传于世或收藏于国内外博物馆的那些年代不清的良渚玉琮、玉璧等礼器做出重新认识[①]。1977 年 5 月，距草鞋山不远的张陵山遗址又获发掘，结果在良渚文化早期墓中再次出土璧、琮、钺等玉礼器和人形玉觿、蛙形玉饰等雕件[②]，这不仅将良渚玉器的产生年代大大推前，而且由于文献记载璧、琮是古代中原地区统治者祭祀天、地的重器，玉钺则是握有王权的象征，现在它们竟然最先出现在名不见经传的长江南岸四五千年前的古墓中，这不能不激发起人们多方面的思考[③]。

1978 年 5 月，湖北省博物馆等发掘曾侯乙墓，该墓出土玉器近 400 件，其中的十六节龙凤玉挂饰、四节龙凤玉佩、微雕动物型玉琀等造型之奇特、工艺之精湛至今在同时代玉器中仍无过其右者[④]。同一年，河南省文物研究所等发掘了淅川下寺一批楚国墓葬，其中出土的春秋晚期玉器成为研究楚国早中期玉器的典型实物[⑤]。1980 年河南淮阳平粮台楚墓也出土了一批楚国玉器，在此前后，河

① 南京博物院：《江苏吴县草鞋山遗址》，《文物资料丛刊》第 3 期，文物出版社，1980 年；〔美〕朱莉亚・凯・默里著，贺云翱译：《新石器时代的中国玉器》，《江苏省考古学会第四、五次年会论文选》（1985—1986 年）。

② 南京博物院：《江苏吴县张陵山遗址发掘简报》，《文物资料丛刊》第 6 期，文物出版社，1982 年。

③ 汪遵国：《琮璧在中国古代文化中的地位》，《江苏省社联通讯》1980 年第 13 期。

④ 随县擂鼓墩一号墓考古发掘队：《湖北随县曾侯乙墓发掘简报》，《文物》1979 年第 7 期；湖北省博物馆：《曾侯乙墓》417-420 页，文物出版社，1989 年。

⑤ 河南省文物研究所等：《淅川下寺春秋楚墓》，文物出版社，1991 年。

南、安徽、湖北、湖南等省不少楚墓中又陆续发现一些玉器[①]，这就为人们系统研究江淮流域的楚国玉器提供了条件，也为史书中记述的有关楚国"和氏璧"的故事和楚人治玉技术的高超找到了可供联想的实物例证。

1982 年 10 月，江苏常州寺墩遗址发掘中发现了一批良渚文化墓葬，其中的 3 号墓出土上百件玉器，24 件璧铺盖在墓主身体的上下，33 件琮围绕着墓主的躯体，对于这样一座令人眩目的良渚文化葬玉大墓，考古学家汪遵国先生称之为"玉敛葬"[②]。"玉敛葬"在中国有着丰富的相关文献记载和实例，过去人们一般认为是周、汉时代的统治者所创设并拥有的一种葬制，现在却可以追溯到 5000 年前左右的长江下游良渚文化时期，这对原有的玉器体系学术定论不能不产生强烈的冲击。也在这一年，上海博物馆等在青浦县福泉山遗址发掘中，又发现良渚文化大墓，随葬的璧、琮、钺等玉器出土近百件[③]，从而丰富了良渚玉器的内涵，也扩大了良渚玉器的空间分布。

寺墩遗址 M3 出土玉器

1986 年到 1989 年，是长江流域玉器发现史上最值得纪念的时期，这四年中，

---

① 河南省文物研究所等：《河南淮阳平粮台十六号楚墓发掘简报》，《文物》1984 年第 10 期；安徽省文物工作队：《安徽长丰杨公发掘九座战国墓》，《考古学集刊》第 2 集，中国社会科学出版社，1982 年。另见殷志强等：《东周吴楚玉器》，《华夏瑰宝》，台北艺术图书公司，1993 年；高至喜主编《楚文物图典》"玉石器"部分，湖北教育出版社，2000 年。

② 寺墩遗址发掘资料见《考古》1984 年 2 期。另见汪遵国：《良渚文化"玉敛葬"述略》，《文物》1984 年 2 期。

③ 上海市文物保管委员会：《上海福泉山良渚文化墓葬》，《文物》1984 年第 2 期；另参见上海市文物管理委员会：《福泉山——新石器时代遗址发掘报告》，文物出版社，2000 年。

在长江流域上、中、下游出土了一批又一批令人震惊的玉器，它们对学术界的一次次心灵撞击，回想起来至今仍然让人兴奋不已。

1986年5月至6月，浙江省文物考古研究所在余杭县反山遗址发掘出11座良渚大墓。墓中出土各类玉器达1200余件(组)，许多器型刷新了已有的玉器记录，而且这些葬玉大墓都埋在一座由人工堆筑的土台上[①]；同年7月至9月，四川省文物考古研究所在广汉三星堆遗址接连发现两个祭祀坑，结果出土大批铜器、玉器、金器等[②]，许多文物造型之奇特、体量之巨大，达到了轰动世界的程度；也是在这一年，江苏吴县文物管理委员会在吴县严山一座古代窖藏中获得大批吴国玉器[③]，使得过去几乎是一片空白的吴国王室玉器顿时增加了丰富的材料。

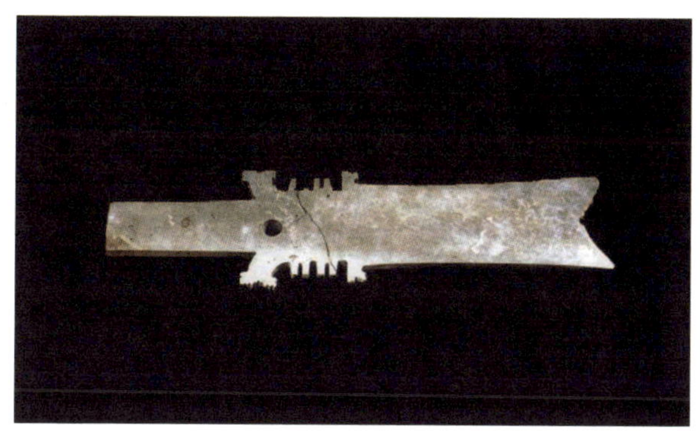

1986年三星堆遗址一号祭祀坑出土玉牙璋

1987年，浙江省考古所又在余杭县下溪湾村的瑶山山顶发现一座良渚文化祭坛及埋葬在坛上的12座良渚大墓，墓中再次出土大量玉器[④]，其器类之丰富、雕工之精美几乎到了令人瞠目的程度；这年6月，安徽省文物考古研究所发掘含山县凌家滩新石器时代遗址，在几座墓中也发现了一批玉器，其中的玉人、玉勺、

---

① 浙江省文物考古研究所反山考古队：《浙江余杭反山良渚墓地发掘简报》，《文物》1988年第1期；又见牟永抗等：《良渚文化玉器》，文物出版社，1989年。

② 三星堆一、二号祭祀坑发掘资料分别见《文物》1987年10期、1989年5期；另参见四川省文物考古研究所：《三星堆祭祀坑》，文物出版社，1999年。

③ 吴县文物管理委员会：《江苏吴县春秋吴国玉器窖藏》，《文物》1988年11期。

④ 浙江省文物考古研究所：《余杭瑶山良渚文化祭坛遗址发掘简报》，《文物》1988年1期；另瑶山12号墓资料见《东南文化》1988年5期；又见浙江省文物考古研究所：《良渚文化玉器》，文物出版社，1990年。

余杭反山遗址 **M12** 出土良渚文化玉琮

（浙江省博物馆藏）

玉三角形片、玉菌形饰、玉龟及长方形刻纹玉片等都有明显特征[①]，研究者认为玉龟和玉片可能是远古的洛书和八卦，也是我国 5000 年前就存在“太阳历”的证据[②]，让人为之耳目一新；同年 10 月至 12 月，南京博物院在新沂花厅遗址的新石器时代墓葬中，发现了一批具有典型特征的良渚文化璧、琮、瑗、锥形器等玉器[③]，且它们与大汶口文化墓葬共存，这不仅为研究良渚文化玉器与大汶口文化相对年代及两者之间的关系提供了新的证据，而且也把良渚文化玉器的空间分布推到了淮河以北。

1988 年到 1989 年，在严文明先生的主持下，北京大学和湖北省考古研究所及荆州博物馆等联合发掘肖家屋脊遗址，在一批瓮棺墓中获得大量属于石家河文化的玉器，这一发现还使天门罗家柏岭和钟祥六合遗址于六七十年代出土的一批玉器的地位得到了重新确认[④]，从而为研究长江中游地区史前玉器提供了实例。这一时期，长江中游地区的另一重大发现是 1989 年 9 月由江西省博物馆和江西省文物考

凌家滩遗址出土玉龟形器

① 安徽省文物考古研究所：《安徽含山凌家滩新石器时代墓地发掘简报》，《文物》1989 年第 4 期。

② 陈久金、张敬国：《含山县出土玉片图形试考》，《文物》1989 年第 4 期。

③ 南京博物院：《花厅——新石器时代墓地发掘报告》，文物出版社，2003 年。

④ 石家河考古队：《肖家屋脊》，文物出版社，1999 年。罗家柏岭遗址发掘资料见《考古学报》1994 年第 2 期；钟祥六合遗址的资料见《江汉考古》1978 年第 2 期。

古研究所主持的新干县大洋洲商代大墓的发掘，在墓中出土各式玉器745件(颗)[①]，这些玉器虽不足以与安阳殷墟妇好墓出土玉器相媲美，但它们毕竟是长江南岸出土的数量最大的一批商代玉器，对研究商代长江中游地区方国的玉雕技术和玉器文化具有特别的价值，它和湖北盘龙城遗址出土商代玉器及长江上游地区的三星堆遗址出土玉器等共同代表了长江流域商代玉器的风貌和成就。

进入20世纪90年代，沿江地区玉器的新发现仍是不断。如1991年浙江省余杭瓶窑汇观山遗址发现祭坛和葬玉大墓[②]；1992年江苏昆山赵陵山发现良渚文化土筑高台和玉器大墓[③]，同年荆州博物馆在荆州马山镇枣林岗发掘石家河文化瓮棺葬，出土玉器100多件[④]。1993年开始，南京博物院对金坛三星村遗址做大面积发掘，在6000年前左右的地层中发现了玉玦、玉璜、玉串饰等精美玉器，出土的大石轮怀疑与玉石器制作工艺有关[⑤]。1994年底，苏州博物馆发掘真山东周大墓，第二次发现一批吴国王室玉器，其中的玉覆面、玉珠襦、玉甲饰、玉阳具饰等组成的玉敛葬具颇有特色[⑥]。这一年，南京博物院又对武进寺墩遗址做了发掘，在一座良渚文化大墓中发现了迄今发掘出土最大的玉璧，直径达29厘米[⑦]，它再次说明寺墩是良渚文化时期地位显赫的贵族葬地。1994—1995年，南京博物院等发掘徐州狮子山汉楚王陵，获得包括金缕玉衣在内的200多件(套)精美玉器，玉衣用4000多片优质的和阗玉制成，其他玉器如璧、枕、环、佩、舞人佩、冲牙、蝉、卮、玉豹等则样式多、品种齐、质地好、工艺精，单玉璜就有20

---

① 江西省文物考古研究所等：《江西新干大洋洲商墓发掘简报》，《文物》1991年第10期。另见《新干商代大墓》，文物出版社，1997年。

② 汇观山遗址发掘资料见《文物》1997年第7期。

③ 赵陵山发掘资料见《东方文明之光——良渚文化发现60周年纪念文集(1936—1996)》，海南国际新闻出版中心，1996年。

④ 湖北省荆州博物馆：《枣林岗与堆金台——荆江大堤荆州马三段考古发掘报告》，科学出版社，1999年。

⑤ 王根富等：《金坛三星村遗址发掘获重大成果》，《中国文物报》1996年9月22日。另见《1998年中国重要考古发现》11-19页，文物出版社，2000年。

⑥ 真山吴国大墓发掘资料见《文物》1996年第2期；又见苏州博物馆：《真山东周墓地：吴越贵族墓地的发掘与研究》，文物出版社，1999年。

⑦ 寺墩遗址第四、五次发掘资料见《中国文物报》1995年11月26日和《文物》1998年第8期。

多件,每一件都堪称稀世之宝,有一件玉璜的双面满雕 20 条龙[①],工艺之妙让人叫绝。专家们认为这些玉器不少都继承了战国楚玉特征[②]。

1996 年开始,浙江省考古所在绍兴印山发掘一座战国越王陵,墓内出土玉镇、玉剑、玉镞、玉钩形器等[③],丰富了长江流域战国玉器的内涵。同年该所还发掘了嘉兴南河浜遗址,在崧泽文化时期墓葬中发现了玉钺、玉璜、玉镯等玉器,其中有的已具有玉礼器的特性,在玉器型制和加工技术方面反映出其与良渚文化的密切联系[④],这说明良渚文化玉器有着自身的渊源和发展过程。1997 年,浙江省考古所分别在海盐县龙潭港遗址和遂昌县好川村遗址发现一批良渚文化玉器,其中都有玉饰片组合镶嵌器物[⑤],对认识良渚玉器工艺的复杂性有所帮助。1998 年,南京博物院对句容丁沙地遗址做第二次发掘,发现了一批玉器和玉料及制玉工具,证明这里原是一处良渚文化时期的玉石器加工作坊[⑥],类似遗存于 20 世纪 80 年代早期在江苏丹徒磨盘墩遗址也有过发现[⑦],这为研究良渚文化玉器的制作技术提供了丰富的材料。这一年,安徽省考古所对含山凌家滩遗址又做了发掘,再次出土一批珍贵玉器[⑧],这使凌家滩史前玉器引起了国内外研究者的极大关注。1998 年,浙江省考古所发掘海盐县周家浜遗址,在出土的大批玉器中有一件玉背象牙梳特别让人感兴趣,其玉背形状即为此前瑶山、反山等遗址

---

① 徐州狮子山汉楚王陵资料见《东方文明之光——良渚文化发现 60 周年纪念文集(1936—1996)》,海南国际新闻出版中心,1996 年。

② 王恺:《浅说徐州狮子山楚王墓出土玉器》,《东亚玉器》第二册,香港中文大学考古艺术研究中心,1998 年。

③ 《绍兴印山发现越国王陵》,《中国文物报》1998 年 6 月 28 日。另见《1998 年中国重要考古发现》,文物出版社,2000 年。

④ 浙江省文物考古研究所:《南河浜——崧泽文化遗址发掘报告》,文物出版社,2005 年。

⑤ 孙国平等:《海盐发现新型良渚文化墓地》,《中国文物报》1998 年 6 月 14 日;浙江省文物考古研究所等:《好川墓地》,文物出版社,2001 年。

⑥ 南京博物院考古研究所:《江苏句容丁沙地遗址第二次发掘简报》,《文物》2000 年 5 期。另见贺云翱:《江苏句容丁沙地遗址出土玉件及相关资料的初步研究》,《2001 年“海峡两岸古玉学会议”(台湾)论文集》。

⑦ 南京博物院等:《江苏丹徒磨盘墩遗址发掘报告》,《史前研究》1985 年第 2 期。

⑧ 安徽省文物考古研究所:《凌家滩——田野考古发掘报告之一》,文物出版社,2006 年。

发现的玉"冠状饰"①。同年,南京博物院主持发掘江阴高城墩遗址,在一处良渚文化时期人工堆筑的高台墓地上发现14座墓葬,这些墓葬内出土200多件玉器,发掘者注意到玉钺既可以握在墓主人的左手,也可以在其右手。另由玉器出土位置推测,有的玉琮可能原置于死者手中②。

南河浜遗址M61出土玉钺

丁沙地遗址出土玉料

以上系列的重要考古发现,不仅弥补了史书中缺载的大量事实,而且为真实反映中国玉文化起源、发展的漫长历程和长江流域在中国玉文化中的地位提供了充分的条件。

3. 依据已有的材料,我们观察到长江流域的古代玉器大体经历过以下阶段。

第一阶段:起源和初步发展期。在距今8000年到5500年,包含考古学上的跨湖桥文化、河姆渡文化、马家浜文化、崧泽文化及薛家岗文化和大溪文化的早、中期等。起源期的玉器器类主要有玦、璜、管、坠、环、镯等,目前仅见于长江下游的跨湖桥文化、河姆渡文化和马家浜文化遗址③。据闻广等先生的研究,起源时

---

① 蒋卫东、李林:《海盐周家浜遗址抢救发掘获硕果》,《中国文物报》1999年11月17日。

② 南京博物院等:《高城墩》,文物出版社,2009年。

③ 有关资料见《文物》1976年8期、《文物》1980年5期(河姆渡遗址);《浙江省文物考古研究所学刊》创刊号,1981年(罗家角遗址);《浙江省文物考古研究所学刊》1997年(象山县塔山遗址);《考古》1961年7期(马家浜遗址);《考古学报》1980年1期(崧泽遗址);《史前研究》1984年2期(圩墩遗址);《文物资料丛刊》第3期(草鞋山遗址)等。另崧泽遗址资料还见于《崧泽——新石器时代遗址发掘报告》,文物出版社,1987年。

期的玉器之用材皆属"假玉"①。陈星灿、邓聪等先生则认为长江流域的玉玦可能与8000年前左右就已产生的内蒙古、辽宁一带的玉玦有某种联系②。但无论如何，玉璜这一器型是本阶段长江流域先民的创造，而且后来成了本区最具特色和地位的玉器之一。如果与我国东北地区最早的玉器做比较，并结合后来的发展趋势，应该说"玦"和"璜"从某个角度而言可能分别代表了南、北方两种不同的玉器传统。

溧阳秦堂山遗址马家浜文化晚期墓葬出土玉玦

到了距今6500年至6000年，长江流域的玉器获得了初步的发展，璜、玦等器类普遍见于长江流域的上、中、下游，专家认为这一时期长江上、中游的玉器可能是在长江下游影响下而产生的③，然爱玉、用玉的观念这时为长江流域的先民普遍接受确已是事实。而且，在长江下游地区，玉器的发展态势更加明显，不仅器类上出现了璧形器、琀等新器种，而且制玉材料也终于使用了"真玉"④，为此后玉器的进一步发展奠定了用材上的基准。

第二阶段：第一高潮期。在距今5500年到4000年，包含考古学上的崧泽文化晚期、凌家滩类型文化、良渚文化、石家河文化等。其中的良渚文化玉器得到过汪遵国、牟永抗、张光直、邓淑苹、杨伯达、王明达、张明华等众多专家的研究。这一时期，虽然北方地区的红山文化玉器和龙山文化玉器也都十分夺目，但是，

① 闻广、荆志淳：《福泉山与崧泽玉器地质考古学研究——中国古玉地质考古学研究之二》，《考古》1993年第7期。

②④ 陈星灿：《中国史前的玉（石）玦初探》，邓聪：《环状玦饰研究举隅》《蒙古人种及玉器文化》，均载《东亚玉器》第一册，香港中文大学中国考古艺术研究中心，1998年。

③ 张绪球：《长江中游新石器时代玉器》，何介钧：《湖南史前玉器》均载《东亚玉器》第一册，香港中文大学中国考古艺术研究中心，1998年。

长江流域的玉器品种之丰富、技艺之高超、内涵之复杂、影响之深远从总体上仍代表了中国史前玉器发展的高峰和综合成就。

凌家滩玉器和良渚文化玉器是既有差异又有联系的两个玉器系统。前者时间上要比后者略早；前者用玉材料上比后者复杂；空间上前者处江淮之间，分布地点很少，后者以长江南岸太湖流域为中心，分布地点众多且广泛；前者器类上如环状玉龙、玉龟及玉版、玉鹰、玉人、玉戈、分合式玉璜、冠形饰、玉勺、玉喇叭形饰、玉耳珰等都极具特征，后者大量出现的玉琮、玉璧及玉三叉形器、锥状器、柱形器、带钩、牌饰、动物形饰、玉梳背、半圆形饰、插座、端饰和柄形器、玉圭等均展现出强烈的个性风格。不过，它们之间也有共通性，如两者都有玉钺和玉斧，璜、玦、镯、环等形器有一定的相似性，玉璧存有内在联系，制玉技艺基本一致，两者的玉器大量用真玉材料制成，反映出这时人们辨别玉材和勘探及开采玉矿的技能都有很大提高。玉器的出土环境亦雷同，如重要玉器都见于大、中型墓，而这些墓葬又是埋在人工筑成的祭坛之上。此外，如果我们在更大的时空范围内看问题，也许可以发现两者具有更复杂的关系，这方面，张忠培先生和严文明先生都做过分析①。如凌家滩墓地出土陶器组合以鼎、豆、壶为主干，这是长江下游地区同一时代较为普遍的器物组合特征，居民喜爱玉璜、管状玉饰及其组成的项饰，有的还配以玉环和玉玦，这在薛家岗文化和大溪文化晚期、北阴阳营文化中都比较多见。凌家滩玉版和玉鹰上刻的八角星纹最早见于湖南澧县丁家岗，在大汶口文化和崧泽文化中最为流行。另外，我们还注意到，凌家滩发现的玉双联璧，在海安青墩、南京浦口营盘山及山东邹县野店等遗址都有发现②，而且其基本风格与辽宁建平县牛河梁等遗址出土的同类器相当接近；凌家滩出土的玉玦，在长江流域广泛流行，这里出土的条形玉璜与南京北阴阳营遗址的玉璜风格高

---

① 张忠培：《窥探凌家滩玉器》，严文明：《凌家滩玉器浅识》，均载《凌家滩玉器》，文物出版社，2000 年。

② 南京博物院：《江苏海安青墩遗址》，《考古学报》1983 年第 2 期；另见牟永抗、云希正主编《中国玉器全集》第一卷图三四、七十、七一，锦绣出版(香港)，1994 年。

度一致[①],这种玉璜在江苏金坛三星村遗址也有发现;凌家滩半璧形璜在太湖流域同期遗址中十分普遍,还见于长江上游的巫山大溪文化等遗址[②],一种带齿边的半璧形璜则与浦口营盘山 30 号墓出土的璜有相同的风格[③]。至于良渚文化的玉琮或玉璧更是远在山东、陕西、甘肃、安徽、江西、湖南、湖北、四川、广东等多处地点发现。从这些方面分析,我们是想说明,长江流域玉器发展中第一个高峰期来临的原因,除了本地区经济、文化等方面的“量变”导致“质变”以外,还有不同文化系统之间的交流和碰撞,而且,正是这种交流,才使玉器及其代表的观念在更广大的范围内流布融汇,从而具有更广泛的文化价值。

余杭反山遗址出土良渚文化玉钺
(浙江省博物馆藏)

在这一时期的较晚阶段,长江中游的两湖地区也出现了用玉高峰,近年来倍受重视的石家河文化玉器为其代表,对此,张绪球和何介钧先生做过系统研究[④]。目前,石家河文化玉器出土地点还不多,主要有湖北石家河罗家柏岭、肖家屋脊、钟祥六合[⑤]、荆州枣林岗、湖南澧县孙家岗[⑥]等遗址,典型器物有玉人像雕件、玉兽面雕件、玉龙形佩和玉凤形佩、玉柄形饰、玉蝉、玉鸟以及璜、璧、笄等。专家们认为,这些玉器有的造型来自山东龙山文化,更多的则是“笼罩在良渚文化强烈影响的

① 南京博物院:《北阴阳营——新石器时代及商周时期遗址发掘报告》,文物出版社,1993 年。

② 巫山大溪遗址发掘资料见《文物》1961 年 11 期,《考古学报》1981 年第 4 期。

③ 《中国玉器全集》第一卷图六四,锦绣出版(香港),1994 年。

④ 何介钧:《湖南史前玉器》,《东亚玉器》第一册,香港中文大学中国考古艺术研究中心,1998 年。另见张绪球:《石家河文化的玉器》,《江汉考古》1992 年第 1 期。

⑤ 荆州博物馆:《钟祥六合遗址》,《江汉考古》1987 年第 2 期。

⑥ 何介钧:《湖南史前玉器》,《东亚玉器》第一册,香港中文大学中国考古艺术研究中心,1998 年。

氛围之中”[①]。当然,如果我们将石家河文化玉器与凌家滩玉器或良渚文化玉器相比,前者仍然具有自己的整体风格,如它的时代较晚;各种器物多用作佩饰,玉礼器不如长江下游发达;有的玉器的神秘性更加强烈;而且它们或出于瓮棺,或出于土坑墓,埋藏环境与长江下游差异很大。但是,无论怎样,它们与长江下游的玉器确实存在千丝万缕的联系,如果追根溯源,早在大溪文化时期,这里的“璜、玦就极可能来自长江下游”[②],大溪文化晚期至屈家岭文化早期,长江下游的崧泽文化、薛家岗文化强烈地影响到长江中游地区,虽然玉器方面实例还不多,但陶器中“鼎、豆、壶大量涌现,陶系由红变黑,促成了大溪文化向屈家岭文化的演变”[③]。石家河文化前后,玉龙形象在良渚、凌家滩玉器中皆有,只是造型不同,玉鸟或玉凤也是普遍的玉器表现题材,良渚文化最多见的玉璧或玉琮在湖南安乡度家岗[④]、湖北枣林岗等地都有出土,孙家岗带齿玉璜与凌家滩的同类玉器在工艺上有相通之处,至于其他如玉蝉、玉兽面、耳部戴玦的玉人面等,在长江下游地区也可以找到雷同的要素来源或器型与构图特征上的联系。这就证明,爱玉、崇玉的观念和习俗在长江流域不仅是源远流长,而且也是自成系统的,同时,它在距今 5500 年到 4000 年的时间段内先后共同创造了长江流域的第一个用玉高峰。这一时期发展成熟的玉璧、玉琮、玉璜、玉钺、玉圭、玉戈、玉龟、玉版、玉勺、玉(石)多孔刀、玉带钩、

凌家滩玉龙

①②③　何介钧:《湖南史前玉器》,《东亚玉器》第一册,香港中文大学中国考古艺术研究中心,1998 年。

④　见《东亚玉器》第三册图 97、98、99,香港中文大学中国考古艺术研究中心,1998 年。

玉锥形器、玉柄形饰、玉龙、玉凤、玉人、玉琀、玉蝉、玉琮形管、玉笄、玉镇[①]、玉梳(背)、玉龠及玉镈等几乎都开中国同类玉器造型之先河或自我构成一个发展过程,从而对中国后来的玉礼器及玉饰品乃至由其发育成形的玉文化系统给予了规范和深刻的影响,因此,这一时期长江流域玉器拥有的历史地位是不可估量的。

长江流域玉器发展的第二个高峰期是在商代,它以四川广汉三星堆遗址祭祀坑出土玉器和江西新干大洋洲商代大墓出土玉器为代表。关于这两批玉器,陈显丹、陈德安、赵殿增、李学勤、杨建芳、彭适凡等先生都做过大量研究,对其来源、器类、造型、用途、特征等已大体有了结论。客观地讲,这一时期长江流域的玉器与新石器时代中后期相比,已发生了根本的变化,即它已失去了主体性,改而深受黄河流域玉器风格的控制和影响。其实,当历史进入夏朝以后,长江流域的玉器已进入衰弱阶段,尽管有专家认为,石家河文化玉器可能已是相当于中原夏代的遗址[②],但那也是夏代偏早期的作品。迄今,在长江流域 3800 年到 3600 年前这段时间内的成批玉器,尤其是礼仪玉器更是难得一见,曾经辉煌夺目的凌家滩文化类型玉器、良渚文化玉器等似乎神秘地消失了,取而代之的是长江流域原先有过的许多玉器器型已经融入中原玉器系统。

在这个时代变化的大背景下,商代时期长江流域玉器就呈现出另外一种景象了。我们将三星堆玉器、大洋洲墓玉器和殷墟妇好墓玉器[③]做一比较就会发现,在器类上,妇好墓的丰富程度远远领先,以礼器为例,妇好墓有琮、璧、圭、璇玑、环、瑗、玦、簋、盘 10 种,大洋洲墓有琮、璧、瑗、璜、玦 5 种,三星堆有琮、戚形璧(?)、环、瑗、璋 5 种;在仪仗器方面,妇好墓有戈、矛、戚、钺、大刀 5 种,大洋洲仅有戈、矛 2 种,三星堆有戈、剑 2 种。而且三星堆和大洋洲出土的玉琮、玉璧、

① 玉圭有吴兴杨家埠出土一件;江苏溧阳出土一件神人兽面鸟纹圭。分别见《东方文明之光》172 页,吴汝祚、牟永抗文;67-68 页汪青青文;玉镇见蒋卫东:《良渚文化玉镇小考》,《中国文物报》1998 年 10 月 11 日。其他器种见前引有关考古报告和《良渚文化玉器》《凌家滩玉器》两书。

② 杨权喜:《关于鄂西六处新石器时代晚期遗存的探讨》,《考古》2001 年第 5 期。

③ 中国社会科学院考古研究所:《殷墟妇好墓》,文物出版社,1980 年。

玉环、玉瑗、玉璋、玉戈、柄形器等几种器类造型，基本上受中原风格的影响，一种孔周缘两面凸起的璧类器（妇好墓称“环”、大洋洲墓称“璧”、三星堆称“瑗”）在造型样式和制作技术上几乎完全一样。

1989 年江西省新干县大洋洲出土蝉纹玉柄形器（江西省博物馆藏）

当然，我们也看到，这个时期长江流域的玉器仍顽强地表现着自己的个性。首先，这一时期本区的玉器仍保留了一定的地方传统，如广汉 1934 年出土的一件刻纹玉琮，作扁矮方柱体，外方内圆，中钻大孔，两端出射，每侧面中部有竖凹形槽，两侧凸起面上以横弦纹分成上下三节，其中中间一节两侧刻圆形的眼睛①，此玉琮与良渚晚期的简化纹玉琮非常接近。另彭适凡等先生也认为，大洋洲墓所出Ⅰ式玉琮（XDM：677）是从良渚的 B 型Ⅰ式琮演变而来②。三星堆及四川境内多次发现成批的玉石璧，璧的造型和埋藏方式与良渚文化有所相似。杨建芳先生认为三星堆出土的锥形玉器也包含有良渚文化因素③。另外，大洋洲墓出土的神人兽面纹饰与石家河文化的神人或神兽面饰也有前后演变的关系。其次，这一时期长江流域的玉器中出现一些硕大无比的器物，如三星堆遗址出土的玉牙璋或长近 70 厘米，最长的竟达 1 米多，玉戈有长 59.4 厘米，石璧外径或至 70.5 厘米、厚 6.8 厘米，重逾百斤④，令人不可思议。因此，有专家认为，三星堆玉石礼器是已知玉石文化中形体最大、仪仗最壮观、最具威慑作用的器具。这时，长江

---

① 见《四川太平场文化》，《中国考古学研究》（英文）。

② 江西省博物馆：《新干商代大墓》204 页，文物出版社，1997 年。

③ 杨建芳：《早期蜀国玉雕初探——商代方国玉器研究之一》，《三星堆与巴蜀文化》，巴蜀书社，1993 年。

④ 陈显丹：《三星堆文化玉器研究》，《四川文物》（三星堆古蜀文化研究专辑），1992 年。

中游地区也有很大的器类,如湖北黄陂盘龙城遗址曾出土过长近 1 米的大玉戈[①],实属玉中巨制。最后,某些器种上,本区仍有一些创新之举,按杨建芳先生所析,三星堆祭祀坑出土的一些工具或武器类玉器为蜀人固有品种,另基本造型取自中原、但蜀人又加改造的则有鱼形及射部有透雕纹的牙璋、刻“祭祀图”的边璋等[②]。大洋洲墓出土的绿松石蝉、蛙以及集人、兽、鸟特征于一身的侧身羽人佩饰也颇具个性。

1989 年江西省新干县大洋洲出土文物(江西省博物馆藏)

商代以后的西周时代,正是黄河流域玉器大发展的时期。长江流域的玉器却再次进入低潮,目前在这一广大地区几乎没有发现过该时期重要的玉器,直到春秋时代,本地区的玉器似乎才获得一线生机,慢慢从长夜中走出,并且到春秋中期以后终于逐渐进入第三个高潮期,此后一直延续到战国时代。

长江流域的第三个用玉高峰期的玉器总体上仍广泛受到中原玉器的深刻影响,许多器型和雕琢风格直接来自中原地区。不过,我们也应看到,春秋早期立国于淮河流域的列国玉器可能对长江流域的楚、吴、越等国的玉器之发展具有更直接的作用。而且,由于地缘的因素和玉器所具有的特殊地位,这一时期本区玉器的发展先崛起于长江中游的楚国,再延及长江下游的吴、越等国家。

目前,长江流域春秋早期的玉器极其少见,据有关资料,在春秋中期前后,楚

---

① 《中国美术全集》九,玉器,图 50。

② 杨建芳:《早期蜀国玉雕初探——商代方国玉器研究之一》,《三星堆与巴蜀文化》,巴蜀书社,1993 年。

国玉器已有了相当的成就，出现的器类有礼器玉琮、佩饰器玉璜、玛瑙环、玉牌以及人形玉管等。据《韩非子·和氏》，这时的楚国已有专门掌玉的官员“玉人”，后来名闻天下的“和氏璧”的故事就发生在这一时期，由此可见当时楚国民众中已有人积累了丰富的勘玉、相玉的经验。春秋晚期，楚、吴、越等国的玉器已均较发达，并逐渐呈现出较为一致的风格，其中又以楚国玉器成就最高。这一时期，以佩饰玉最为流行，礼器、丧葬玉不占主体。在河南淅川下寺、湖北襄阳、安徽寿县等地发掘的一批楚、蔡墓中，出土的玉器大多数属佩饰器，如玉璜、玉玦、玉觿、玉虎形佩、玉笄、玉梳、玉系璧、玛瑙管、玉珠等，即使是原先规整的玉璧，也或被楚人在周边雕出凸齿，变成了佩饰品①。江苏吴县发现的一批春秋晚期吴国玉器，也以系璧、璜、觿、长方形佩、镯、玦、坠饰、串饰等为大宗。正是佩饰玉的发达，推动了人们对传统佩玉方法进行变革，其中以玉璜最为典型。玉璜自产生之日起直到西周，几乎都是在弧形体的两端穿孔，即用两股绳穿系佩戴，圆弧面朝下，两端向上，但在楚国和吴国玉器中，却改为在圆弧背上穿一孔的做法，即只要一根绳即可穿系，从而导致了玉璜佩戴方法的重大变化，从此，玉璜即变为弧背朝上，两端向下，这一变化对玉璜本身造型工艺和纹饰构图方式的改进，给玉组佩的结构等带来了一系列影响。在出土的楚国漆器上，我们甚至可以直接看到这种新式的玉璜佩戴风格。

这一时期，丧葬玉也有了新的进展。钱公麟先生等对苏州真山吴国大墓（疑为吴王寿梦墓）出土玉器研究后认为，春秋时期吴国王侯一级贵族中已出现了由玉面饰、珠襦、玉甲饰和阳具饰组成的玉敛葬制，尤其是珠襦玉甲更是当时吴文化的习俗，这种用玉习俗可能在安徽寿县蔡侯墓、河南固始侯古堆一号墓（勾敔夫人墓）及浙江绍兴 306 号战国墓中也有存在②。不过，我们注意到，和真山吴国大墓中出土的“玉甲饰”（一称玉牌形饰）的造型、纹饰几乎一样的玉件还发现

---

① 河南省文物研究所等：《淅川下寺春秋楚墓》195 页，文物出版社，1991 年。

② 苏州博物馆：《真山东周墓地：吴楚贵族墓地的发掘与研究》57 页，文物出版社，1999 年；另绍兴 306 号战国墓资料见《文物》1984 年第 1 期。

于河南淅川和尚岭2号墓(约春秋中期)、湖北襄阳山湾6号墓(约春秋晚期)等,它们之间的关系值得研究。顺着这个思路,我们还可以发现,楚地中比较多见的蚕节状玉觿、饰蟠虺纹及带齿边的长方形玉牌、饰蟠虺纹扁条状玉饰、绹索纹手镯、瓦形玉阳具饰、弧背顶端穿孔的玉璜、虎形玉佩等在楚国、吴国、蔡国、越国玉器中都比较流行。以虎形玉佩为例,其基本造型是低首、弓背、尾上卷,这种玉虎的雏形最早出现在殷墟妇好墓中,与楚、吴等国风格最接近的为河南光山县春秋早期黄君孟墓中出土者[①],后来淅川下寺1号、2号、3号楚墓及吴县严山吴玉窖藏、苏州真山吴国大墓及绍兴306号战国墓中都有类似的玉虎出土。我们前面说过,淮系玉器对楚、吴等国玉器的影响不可低估,如黄君孟墓中出土的长管状玉玦,在淅川3号楚墓中也有发现。

战国时代,楚、曾等国的玉器在与列国玉器保持大体一致的水平上也逐渐形成了自己的风格。这一时期礼器更加少见,玉琮仅在曾侯乙墓、长沙浏城桥1号墓中出土[②],玉璧、玉环、玉璜等也大多作为佩件出现。造型灵动、工艺精湛的龙形玉佩、凤形玉佩、龙凤形玉佩等大量出现,玉龙佩和玉凤佩等多以不对称性构图出现,充满力量和运动感,即使是传统的璧、璜等器,人们也是力求突破原有的规范和传统,创造出了双联璧、出廓璧、双层璜、出廓璜等新奇的造型。一般器物上皆满施纹饰,早期以谷纹、云纹、弦纹、S纹等为主,晚期出现勾连云纹、蒲纹等,凡透雕、圆雕、阳刻、镶嵌、活环等各种技法无不加以综合运用,力求用最大的表现力取得最佳的艺术效果,因而使得这一时期的部分玉器在考古发现史上几乎达到了空前绝后的水平。与此同时,一些新的器型在玉器成员中占有越来越醒目的位置,春秋晚期就已出现的玉剑具如剑首、剑格、剑璏、剑珌等这时基本齐备,玉带钩则有鸭首形、鹅首形、马首形等,丧葬玉器除传统的玉面饰、玉琀、珠襦、玉甲饰外,在长沙浏城桥1号墓中发现了用璧、琮、璜、环等十几件玉器铺放

---

① 河南信阳地区文管会:《春秋早期黄君孟夫妇墓发掘报告》,《考古》1984年第4期。

② 湖南省博物馆:《长沙浏城桥一号墓》,《考古学报》1972年第1期。

于死者身体上下的做法，长沙五里牌406号墓也用5件玉璧置于死者肩、头、膝下[①]，安徽长丰杨公2号墓内出土的璧、璜、佩、管、圭等55件玉器则是如鱼鳞般地有序置放于死者身体之上[②]。这种“玉敛葬”式在长江流域最早可以追溯到良渚文化时代，后来在西周时期成为中原贵族的葬仪，战国时代楚国境内仍加以沿用，不能不说是源远流长。曾侯乙墓所用圆柱形玉握、玉口罩、各种动物形玉琀、双面玉俑等，其做法虽多源自中原，但具体器物造型上却富有特点。长沙市子弹库一号墓墓主人有双棺，发掘时发现一件系有棕色纽带的谷纹青玉璧就放置于内棺盖板的头端正中[③]，这是存在于楚国的一种特殊的玉器丧葬使用仪式。有专家已注意到，长沙马王堆汉墓出土的“T”形帛画上和砂子塘西汉墓棺档上均有双龙或双凤穿璧的图案[④]，子弹库一号墓棺首置璧，应与这种图案用意相同。巧合的是，笔者在1982年参加江苏高邮神居山二号汉墓（西汉广陵王刘胥夫人墓）发掘时，也发现过其内棺棺档上悬有一件系扎组带的乳钉纹大玉璧[⑤]，由此不难发现楚国丧葬玉影响的深远。

1971年长沙浏城桥1号墓出土云纹玉璧（湖南省博物馆藏）

---

① 见《长沙发掘报告》第65页，科学出版社，1957年。

② 安徽省文物工作队：《安徽长丰杨公发掘几座战国墓》，《考古学集刊》第2集，中国社会科学出版社，1982年。

③ 湖南省博物馆：《长沙子弹库战国木椁墓》，《文物》1974年第2期。

④ 见高至喜主编《楚文物图典》337-378页，湖北教育出版社，2000年。

⑤ 见《华夏瑰宝》82页，台湾艺术图书公司，1993年。

战国以后,历史进入了一个新的时期,秦汉统一王朝的建立,带来了文化上的大整合,长江流域的玉器,经过秦代短暂的低落,到了西汉时代,便随着众多封立的同姓或异姓王侯的到来而再次获得发展。迄今,秦代玉器在本地区发现不多,长沙市左家塘1号墓出土的谷纹璧、剑首和剑璏等大体沿袭了楚国的风格,如主体纹饰仍是谷纹和勾连云纹①。进入西汉以后,玉器首先是在战国旧楚之地今徐州、扬州一带发达起来,因为这一带不仅是西汉最高统治者的“龙飞”之地,而且分封者有楚王、吴王、江都王以及后来的广陵王等皇亲在此。徐州狮子山疑为西汉前期第三代楚王刘戊墓,墓中出土了200多件玉器②,其中不少堪称稀世之宝。当时楚国王室专设有治玉作坊,玉师大多来自原战国楚地,所以其制作风格在很大程度上沿袭了前代楚玉传统,据王恺先生研究,狮子山楚王墓玉器中的玉璜、玉璧、玉龙等有明显的楚国遗风,其中玉璜的造型在安徽长丰杨公2号墓、湖北江陵望山1号墓、河南信阳长台关1号墓、河南叶县1号墓等楚墓中都可以见到相同或相似者,他断言狮子山楚王墓玉器的渊源正是战国楚玉③。此外,这座墓中还出土了金缕玉衣、玉枕等丧葬玉,结合在徐州市北郊九里山发现的西汉早期刘和墓出土的银缕玉衣、玉枕、猪形玉握、玉七窍塞等④,说明先秦时代也流行于吴楚之地的“玉敛葬”制,到西汉初年已经发展成了以玉衣为中心的完整的一套敛葬玉器制度。

这一时期,长江流域的玉器和全国其他地区一样,一方面承继战国玉器品类并在制作工艺上加以革新,如玉具剑、玉佩上出现了高浮雕的螭虎,西汉晚期以后出现出廓镂雕吉祥语玉璧等;另一方面也出现了一些新的器种,如玉韘形佩、玉舞人、玉卮、玉飞熊、玉长方形龙马纹饰等。从雕刻工艺角度分析,当时,除楚

---

① 《中国玉器全集》第4卷图一、二、三,锦绣出版(香港),1994年。

② 徐州狮子山汉楚王陵资料见《东方文明之光——良渚文化发现60周年纪念文集(1936—1996)》,海南国际新闻出版中心,1996年。

③ 王恺:《浅说徐州狮子山楚王墓出土玉器》,《东亚玉器》第二册,香港中文大学考古艺术研究中心,1998年。

④ 耿建军、盛储彬:《徐州汉皇族墓出土银缕玉衣等文物》,《中国文物报》1996年10月20日。

国之外，封立于今扬州地区的吴国及此后的广陵国，在今长沙的长沙国都有官营治玉作坊。扬州甘泉山“妾莫书”墓、老虎墩汉墓、甘泉山 2 号墓等出土的大批玉器①，有不少风格上雷同，说明是出自同一批艺人之手的作品；长沙市咸家湖曹嫫墓出土的一件半璧形玉璜由一件玉璧改制而成，而同样的玉璧在该墓就有出土，璧面上内外两区分别雕刻蒲纹和凤纹②，如果当时本地没有琢玉作坊，类似这种情况是很难出现的。总之，两汉时代长江流域的玉器已基本纳入了全国大一统的范围，虽然战国时代楚玉的遗风还有一定影响，但封建专制集权政治上的统合力和玉器所具有的特殊地位，都不会再允许有任何地方色彩的玉器体系的存在，因此，东汉中期以后长江流域独特的古玉文化也就基本画上了一个句号。

4. 真玉的硬度(摩氏)一般达 5.5～6，用钢刀都很难划动，而只能借助于机械(各种磨具、砣机等)和介质(解玉砂、水)采用琢磨方式达到成器目的，加之其原材料难得，器物加工过程中必须一次成型，所以，制玉是一门难度很高、集科学和艺术于一体的特种工艺。就过程而论，它牵涉到对玉矿的勘探确认、采玉及运输、美术设计、制作过程中各种工具和机械设备及使用方法、制作者内心对造型空间的把握，并要寄托某种精神理念等等，其中包括地质、材料、数学和几何、造型艺术、审美、机械及工艺等多种知识，以及隐藏在其后复杂的组织管理和成品的使用程序。如果是在史前时代，它一定代表了当时最尖端的学识和技术，是当时人们所能达到的最高智慧的结晶。

长江流域的古玉表现在工艺技术层面，有一个逐步认识、渐次提高的过程。以下游地区为例，7000 年前的河姆渡、马家浜文化时期，所用玉材还是一些硬度较低的“假玉”，器型都是简单的饰品，构图以“圆”为主，如璜、镯、环、玦、珠、管等。加工技术主要是锯切割和大面积碾磨及钻孔、抛光等，与制造石器的工艺特点和流程相似。但玉所蕴含的美丽、温润、透明、坚致、稀有等特性却已为先人所认知。

---

① “妾莫书”墓资料见《文物》1980 年第 12 期；甘泉山 2 号墓资料见《文物》1981 年第 11 期；老虎墩汉墓玉器见《中国玉器全集》第 4 卷，锦绣出版(香港)，1994 年。

② 长沙市文化局文物组：《长沙咸家湖西汉曹(嫫)墓》，《文物》1979 年第 3 期。

经过千余年的摸索,到6000年前左右的崧泽文化时期,制玉技术已经成熟;真玉被发现和使用,造型开始复杂,器体向大的方向发展,设计上出现“方”的观念。如有了折角形璜、水滴形玲、近于长方形的玉钺及玉璧等,线切割工艺开始使用,琢磨讲究精细,这一时期的晚期阶段可能已出现了简单的砣机。距今5500年到5000年,即相当于考古学上凌家滩类型文化和良渚文化时期,玉器工艺发生了重大转变,独特的玉雕工艺体系形成,真玉材料获得普遍使用,器型日益复杂,抽象和写实造型均有,玉器作为“有意味的形式”和宗教情感的符号及审美的对象,在人们的社会生活中占有越来越显要的位置。这时的加工手段丰富,锯切割、线切割、砣切割三种技术都已使用,切割、钻孔(包括使用管钻和实心钻)、打眼、线刻、浮雕、立雕、透雕、微雕、镶嵌、抛光等多种工艺综合运用,使这一时期的玉器制作取得了很高的成就,在没有任何金属工具的时代,能创造出世界一流的玉器工艺和玉器文化,其中包含的某些奥秘,直到今天,我们还未能得到最终的解释。

这里试举几例,以窥见长江流域古代玉器的工艺特点和风貌。良渚文化玉器代表了史前时代长江流域甚或全国范围内制玉工艺的最高水平。按照玉器的审美要求,当时的制玉者已能充分调动一切可用的技法,将材质美、造型美和技艺美有机结合到一起,从而取得了令人惊叹的成就。据研究,良渚文化时期,人们已经意识到“真玉”的价值,从根本上肯定了材质之美在玉器上的首要地位,并根据墓主身份高低的不同,确定真玉在一定玉器组合总量中所占的比例,从而开创了后来周礼记载的“用玉制度”①。在玉器造型方面,玉璧、玉琮等作为祭祀天地、沟通人神的礼器,基本采用抽象构图,以达到“礼神者,必象其类”的目的,玉鸟、玉蝉、玉蛙等则直接仿照各类动物,取其形似;而一般器物多从实用和美观出发,随需定型,如玉钺、玉带钩、玉梳背、玉镯、玉块等。但无论何种造型,大体上均按中轴对称原则构图,这一方面是玉器的神圣性所决定,另一方面也是玉材质

① 闻广、荆志淳:《福泉山与崧泽玉器地质考古学研究——中国古玉地质考古学研究之二》,《考古》1993年第7期。

地坚硬，对称构图可以降低加工难度而导致的结果。

良渚文化玉琮

良渚玉器最值得称道的是它独创的技艺美，透过这种美，人们才能够感受到玉器的内在价值和神圣魅力。良渚玉器所表现出来的技艺，除一般玉器所具备的琢玉手法外，其浮雕、阳线刻、镂孔等高难度技术的普遍使用是它的特征，尤其是良渚玉器十分重视通过技艺美在方寸之地上去刻意营造玉器所要表达的那种心灵欲望确实达到了让今人也不能不惊叹的程度。良渚玉器的动物造型都强调动感，玉鸟作展翅飞翔或引颈远观状；玉龟伸头，四肢似正在划动；玉鱼嘴部翘起，尾鳍伸展；玉蜥蜴长尾抬举，似正游动。动物的双目或突起，炯炯有神；或镂空，深邃莫测。艺人在这里截取的是动物瞬间的动作特点，但追求的却是动物的"通灵"作用，没有动感，也许这种动物的"通灵"作用会打折扣吧?！对此，我们还可以从"神人兽面纹"上得到确认。浙江反山墓地出土玉钺上的"神人兽面纹"（又称良渚"神徽"）由阳纹、阴刻、浮雕等几种手法做出，神人冠羽冲天，双目圆睁，角眦欲裂，鼻翼鼓起，龇牙裂口，双臂左右暴撑，双手张开呈抑制不住的激奋状态；兽面双目圆瞪，双目间肌肉高凸呈桥状，阔鼻突起，巨口横张，形象威猛狰狞，加之人身和兽身上布满流动感很强的漩涡纹，整个画面表现出的就是一幅人、兽精神亢奋、情感共振的场景，时人在玉器上所要表达的心灵追求在这里通过雕刻画面和技法得到了实现。这类图像无论分布在什么器物上，它们使用的技艺都有大体一致的特点，那就是调动一切工具和技术手段达到观感上的最佳效果，表明它们具有规范化、程式化的艺术风格和几乎一致的宗教目的。如笔者见过的一件玉璜，圆弧面上雕有三个"鬼脸"，脸部整个凸起于璜表，其上再浮雕额、双目和嘴部，眼眶、鼻子、牙齿以阴线刻出，两颊还各刻一个螺旋纹，从玉璜表面到眼球，上下高低错落，达到五个层次，手法之精之繁实在精妙，如果是用现代手段制作，得需要在高速旋转的玉雕机上分别安装各种大小不同的镀有金刚砂的轧砣、勾砣等小工具，采取刻、勾、撤、掖、顶撞等不同技法，才可以完成这件器物的纹饰加工，在良渚文化时代，人们是用什么设备和细小工具取得这种艺术效果的呢?!

镂雕也是良渚玉器的一大特点。浙江瑶山出土的一件雕兽面纹玉璜，器面上满布镂空纹，未镂空处则填以阴线纹，如兽面双目镂空，眼眶则以阴线刻出，空灵而又写实。镂空与阴线刻纹结合最好的是反山墓地出土的2件玉冠状饰(玉梳背)，一为兽面与人面的结合，中部为兽面，占主题纹饰的地位，硕大的双目镂空，让人感到深不见底，獠牙则以阴线刻出，尖锐实在，左右对称的人面纹只各雕出半个，而与另一方面的各半个人面合成一个整体，按王政先生的说法，这应是美学定理"拆半律"在玉器上的使用①;另一件中间为戴羽冠神人，双手伸出与左右鸟纹相连，人、鸟的主体形象以阴线刻出，其他地方镂空，全器虚实相间，人兽交融，充满了流动感和神秘感，这是良渚玉器特殊技艺美的又一成功范例。

反山遗址出土玉琮王上的神人形象

---

① 王政:《艺术拆半与巫术象征》,《东方文明之光——良渚文化发现60周年纪念文集(1936—1996)》,海南国际新闻出版中心,1996年。

良渚文化的阴线刻纹也有惊人的地方，据专家观察，这种纹饰是用多次重复的细碎阴线刻成，反山出土的“琮王”上所刻“神徽”图像高不足3厘米、宽不到4厘米，但神人、神兽形象逼真，线条细如发丝，甚至能在1毫米的宽度内刻出四五条细线，以至今人观察要借助于放大镜，技艺之精，令人叫绝。至于刻划的工具，有认为是鲨鱼的牙齿，有认为是金刚石，有认为是用了“软玉法”，有认为是用髓石、玛瑙、水晶等制成的尖锐工具，也有认为是用了砣具及解玉砂甚至是嵌了琢玉砂的工具[①]，莫衷一是，十分有趣。这些阴刻线纹与镂空技法相结合组成一个纹饰单位，或直接构建连续的完整图案，少数的也做成“锦地”效果，如北京故宫博物院藏一件玉璜，正面浮雕三组纹饰，中为兽面，两侧是较为抽象的鸟纹，全器地纹则以细阴线作出锦地状[②]，主题突出，繁而不乱，达到了很高的艺术水准。

良渚玉器制作工艺上还有一种打凹现象，存在于玉带钩、玉镯、玉龠、玉镈等器，包括一些玉琮、玉锥形器上的兽面纹眼眶部和晚期玉璧的边缘部，这种工艺难度很高，但艺术效果却不同于一般，它使玉器表面产生了复杂的多面反射现象，这不仅增强了玉器表面的层次感和图案的生动性，也能通过光的反射更好地展现玉的特殊质感和美感。

由良渚玉器所实践的许多制玉技法及其创造的美术效果，在后来的中国玉器上得到了发扬光大，这一点已为大多数研究者所发现和认同。

长江流域史前玉器除良渚文化玉器之外，凌家滩玉器、石家河文化玉器等都有很高的艺术成就，如凌家滩玉器已熟练运用切、割、凿、挖、钻、雕、磨、抛光等技术，纹饰大多用阴线刻出，浅浮雕、半圆雕等技法也有使用，张敬国先生认为，当时肯定已存在原始砣机[③]，为玉器的精确加工创造了条件。如出土的玉鹰，双翅

① 参见〔日〕林巳奈夫：《良渚文化玉器纹饰雕刻技术》及林华东：《论良渚玉器的制作工艺》，《东方文明之光——良渚文化发现60周年纪念文集(1936—1996)》，海南国际新闻出版中心，1996年。另“软玉法”说又见吴京山：《试解良渚文化玉器的雕刻之谜》，《长江文化》第2辑。嵌琢玉砂工具之说由台湾大学钱宪和先生提出，见钱宪和：《史前古玉器的工艺制作》，1997年第16卷第二期。

② 《中国玉器全集》第1卷图二八九、二九〇，锦绣出版(香港)，1994年。

③ 见《凌家滩玉器》第8页张敬国文，文物出版社，2000年。

伸展作飞翔状，但翼端却做成动物头形，似集鸟、兽特征于一身，造型奇异，含意深邃。鹰身腹部刻圆圈及八角星纹，鹰头侧向一边，鸟、兽双目均穿孔，和良渚文化玉器中的一些动物双眼做法相似，这种玉鹰制造过程中采用了半圆雕、阴线刻、管钻、镂孔等多种技法，代表了凌家滩玉器的最高工艺水平。出土的玉龟、玉喇叭形饰等制作难度也颇大，如后者器身厚仅 0.1 厘米，切割之薄之精，可称巧夺天工。这里同出的玉龙，脊上用阴线做出鳍状纹饰，头上浮雕角状凸起，形状更像水兽，和红山文化玉龙颈后有鬣毛者不一样，与"猪龙"更有差异，这也许说明当时全国不同地区存在秉性不同的"玉龙"，后来逐渐整合融汇，才形成上天入水、无所不能、神通广大的"中国龙"。

石家河文化罗家柏岭遗址出土的凤形玉佩
（国家博物馆藏）

石家河文化玉器以玉龙和玉凤的雕琢水平最高。湖南澧县孙家岗 14 号墓出土的一对龙、凤佩均用镂雕技法成形，玲珑剔透，龙、凤眼睛作穿孔状，凤举首、扬冠、展翼、卷尾，英姿焕发，张正明先生所说楚人崇凤的信仰大概可以在它身上找到一个源头；玉龙卷身、勾嘴，龙爪下部和龙身上部附饰复杂，含义不明，其神态比之玉凤似乎要逊色一些[①]。类似的玉凤在天门罗家柏岭也有出土，研究者认为其艺术风格与殷墟妇好墓中出土的一件玉凤相近[②]。石家河文化的玉柄形饰，通体碾磨光滑，线条流畅，常在一端做出凸起的弦、凹楞纹或雷纹，这种压地阳纹工艺难度很大，类似造型的玉器，在河南二里头文化中也有发现。

---

① 见《东亚玉器》第三册 69-71 页，香港中文大学考古艺术研究中心，1998 年。

② 陈志达：《商代玉石禽鸟之初步研究》，《东亚玉器》第二册，香港中文大学考古研究艺术中心，1998 年。

长江流域史前玉器所能达到的工艺水平和美术成就,如果借用郑旗先生的话说,正是“玉器体量虽小,却寄托着天地神人时空的全部精神,因而它含蓄蕴藉,具有永恒的魅力,这种精工细致到极点而又质朴无华的天姿,这种寓天地时空于一握的玲珑中的恢宏,不能不算是人类文化史上的奇观”①。

殷商时代,和阗玉已经输入长江流域,与史前时代产于本地的玉材相比,虽然它们两者均属于以透闪石为主的矿物集合体,但和阗玉的质感比之地方玉要显得更加优良,因而受到了玉器拥有者的喜爱,这从大洋洲商代墓出土玉器可见一斑。以现有出土玉器而论,由于这时中原王朝的强大和控制,长江流域的制玉技艺要相对落后,这种状况直到战国时代随着楚国玉器的崛起才得到彻底改变。

楚国玉器在春秋时代尽管已出现与吴、蔡等国趋同而形成自我风格的迹象,但直到春秋晚期,其总体水平还是要逊于中原。战国时代,随着楚国国力的强盛和文化主体意识的高涨,玉器工艺水平才达到一个新的高度。战国楚玉首先在造型上力求对传统玉器做出变革,这种现象从春秋晚期已经出现,如淅川下寺M2出土的一对系璧,正反面饰云纹,但制玉者给璧两侧做出凸齿,这就打破了玉璧传统的浑圆造型。到了战国早期,原先神圣的玉璧形状得到了更多的改造,当阳李家凹M13出土的一件玉璧,肉部刻云纹和谷纹,但在璧缘外又雕出一蹲踞状的怪兽;益阳赫山庙M108出土的一件玉璧,璧身两旁各附一透雕玉凤。我们称这类璧为“出廓璧”,它后来在两汉时代又获得进一步发展,成为玉璧中造型最为华丽、工艺最为精湛的一种。河南淅川徐家岭M1还出土一种双连璧,璧上面有一对连嘴鸟,似作对吻状,同样的玉器在当阳杨家山M4也有发现,这种璧或许是古代的合卺之器。玉璜亦是战国时代被刻意改造和尽力美化的主要器种,临澧九里M1出土的一件玉璜作半环形,它的中部镂空,分成上下两层,上层两端雕作龙头,下层两端做成回首凤鸟,凤鸟身上装饰麟状羽纹和云纹等。长沙市郊出土的一件透雕云龙纹玉珩,作璜形,也是镂雕成上下双层,两端均作龙首,

---

① 郑旗:《从良渚文化玉器看中国美学精神之形成》,《东方文明之光——良渚文化发现60周年纪念文集(1936—1996)》,海南国际新闻出版中心,1996年。

器身正反面饰S形纹和C形云纹,并填刻羽纹。长沙五里牌M1出土的一件玉璜,作龙凤连体式,一端为回首顾盼的龙,另一端为神采飞扬的凤,器身浮雕谷纹,不仅造型新奇,而且龙凤姿态飘逸,不拘一格。长沙黄泥坑M2出土的一件玉璜更为精彩,它的主体作常见的弧形双龙首式,但在弧形璜体之下,又附加双螭造型,双螭蟠曲交缠,角、足相连,构图新颖,别具匠心,璜身浮雕谷纹,双螭饰网纹、S形纹、C形云纹等,精美异常。这一时期,玉器已经突破了"礼神"之器的藩篱,更多地用于象征社会地位、礼仪和装饰,所以佩饰器高度发达。楚国境内出现了各种龙凤形佩,它们打破了过去玉器多为中轴对称式的造型样式和比较硬直的线条,转而以一种不对称的曲线构图形式出现。这类玉佩越是到战国后期越是花样翻新,华丽精美,以淮阳平粮台M16、M17、M49及安徽长丰M2、M8出土的几件龙形或龙凤形佩为例,艺师总是善于表现龙、凤的瞬间动作,或展身飞跃,或蓄势待发,或回首观望,或腾挪游走,有写实,有抽象,有夸张,各具姿势,因需而动,因材而施。到了战国晚期,有的龙张口欲吼,气势凌人。这些玉佩轮廓线婉转流畅,刚劲有力,特别是边缘刀工洗练,干净利落,镂雕处也是内外转角分明,将玉雕工艺的特点表现得尽善尽美。

长沙五里牌M1出土玉璜

长沙黄泥坑M2出土玉璜

从雕刻技艺上说,这一时期除了圆雕、浮雕、透雕、阴刻等传统手法的水平得到大幅提高和广泛应用以外,活环链技术的运用是这时的特色。目前所知,这种技术最早出现在新干大洋洲商墓出土的侧身羽人佩上,不过这件佩用材为叶蜡石,硬度不高。活环链技术最成功的实例见于曾侯乙墓玉器,它们是四节龙凤玉佩和十六节龙凤玉挂饰，前者由一块玉料透雕成四节，可以活动折卷，全器雕有七条卷龙、四只凤鸟和四条蛇，造型美观，雕工精绝，实属罕见；后者则更加精彩，它分用三个活环链接四块白玉透雕成的二十三节龙、凤或璧、环并在正反两面雕刻或阴刻龙凤的细部，全器透雕、浮雕、阴刻出三十七条龙、七只凤和十条蛇，龙、凤等千姿百态，柔婉灵动，这件挂饰可以自由折卷，玲珑之极，可谓玉雕中的绝品。

1989年江西省新干县大洋洲出土侧身羽人佩饰（江西省博物馆藏）

玉器用材多体型较小，但艺人总是调动一切工艺手法使之获得最佳的艺术效果，所以，战国楚玉大多呈片状，以增加透明感，圆雕、浮雕、透雕、阴刻等不同技法的交叉运用，又使玉器不仅玲珑剔透，而且表面具有多层次感，大大丰富了玉材的艺术表现力。特别是这一时期的玉器大多满饰花纹，且纹饰常为浮雕，凸起于器面，精美而工整，多角度的反射点能充分展示美玉的温润和剔透感。纹样以谷纹和云纹为主，还有涡纹、S纹、网纹、线纹、羽状纹、弦纹、蟠螭纹等，它们根据不同块面和空间需求，细密地铺洒在玉表上，繁而有序，工整和谐，高低起伏，主次分明，使玉器的装饰效果达到了空前的水平。

楚玉的装饰风格和工艺特点对两汉玉器有着广泛影响，特别是对东楚和南楚的影响尤显深刻，这一点已有专家给予注意和研究。

5. 在长江流域，玉从一开始就几乎未进入过物质生产领域，而是一直作为精神文化产品即“形而上”的物质载体而出现的，是美化、通灵、礼神、财富、权力、地位等的象征物，包含着哲学、思想、宗教、艺术、心理、美学、工艺、制度、礼仪、习俗等复杂的内涵，这是它和陶瓷器、金属器（商周时代的青铜器也是重要的礼器，但从文明发生学上说，它的作用和地位要逊于玉器）、漆木器、纺织品（“帛”也曾起过“礼器”的作用，但与玉器相比，它属于次要、辅助的位置）等的最大差别，即它在中国早期文明中居于“精英”层次。从本质上说，玉器是石器的一种自然延伸，所以古人有“美石为玉”的一般概念，但是，从石器（生产工具）到玉器（饰品和法器、礼器），这是东方人类文化史上的一次飞跃，是东方文明要素开始产生的重要标志之一，因为只有到这时，人们才发现一种可以寄托心智、区别于普遍的满足动物性要求的物质生活、能代表精神世界的物品，这种物品更能积累人们的智慧和文化倾向，更能体现社会的法则和秩序理念，也更能释放和观照人对内心世界的挖掘和修炼，从而为后来文明体制和文明思维的完善以及由玉而发育出来的玉礼之说、玉德之说等打下了极其深厚广博的基础。

长江流域早期玉器对文化的贡献，大约可以归纳为玉的宗教观、玉的政治观、玉的宇宙观、玉的审美观、玉的科技观以及玉的财富观、丧葬观等几种，下面择要试做解释。

玉的宗教观。“万物有灵”是原始人普遍的观念，人们为了“按照自己的意愿或循着自己所希望的方向去影响外界和他人，影响与人发生着不可见的联系与作用的一切事物”①，于是产生了“巫术”和“巫”的需要，“巫术”和“巫”就是人们借以沟通、影响、取悦、控制、抵御、征服那些万物神灵的工具和武器。“巫术”的思想早在旧石器时代已经产生，现在让我们难以理解的是，为什么中国土地上的先人会最终找到“玉”这种自然界的物品来承载“巫术”并作为“通神”之具的呢？关于巫术和巫对人类文化、艺术、文明的促进等种种作用，国内外许多专家都做过研究，毋需阐述。我们在这里只想说明的是，在长江流域的河姆渡文化、马家浜文化、崧泽文化、北阴阳营文化、薛家岗文化、大溪文化出现的那些早期玉制饰品，可能不是一般的纯粹人体装饰物，而是一种“符咒”，一种通灵物，“反映出人们对佩物的一种巫术的信力”②。

---

① 〔英〕马林诺夫斯基著，费孝通等译：《文化论》53 页，中国民间文艺出版社，1987 年。

② 张紫晨：《中国巫术》167 页，上海三联书店，1990 年。

玉一旦被人们选作“通灵”物品后，它就随着“巫术”的发展和“巫师”的出现而得到加倍的珍视和“神化”，到了崧泽文化后期，特别是良渚文化时代，玉已经成为巫术、巫师阶层的象征物，成为一般民众的崇拜对象，玉伴随着巫师在各种祭典中发挥着沟通人神与天地的作用，玉器日益凝聚着各式观念从而成为圣物，玉对那些掌握着神权、族权、男权和政权的大巫或酋长们来说已是须臾不可分离，所以，无论是生前还是死后，玉都要围绕在他们身上，考古学家所称的“玉敛葬”正是这种社会现象的反映。这一时期，人们崇拜玉，就是崇拜偶像，崇拜神祇，从凌家滩、朝墩头遗址出土的玉人，到良渚文化玉器上刻画的玉神像，再到石家河文化的玉雕神人头像，无一例外都是男子的形象，它们既是神，也是当时掌握各种权力尤其是神权的巫师和首领的形象。即使是那些雕刻成动物形象的玉器，也是“神的力量之标志”[1]。这一时期，玉在精神信仰上的意义有点类似于后来的宗教造像，各种造像是木雕、泥塑的，但一旦做成一定的形象，便成了供奉对象，并能和那些神灵世界里的“真神”产生“感应”，玉也是这样，一旦雕成一定形状或图像，便可以和幻想中的各种神灵产生沟通。所以《说文》中释“灵”便说：“霛，靈，巫以玉事神，从玉霝声。靈，霛，或从巫。”一语道破了玉、巫、灵三者的关系。让人感兴趣的是，在春秋战国时代，楚地常称“巫”为“灵”或“灵子”，《楚辞》中就有很多“灵”字，《楚辞集注》说灵“神所降也，楚人名巫为灵子，若曰神子也”[2]。在这里，楚称“巫”为“灵”，而“灵”又是“以玉事神”的专指，可见，在楚地，玉与“巫”的关系，也就是玉与“灵”的关系，这恰好和长江流域早期玉文化的特别发达相呼应，前人言楚地巫风盛行，或吴越人“好事鬼成俗”[3]，追溯下去不排除与早期玉文化有着某种内在关系。

玉在宗教上的发展，成就了后来的中国本土宗教——道教。众所周知，道教与玉有着不解之缘，如果我们观察一下道教的“醮”仪，便会发现它与良渚文化时

---

① 〔法〕热尔曼·巴赞著，刘明毅译：《艺术史：史前至现代》31 页，上海人民美术出版社，1989 年。

② 张紫晨：《中国巫术》273 页，上海三联书店，1990 年。

③ 段玉裁：《说文解字法》第九篇上第 436 页：“谓好事鬼成俗也，《淮南·人间训》曰：荆人鬼，越人禨。……《淮南传》曰：吴人鬼，越人……。”成都古籍书店，1981 年。

期的用玉现象类同:举行“醮”仪时,主持的法师立于祭坛上,头戴宝冠,身挂霞帔,手握玉简,在一片威严庄重神秘的气氛中进行祈禳、祭神等各种活动①。不难发现,良渚文化时期拥有大量玉器的那些人物,也作占有神秘的祭坛、头戴插羽宝冠、身穿缀满各式玉器的华服、手握贵重玉器的形象,遗憾的是我们已无法看到这些人物是如何在祭坛上操作宗教仪式的精彩场面了。此外,道教也特别喜欢“玉”,它的最高主宰为玉皇大帝,吃玉可以得道成仙,至于玉宇、玉树、玉蟾、玉兔、玉清、玉女、玉郎等更是道教神仙世界中必备的胜景仙物。由此可见,玉之与道教,确是有着命运上的联系。玉的宗教观还表现在普通民众的信仰之中,实际上,直到今天,玉能通灵的思想还广泛存在于许多中国民众的头脑中。

朝墩头遗址出土的玉人

石家河遗址出土的玉雕神人头像

玉的政治观。最早的国王源自巫师,这已是不争的事实,那么作为早期社会权贵者,他用什么来表示所拥有的政治权力呢?在长江流域,玉器就是早期的权力象征物。张忠培先生对凌家滩玉器作了分析后认为,那些随葬有玉钺、玉斧、玉龟及玉版、玉人、玉鹰等大量玉器的墓主人,或是握有一定军权的领袖,或是既掌军权又握神权的显要,或是掌握军权和手工业生产权力的权贵。俞伟超先生还认为凌家滩出土的分合式玉璜是一种信物,可能用于不同民族之间的“联姻”

① 张紫晨:《中国巫术》167 页,上海三联书店,1990 年。

或不同部落集团之间的“军事结盟”[①]。良渚文化玉钺、玉琮、玉璧、玉璜、玉“山”字形器等，基本上都是出于大墓之中，这些墓主人多埋于人工堆筑的“坟山”上或祭坛上，有的专家称这种“坟山”墓地为“王陵”。用琮、璧祭祀天地，是后来王者独占的特权，手秉大钺表示拥有生杀予夺的权力更是殷商、西周时期国王行为的典型特征(尽管商、周出现了青铜钺，但其含义来自玉钺)[②]。很显然，玉器作为国家政治权力的象征物，5000 多年前已在长江流域发展形成。在这里，我们要指出的是，古代中国作为世界上的“礼治”国家，其“礼”的内涵是有变化的，即从以玉“礼神”到以“礼”治人，不少具体玉礼器的功能经历过“肯定——否定——肯定”的过程，以琮、璧为例，良渚文化时期特别盛行，春秋以后其“礼神”的功能即趋于衰弱，玉琮更是于秦汉时代退出了礼器行列，但是，由于《周礼》记载并人为完善了玉礼器的组合及功能，到了南北朝后期，琮、璧等“六器”[③]又在国家政治生活中逐渐恢复，当我们想象唐、宋等历代帝王手持琮、璧在天、地坛上举行郊祭天、地大礼时，我们也不难联想起 5000 年前那些良渚文化时代的巫师及权贵们和 3000 多年前古蜀王国国王们在祭坛上运用琮、璧以沟通天地的盛况。此外，文献记载的楚国王室“和氏璧”后来落入秦人之手，由始皇改制为象征国家最高权力的“传国玺”，演绎出多少传奇的故事！春秋战国时期，玉的政治观发生重大改变，“於玉比德”的思想导致玉器从“礼神”之器更多地转为“礼人”之器，“古之君子必佩玉，…… 君子无故玉不去身，君子於玉比德焉”[④]，标志着玉成了“君子身份”——贵族阶层的标志和象征，从而导致了佩饰玉的发达。楚、吴、越等国精美佩玉的大量使用，就是在这一时代背景下出现的。所以，有关玉器的“政治观”应放在一个更大的时空范围内去考察，才可以看出长江流域玉器的深远影响。

① 俞伟超：《凌家滩璜形玉器刍议》，《凌家滩玉器》，文物出版社，2000 年。

② 《尚书・牧誓》“(武)王左仗黄钺，右秉白旄以麾”；《史记・殷本纪》“汤自把钺”；《周礼・夏官・大司马》“左执律，右秉成(钺)”等。

③ 玉之“六器”是指六种玉制礼器，《周礼・春官・大宗伯》“以玉作六器，以礼天地四方。以苍璧礼天，以黄琮礼地，以青圭礼东方，以赤璋礼南方，以白琥礼西方，以玄璜礼北方。”

④ 《礼记・玉藻》。关于“玉德”的具体内容，见《荀子・法行》《管子・水地》《礼记・聘义》《说文・玉部》等。

凌家滩刻纹玉版

凌家滩玉冠饰

凌家滩玉人

凌家滩玉鹰

玉的宇宙观。根据高育光先生对萨满教(萨满,汉语意为“巫”)的研究,人们对自然天体的崇拜是非常古老而久远的,在萨满教中,有关天穹观念的特点便是认为宇宙为多层的,而神树(宇宙树)、祭天神杆上立鸟是宇宙崇拜的一种形式①,这让我们自然想到良渚文化的玉璧和玉琮,“苍璧礼天,黄琮礼地”的说法至少在战国前后就已存在,它应该有着更古老的根据,在《尚书·金縢》中,有周武王生病,周公登坛植璧、秉圭为之祷告的记载,《诗经·云汉》讲周宣王禳旱用圭、璧祭告天地,都说明玉璧礼天的传统由来已久。现在,关于良渚文化玉璧和玉琮的功用说法很多,但在没有新的更有说服力的证据的情况下,根据它们圆、方的形状与“天圆地方”之说的相吻合,它们上面雕刻的“神坛”或“神杆立鸟”图像及沟通天地神人的“神徽”图像,它们所拥有的古老的文献资料旁证等证据,应

① 富育光:《萨满教与神话》23 页,辽宁大学出版社,1990 年。

该说这两种玉器是远古人们天、地宇宙观的象征还是可以成立的，只不过它们的作用是祭拜天地、沟通人神。凌家滩出土的玉龟和玉版，专家们普遍认为和宇宙观有关，张敬国先生等认为玉版上的图画为原始“八卦”，玉龟表示的是“天圆地方”的宇宙模式，俞伟超先生将玉版上的图案说成是天地总体的表现，是宇宙的象征。饶宗颐先生指出，玉版图案中圆圈之内的八个箭头代表八方，四角四支箭头表示四维，圆圈象征太阳，外方内圆象征“天圆地方”，周边钻孔为 9、4 两数，9 是成数之极数，4 是生数之极数，五五相对，分别表示天数、地数，而玉版夹于龟甲之中，又和“元龟衔符”“大龟负图”等神话传说相互印证，真是“匪夷所思”[①]。看样子，以玉器表现的古老的宇宙观还有许多未解之谜有待人们去揭示。

玉的审美观。作为一种广义的雕刻艺术，玉雕是中国特有的工艺美术，而这种艺术形式的催生动力就是巫术，正是因为这样，作为一种纯粹精神文化的产物，它孕育而成的审美观之影响就特别深远。郑旗先生曾以良渚玉器为例，探析中国美学精神之形成，得出结论为：玉石、巨石，中西对偶；天人合一，至大至美；文质彬彬，以质为本；外柔内刚，以柔克刚[②]，颇具见地。我们认为，从玉器上发育出的审美观包括艺术审美和社会审美，艺术审美是人们通过对玉器选材、造型、构图、琢磨、抛光、成形等一系列工艺过程的反复实践，积累了有关美丽、稀奇、坚致、温润、优化、对称、均衡、和谐、组合、灵动、光亮、剔透、含蓄、细腻、威慑、动感等一系列艺术概念，这些在我们欣赏古玉时完全可以感觉得到。社会审美则主要是表现在对真、善、美、爱的发掘和认识上。“美”是玉的第一要义，“美石为玉”就是对玉的最本质的归纳。我们很容易发现，几乎每一件玉器都有质感上的美丽，远古时代人们对玉追求的是一种“质”之美，形在其次，“质”是先天的，“形”是后天的，但是，这种“质”的内涵是相当复杂的，它包括产量、色彩、硬度、透明度、发声等，以至后来

---

① 参见俞伟超：《含山凌家滩玉器和考古学中研究精神领域的问题》，《文物研究》第 5 辑，黄山书社，1989 年；饶宗颐：《未有文字以前表示“方位”与“数理关系”的玉版》，《文物研究》第 6 辑，黄山书社，1990 年。

② 郑旗：《从良渚文化玉器看中国美学精神之形成》，《东方文明之光——良渚文化发现 60 周年纪念文集(1936—1996)》，海南国际新闻出版中心，1996 年。

由这些自然属性演绎出"於玉比德"的"人伦"美之说。"於玉比德"指的都是玉的本质之美,而不包括后天所加的人工之美。由玉养成的审美观与后来的"天然去雕饰,清水出芙蓉"之说具有本质的一致,体现的是东方式的美学观。

求"真"也是制玉过程中培养出来的一种审美观。从7000年前左右的马家浜文化、河姆渡文化等到6000年前左右的崧泽文化,再到5000年前左右的良渚文化,表现在玉器上,就是人们对"真玉"不断探索、选择、把握的过程,甚至一直到孔子时代,还有所谓"贵玉而贱珉"的讨论。对"真玉"的追求和寻觅,对"真玉"的喜爱和崇尚,强化了"真"的社会审美观,"真玉"与礼制,与等级,与财富,与权势,与眼力等发生了联系,以至没有"真","玉"也就失去了它的真正价值,甚至真玉里掺入了一点瑕疵,都会成为人们的心头之憾。

求"善"和求"爱"其实原来也是制玉的直接目的之一。早期玉器的一个重要功能就是"辟邪",即辟除邪恶,而且,在后来的"玉德"说中也有"仁""义""容人"之内涵,但是,由于这种"善"和"爱"先后包容在"神器"和"礼器"之中,"容人"也仅限于"独善其身",因而它未能像"美""真"那样更多地赋有广泛的社会价值和社会作用。也许,有关"善""爱"的社会审美观,直到佛教传入中国后才最终完成。

玉的科技观。"制玉"是一个复杂的劳动过程,专家们证实,长江流域史前玉器的材料来源基本上都是"就地取材",殷商时代,虽然西域的和阗玉已有输入,但地产玉石仍占一定比重,即使是春秋时代,"和氏璧"之玉也还属于楚国境内的矿藏。对玉矿的探查不是一件简单的事情,良渚玉器用料来源之一的江苏溧阳"小梅岭玉"矿直到1982年才被地质学家钟华邦先生发现[①],不难推测,六七千年前人们对玉矿的寻找和辨认是需要相当知识的。玉器的生产过程中还需要各种"解玉砂"及用比玉石更坚硬的岩石制作的工具,这都离不开野外调查和勘探,由此积累起来的地理、地质知识不容小觑,《山海经》中记载着100多座产玉之山,其中不少分布于长江流域,相关知识或许就是在史前制玉过程中逐步积累

① 钟华邦:《江苏溧阳县透闪石研究》,《岩石矿物学杂志》1990年第2期。

的。制玉砣机及各式工具的使用和对“介质”的认识促进了机械原理的进步;对玉器的设计需要各种测量工具及数学知识和造型艺术素养;“玉琀”所反映的“食玉”思想对医学具有促进作用;凌家滩部分玉器进入天文历法领域,也有助于天文学和历法科学知识的累积①。总之,直到今天,工艺界还认为制玉是一项需要特殊技能和设备的特种工艺,那么,在史前和上古时代,它肯定也是代表着当时最先进的科学和文化知识,从而对社会文明的产生起了相当的促进作用。

玉的财富观和丧葬观。近年来,一些良渚文化玉器的研究者们,反复强调玉器在当时是财富的象征,有的专家甚至直接认为玉璧就是一种特殊的“货币”。确实,在史前时代,凡是拥有贵重玉器者本身就是权贵阶层,商周、两汉时期,玉器也主要为最高统治者及上层贵族所占有。关于玉的丧葬观的研究文章甚多,极具特色的“玉敛葬”就是在凌家滩文化到良渚文化时代初步形成的,它对中国后来的丧葬制度产生过深刻影响,《周礼》载“疏璧、琮以敛尸”的制度大约在那时就已产生。

用玉是中国古代重要的国事、政事、人事,正如《周礼》所言诸侯封国以玉,朝聘会盟以玉,祭祀祖宗神灵以玉,贵族男女服饰以玉,死亡敛葬以玉;中国古文化精髓“天地君亲师”“仁义礼智信”,前者以玉崇奉于坛庙,后者以玉体现其本质,由此可见,玉器文化是极具特色的东方文化。长江文化玉器当然只是中国玉文化的一个组成部分,但它毕竟较早发达,较早成形,为中国玉文化的发育成熟作出了特殊贡献,同时也使得玉文化成为长江文化的重要特色之一,即使到了明清时期,苏州、杭州、扬州一带的玉器工艺仍然称冠全国,许多出自长江一线的精美玉器进入宫廷,扬名中外。甚至著名小说《红楼梦》(又名《石头记》)也与长江之滨的古都南京有关。其间深刻的文脉之缘让我们对长江流域的深厚博大的玉文化充满敬意!

---

① 王育成:《含山玉龟玉片补考》,《文物研究》第 8 辑,黄山书社,1993 年;李斌:《史前日晷初探——试释含山出土玉片图形的天文学意义》,《东南文化》1993 年第 1 期;陆思贤、李迪:《天文考古通论》122、125 页,紫禁城出版社,2000 年。

三、长江经济带建设与长江文化保护传承弘扬

(一)长江经济带建设离不开长江文化带建设

党中央提出"长江经济带"建设,这是一个十分重要的国家战略。十八大以来,习近平总书记先后主持了三次长江经济带建设推进会议。长江经济带处在中国的脊梁上,贯通中西,呼应南北。以重庆为例,向北通过陕西连接陆上丝绸之路,向南通过云南连接南方丝绸之路,加上中游的京广一线、下游的沿海一线,共同构成中国三横三纵经济体系。在这个经济体系中,长江经济带必然成为中流砥柱,目前它的经济总量已占全国近五成,可谓举足轻重。早在20世纪80年代的改革开放初期,有人提出建设中心要从西部"三线建设"基础上开始,也有人提出从东部沿海开始,著名地理学家陆大道先生提出了"T"形空间战略布局,"一横"就是沿海经济带,经过几十年的发展,成就显著,但"一竖"即长江一线还没有达到沿海的水平,如果长江沿线的"一竖"发展起来了,那么其龙头是长三角,长江中、上游及其"两翼"同步发展,中国就腾飞了,这应该是最初的构想。党的十八大认真总结了过去几十年改革发展的经验,延续和提升过去的空间布局战略思想,如今长江经济带建设的基础更好,下游的"长三角

一体化”已有非常好的经济基础，中游武汉、长沙、南昌形成中部“金三角”，上游重庆直辖市设立，三峡工程完成，成渝双城经济圈成形等。就是说，现在做长江经济带建设，基础更加雄厚，再加上这几年宜宾以上到攀枝花的水库建设，有力地改善了长江上游的航运条件，为经济建设打下了坚实的基础，这也意味着长江经济带可以进一步向上游延伸至云南和川西地区，还可以联通青海和西藏。长江经济带可以把大西北、大西南带动起来。从国家战略来说，长江沿线三个大的城市群、经济圈已经成型，把它们串起来，长江经济带就显现出来了，它的建成能够形成世界上最大、最好的大河流域城市带。

长江经济带建设肯定离不开长江文化带的建设，经济带的建设当然会推动富强，推动发展，但是在知识经济、生态文明、数字化、智能化的时代背景下，文化要素上升为重要发展资源，文化可以推动经济的一体化和多样化发展，推动文化和人才要素的流动。长江经济带的文化传统源远流长，文化基础、文化人才、文化资源包括文化旅游等不同体系是彼此关联的，经济存在市场竞争，但文化是流动发展的。长江经济带建设的同时也应该加强长江文化带的建设，让长江流域的文化要素互相流通，文化联系更加密切，文化传统得到传承，文化优势充分发挥，以更好地支撑长江经济带建设的和谐度和持续度。在国家长江经济带规划里应该有文化发展的规划，如果没有文化建设这部分，那么这样的经济发展规划会给区域的生态文明建设带来更深的隐患。在当下的生态文明建设中只有加强文化建设，生态文明才会做得更好，因为硬经济会大量消耗自然资源、物质资源，反之，如果推动文化的建设，那么“文化”这一软资源、智力资源、历史资源、非物质资源、创新资源就可以得到更好的发展和利用。而且文化消费、创新经济、人的品质上去了，自然会减少对物质的浪费与消耗，社会的物质文明和精神文明得到平衡，人与自然的关系达到和谐。所以，长江经济带离不开长江文化带的建设，换句话说，一个更加和谐的把产业结构和发展方式转型做得更加有质量的“长江经济带”也应该有“长江文化”建设的参与。

长江文化带上曾经有过三大文化圈，即长江下游的吴越文化圈、长江中游的荆楚文化圈、长江上游的巴蜀文化圈,还包括周边的滇文化圈、羌文化圈等,这些在历史上都是有影响有地位的文化圈。三大文化圈创造过古代文明,当下谈复兴中华文化,更加离不开对这三大文化圈的深刻认知。同时,这三大文化圈在历史上也是互动的,"吴越文化"不仅进入了江西、两湖,甚至在"三星堆文化"里也发现有长江下游文化的踪迹,上游文化与下游文化有过很好的互动,譬如三国两晋南北朝时期、唐宋时期、明清时期,很多的诗人、学者、艺术家、政治家、宗教人士等在长江上下游创造了无数的文化成就。再如屈原虽然是楚人,但对长江上下游文化都非常有影响。李白、苏东坡等伟大的文学家以文学作品塑造过长江文化。所以说长江经济带建设中加强长江文化建设有非常深厚的历史基础,能更好地推动沿江地区发展要素的互动,能消除"壁垒",包括人们的感情壁垒、市场壁垒、文化要素流动壁垒。文化要素的流动比物质的流动更有价值,实际上长江经济带建设和长江文化建设是相互支撑的、互动的,是共同提升的关系。推动长江文化带建设的意义从某种程度上说不亚于长江经济带建设,如果中央在长江经济带建设中,在项目安排、资金安排上给长江文化建设留一块,那意义会很大。希望正在开展的长江国家文化公园建设能够得到中央必要的财政支持。

长江最鲜明的就是几千年甚至几万年流淌的文化。长江经济带建设要"共抓大保护,不搞大开发",这一建设国略表明,长江文化建设是长江经济带建设中的重要内容。

我们国家现在的"一带一路"倡议即"丝绸之路经济带"和"21 世纪海上丝绸之路"等都是依托于"历史文化"来做的。习近平总书记在访问欧洲、在联合国教科文组织的演讲等涉外活动中都谈到文化问题,不同民族和国家之间的交往交流构成了文化长廊、友谊长廊、经济交流长廊,所以要在历史上的"文化廊道"基础上推动当代"经济带"建设,在做"经济带"的同时也应强调做"文化建设",这不仅可以造福于各国人民,也能复兴包括中华文化在内的丝绸之路沿线的"文化多样性"。今后的长江经济带建设,不论是国家层面的表达,还是各地专家的探讨以及项目实践,至少不应该抛开"长江文化"及"长江国家文化公园"建设问题。

原因就是在经济建设、生态文明建设的同时,强调文化建设,才可以使我们的现代化建设更有质量,更有高度,更具有可持续性,更加和谐。

(二) 长江经济带对长江文化的促进

在我国现有的经济带或经济圈中,文化起着“基底”的作用。沿海几个经济圈,如珠三角经济圈、台海经济圈、长三角经济圈、京津冀经济圈都是以地缘及历史文化为依托而形成的。如珠三角经济圈是以传承几千年的粤语及粤文化为主创造的一个经济圈,离开了文化基底就难以形成紧密的经济圈。“长三角”经济总量位居全国第一,和谐度最高,发展力最具可持续性,品质也最高,不光是经济总量,还有大学、人才、创新驱动的能力、专利产品、科研成果、重要的品牌、城市群建设等都名列前茅。通过文化的考察可以发现,这个经济圈在“良渚文化”时期,也就是在 5000 年前已经“文化一体化”了,随后春秋战国时的“吴越文化”推动了它的一体化进程,“六朝文化”300 多年,以南京为中心推动了它的高度发展,明清时期、民国时期都一步步推动了这个区域的文化一体化,再到当代“改革开放”的提出,“长三角”具备了文化上的高度认同感以及内在血肉般的文化联系。在经济圈里,一个城市发展必定很自然地带动另外一个城市的发展。然而在长江中游地区、成渝经济区,这种文化认同感、文化带动力和凝聚力还不足。如上游的巴文化和蜀文化的文化发展连续性以及在深度、广度、高度上的认同感、凝聚力方面,还有内在文化发展动力上是否构成强大的动力体系,这是成渝双城经济圈能否整体发展的一个重要因素。

不同城市、地区间的联动发展需要反复的磨合、反复的协调,在不断调整、互动、高度认同的基础上,实现共同发展。这既是一个经济问题,更是一个文化问题。只有大家有着共同的文化认知,人的紧密的结合才能构成一个内生的发展体系,仅仅是政府的行政推动,没有内在文化的认同感和凝聚力,经济圈内是始终互不相容的。要揭开长三角经济发展之谜,必须依靠五千年以来从新石器时代的良渚文化开始而逐渐形成的这一地区人们的高度文化认同感。总之,在现

有的“经济圈”中，文化建设和文化自信自强起着相当大的支撑作用。长江文化带的建设同样有利于打破历史上形成的不同亚文化圈的界隔。

(三) 长江文化的符号、资源整合和良性互动

“长江经济带”中一个鲜明的符号就是“长江文化”，是一种具有相对一体化的、多样共生的、具有内在结构的“长江文化体系”。古人说“君住江之头，我住江之尾”，这句话把长江沿线人们的心拉近了，把人们的感情拉近了，这是几千年来文化积淀和长期感情积累的结果。“长江文化”是“长江经济带”中最大的认同符号，抛开经济上的对抗性竞争和唯 GDP 的观念，沿江人民就是兄弟姐妹一家人，这才是长江经济发展最深层的利益和关切所在。

长江沿线不同的区域文化，如上游的金沙江流域的羌藏文化、滇文化、巴蜀文化，中游的楚湘文化，下游的吴越文化等可以起到互相支持的作用，在一定程度上消除经济上的不必要的壁垒。“长江文化”作为中华文化体系中的一个重要“文化板块”，在它的多样性的格局下有着高度的认同感，既是多样的，又是统一的；体现在我们的情感上，都是饮着长江水，沐浴着长江的恩泽，都是同一个“母亲”抚育长大的“长江之子”。

“长江文化”的力量、形象甚至要比“长江经济”更加打动人心，因为它已存在、发展、积淀、流淌了至少几万年，根系深厚，血脉绵长，还具有鲜明的国际性。在长江经济带发展中坚持以人为本、科学发展、和谐发展的同时，为建设美丽的长江经济带，就必须把长江文化融入这个经济带，那样的长江经济带才是高度现代化、高度国际化的体系建设。在这个过程中，笔者相信最深层的力量就是来自于“长江文化”。我们希望在长江经济带建设中增加对长江沿线文化项目建设的高度关注、设计规划、投资和建设。

“长江文化”是一种流域文化，它的形态丰富、内涵复杂，既是历史的产物，又是现实的存在，也是未来发展的基础。它首先是有一连串若干万年以来在中华大地上长江沿线孕育、成长、演变、发展形成的历史文化形态，沿江古典和现代的

诗文、沿江的文化特色城市城镇及沿江大量存在的文物保护单位、风景名胜、非物质文化遗产、名人遗产、水利遗产、交通遗产、产业遗产，大量古老的地名文化遗产、文化艺术形态(如书派、画派、宗教流派)等，都是历史性的创造，这些创造至今还保存在长江沿线。在长江经济带的规划建设中，如果重视“长江文化带”的建设，这些宝贵的资源就会像习近平总书记讲的那样，“让收藏在禁宫里的文物、陈列在广阔大地上的遗产、书写在古籍里的文字都活起来”，并实现创造性转化、创新性发展。

从长江文化应用价值方面说，第一，它能够成为长江经济带雄厚的建设基础；第二，它能够成为带动长江流域文化经济发展的基础，包括文化创意产业、文化旅游、文化创新、文化品牌、文化民生，等等。如苏州园林，南京的夫子庙、中山陵，武汉的黄鹤楼，宜昌的屈原文化遗迹，重庆的白帝城、大足石刻以及三峡文化等，这些文化资源已经发挥了巨大的作用，只不过过去还没有提出共同的“长江文化建设体系”。从旅游市场角度说，市场具有竞争性，文化出现分割现象，假设通过长江文化带的建设，推动长江流域文化的联动，它就能够成为在世界上文化保存最为丰富、有很高的欣赏价值、具有强大的文化产业发展价值的动力体系。

长江流域从200万年前左右的“巫山人”和安徽繁昌人字洞石器文化开始，一直到新中国成立以来的文化成就，构成了一个宏大的流域文化共同体，也是一个异常丰富的创新宝库。我们必须思考，那些极其丰厚的文化资源如何演变为文化发展的基础、文化发展的动力、文化创新的资源。长江文化的内涵一旦落到实践层面，它们的发展价值将难以估量。我们看到，长江沿线的历史文化名城、世界遗产、历史文化名镇名村、各种文化景观等，以物质或非物质的形式存在于各个城市的各类文化资源，支撑这些文化遗产生存的基础是整个长江，这些文化形态从不同方面展现了长江文化的特质，具有内在的统一性。“长江文化”中不同形态的文化本身还具备渗透性、涵摄性、延展性，如李白写长江的诗，吟诵的对象可能是某地的景物，但它的精神特质和文化意象却是整个长江的。如果每一种文化遗产资源的特性和价值都能够充分地发挥出来，单体的力量就会随之放大,整个的文化资源体系也会显现出惊人的发展力。目前,我们还缺少对整个长江流域文化资源体系的建设性梳理和规划。笔者深有体会的是,2009 年到 2010 年间,国务院三峡办委托我们做三峡后续工作规划中的文化遗产保护利用专项规划,我们对三峡库区文化遗产资源进行了深入调研和梳理,并形成体系规划,在国家保护资金的支持下,使三峡库区的文化遗产保护与利用形成了非常好的建设体系。虽然这个规划项目只涉及重庆、湖北两省市库区的市、区、县,但会影响到整个长江流域,三峡库区的文化建设体系对长江经济带来说也是一个有着重大影响力的资源体系。

三峡大坝

我们当时的想法就是不能止步于设计一些具体项目,而是要让规划服务于建设三峡库区的文化体系,致力于建设文化与民生、文化与经济、文化与生态互动的体系。我们在过去长期的工作中也曾经思考过长江文化建设的问题。必须看到,现在谈的所有"经济圈"建设几乎都是只谈经济而忽视文化。国家如果在做经济区区域规划时，在经济项目和资金考虑的同时，相配套的也有文化建设项目，就会让经济与文化相得益彰，物质文明与精神文明建设协调推进，人与自然和谐共生。三峡后续规划的1280亿资金中，文化项目及旅游只有几十个亿，但是它的带动力不亚于几百亿的其他资金，这是因为文化遗产资源包含着千百年来先人的劳动投入和智慧积聚，有着深沉的发展力量和永世不竭的开发潜力，把那么多的文化资源用活，把文化项目做出来，"体系"上去了，发展力、文化品牌也就跟着上去了。比如，我们提出只要安排不多的资金，就可以把大宁河一秦巴山地一线建成文化生态廊道和文化生态旅游区，其目的就是既保护文化遗产、自然遗产乃至整个生态，又发展当地的特色产业、文化经济、文化旅游，推动区域性的生态文明建设，使当地的特色优势发挥出来、特色资源的价值显现出来，其他社会体系也随之完善建立起来。我们曾经在国务院三峡办、重庆市文物局、重庆三峡旅游公司以及巫山和巫溪两县文化部门的支持下，对大宁河文化生态区开展深入的调研和规划工作，完成了巫山城、大昌古镇、龙溪古镇、小三峡、小小三峡、巫溪城、宁厂古镇、秦巴山地文化及自然景观等项目的资源和价值调查。我们的目的是把大宁河沿线的所有文化与自然遗产资源整合到一个体系中，加上有国家高速公路建设的配合，长江支流大宁河流域的文化资源优势会被放大，这个体系的北面是连片贫困区秦巴山地，南边是长江三峡，中间正好是大宁河生态廊道，这种"文化廊道""生态文明廊道"建设格局的最终形成是非常有意义的，它符合国家和重庆区域发展战略，符合国家生态文明建设要求。这只是我们工作中的实践案例之一。今天我们谈"长江文化带"也是从国家"长江经济带"建设的角度考虑，以前区域间发展的不平衡，除了经济结构不和谐问题之外，其实与经济区规划中没有同步的文化建设规划也有关，就是说忽视文化建设规划会损害经济建设项目规划的效果，导致深层次的不平衡、不和谐。假设所有的经济区规划中同时又有文化建设的规划，笔者认为那将是更加和谐、平衡的区域发展战略。我们期待着今后长江经济带建设规划里有长江文化建设包括长江文化遗产保护及利用建设的内容，那不仅是我们文化人的幸运，也是整个长江流域乃至国家的文化幸运。

(四) 长江文化对中国文化的促进和发展

文化是人创造的,人及其创造的文化都必须以自然为基础。目前,在我国内陆地区唯一能保持并形成良好航运状态,贯通东西部的水上交通线只有长江,又通过其密如蛛网的支流,如大运河连通江、浙、鲁,芜申运河连通皖、苏、沪,赣江、湘江分别沟通江西、湖南内陆,大宁河到达巫溪及秦巴山地,嘉陵江到达四川内地,乌江联通贵州,作为长江一部分的金沙江到达云南等,长江水运成为最便捷、最省钱、最低碳、最生态的运输方式,而目前利用率还很低。"工业文明"否定了传统的水运形态,"生态文明"会让水运重新崛起。长江流域良好的航运条件天然地和沿海经济带、海洋经济区有机地整合在一起。长江是中国的也是世界的,因为它通过"水运"让中国与世界各地连接,这充分说明长江拥有特殊的优势和长江文化建设的基本条件。

长江地处中国中部地区,有着沟通东西、携手南北地区的纽带性作用,具有特殊的空间优势。上游地区通过重庆、成都、陕西向北连接着陆上丝绸之路,向南与南方丝绸之路连接;中游的武汉、长沙、南昌等北通首都,南达珠三角;下游地区南京、上海、杭州、合肥、宁波等也是北通内陆南接海洋。长江经济带把中国倡议的"一带一路"有机地连为一体。目前,重庆已经通过铁路交通连接陆上丝绸之路经济带("渝新欧"铁路线),为将来在国家战略体系中的空间地位得到进一步强化和提升奠定了基础。长江经济带将会使我国原有的"T"形战略发展为"三横三纵"的网络状格局,而长江在这一网络状格局中占有着中心的位置。

从考古学和历史学分析,中国有四大文化板块。即从北向南有草原高原文化板块、黄河文化板块、长江文化板块、海洋文化板块,通过四大文化板块形成多样而一体的、人文与自然相结合的中华文明的庞大体系,它们内在的互动发展力量是无法想象的。它可以解释为什么中华文明连绵五千年,至今屹立于世,没有断裂。在不同的时代背景下,这几大不同的文化板块此起彼伏地展现出它们的内生能量,而且每一次的中华文明复兴都是多样性文化板块互动和结构重新调整的结果。长江文化与其他板块文化存在着天然的彼此支撑的关系。它们各自创造文化成就,互相提供文化能量,共同构建中华文明的复兴高潮。近代以来,长江文化一直承载着这样的责任和使命。长江文化发展高潮的到来成为中华民族文化复兴高潮到来的必备条件。长江本身跟大海的联系,通过“三横三纵”发展结构关系的建构,通过中国多文化板块互动的历史经验,都能反映出长江经济带建设及长江文化建设也是中华文明复兴和实现中国梦的必不可少的环节和条件。

下篇

长江文化在江苏的保护、传承与弘扬研究

一、江苏长江文化发展脉络与景观演变

（一）长江江苏段史前考古文化

1. 长江江苏段的古人类活动

长江流域面积广阔，达到180余万平方公里，下游的长江江苏段浩浩荡荡，年均入海水量达到1万亿立方米，位于世界第三位。有关资料显示，上古时代长江南京河段江面宽10～15公里，之后由于长江主流摆动，河道自然演变及受到人类活动的影响，河道逐步缩窄。为此，长江文化的最大特征就是与水有关，长江流域雨量充沛、水网密布，非常适合农业、渔业、手工业和航运业的发展，也就非常适合中华民族在此繁衍生息。

长江下游原始社会的先民们，会选择临近水源的岗阜阶地，依山傍水而居。江苏南京人化石的发现就是重要例证。南京在历史上是长江下游的首座国家都城型大城市，1993年在今南京市江宁区汤山街道雷公山葫芦洞获得两件猿人头骨化石，随即展开了考古发掘工作，获得一枚牙齿化石，还有额骨、眉骨和顶骨、左面骨、颞骨等碎片，并清理出古动物化石4000多件。动物的种类与北京人伴生的动物种类相仿，这表明北京、南京两地的气候和生态环境也曾相仿。且汤山遗址所获得的动物化石数量，以及堆积的密集程度，是所有旧石器时代文化遗址所罕见的，距今 50 万～30 万年。[①] 其意义与和县人一样，说明长江下游也曾是古人类生活的地区。

南京人化石出土地点汤山葫芦洞

此外，在距今 5 万～1 万年前的旧石器时代晚期，长江江苏段南岸的丹徒莲花洞、太湖西岸的宜兴境内、苏州太湖西山三山岛[②]等地也发现过这一时段的古人类化石或文化遗存。其中三山岛出土细石器数量较大，有一定的文化特征，这一出土地点是目前所知长三角地区位置最偏东、时代最早的人类文化创造点，时间约在 1.5 万年前，石器所代表的也是狩猎经济形态。可知，早在旧石器时代

---

① 南京市博物馆、北京大学考古学系汤山考古发掘队：《南京人化石地点 1993—1994》，文物出版社，1996 年；周春林等：《论南京直立人化石的年代》，《人类学学报》1999 年第 4 期；刘武等：《南京人头骨化石研究新进展》，《古生物学报》2009 年第 3 期。

② 陈淳等：《三山文化——江苏吴县三山岛旧石器时代晚期遗址发掘报告》，《南京博物院集刊》第 9 集，1987 年。

早、中期，江苏境内的大江南岸宁镇山脉地区已有人类在活动，旧石器时代晚期，先民的开发足迹已遍布江苏南北各地。长江江苏段北岸的浦口区境内也发现了数量众多的旧石器时期遗存。

从文化起源的角度看，江苏长江以南地区在旧石器时代晚期都是狩猎经济形态，其旧石器文化属于中国南方砾石石器—砍砸器工业传统，与邻近的安徽水阳江流域、浙皖两省交界处的天目山地域文化十分接近，[①]这些地区正是上古《尚书·禹贡》所言“扬州”之域。

2. 长江江苏段的新石器文化

新石器时代中晚期，即在7000～4000年前，江苏长江流域逐渐形成沿江文化带，江北地区有距今7000年左右的龙虬庄文化、6000年左右的青墩文化类型，江南的西部丘陵区分布有北阴阳营文化、薛城文化等，江南东部的环太湖区域分布有马家浜文化及骆驼墩文化类型、崧泽文化等考古遗存。距今5000～4000年的良渚文化则广泛分布在长江下游南至太湖流域、北达盐城的广大地区。南京江北地区发现的距今5000年的营盘山氏族墓葬遗址中出土的陶塑人面像，被誉为“金陵始祖”。

在远古时期，长江流域就产生了稻作文明。新石器时期，长江江苏段沿线成为重要的粮食产区之一，典型的有草鞋山遗址等，考古发掘出了完整的水田灌溉系统，即人工灌溉农业技术早在约6000年前就已经出现，并长期保持。在吴县澄湖、昆山太史淀等良渚文化晚期遗址中，还发现了人工开凿的圆筒形水井，其中，澄湖发现的土井有上百口，太史淀发现的是一种带有木井圈的井。这些水井，既可饮用，又可用于灌溉，是当时灌溉技术的组成部分。

新石器时代，江苏长江沿线有纺织、造船等多种手工工艺。第一，纺织工艺方面，在草鞋山遗址中出土的三块葛布残片，被认为是我国目前发现的时代最为

① 房迎三、沈冠军：《江苏旧石器时代考古20年回顾》，《东南文化》2010年第6期。

久远的纺织品实物之一。从残片的纺织工艺来看,当时的手工纺织技术已达到较高的水平。第二,在原始社会末期,长江边的先民已经"刳木为舟,剡木为楫,舟楫之利,以济不通"①。太湖地区的良渚文化遗址中出土了木桨、网坠、木浮漂等物,说明在远古时期,这里已经有了船只,且捕鱼业相当普遍。1958 年,在常州市武进区春秋淹城遗址的河道中发现了一条独木舟,是用一整段木头挖成的,长达 11 米。它的年代虽然晚至商周时代,但其技术应该相当古老。

常州春秋淹城遗址

(二) 夏商周时期的江苏长江文化

1. 与华夏文化交流及具浓厚地方色彩的文化形成

夏商周时期是我国先秦"王朝"文明时期,王朝均立国于黄河流域,今江苏地

① 金景芳:《〈周易・系辞传〉新编详解》,辽海出版社,1998 年。

区与三个王朝的中心地有较远距离，加之夏、商二朝实际能控制的核心地域主要是中原地区，今江苏地区绝大多数地方不在其直接统治地域内。《尚书·禹贡》中记载了扬州贡道的线路："沿于江海，达于淮泗。"这条线路是长江下游船只从长江入海，沿海岸入淮河，再入泗水前往中原，它反映了长江下游与中原地区早期交通的历史。这一时期，江苏境内的文化更多地体现出地方性特点。夏、商时期(前 21 世纪—前 16 世纪)，江苏境内有长江以北地区同于山东鲁南一带的岳石文化圈、太湖平原同于上海和浙北一带的马桥文化圈和宁镇地域同于皖南一带的点将台—湖熟文化圈。这三大文化圈中，岳石文化主体来自今山东境内，属于"东夷"文化，其进入商代时，受到中原商文化的强烈影响。太湖平原的马桥文化主要是相当于中原地区夏商时期的江南地方性考古学文化。其中，湖熟文化是形成于南京、镇江一带的青铜文化，因首先在江苏江宁县湖熟镇(今江宁区湖熟街道)发现而得名。这里的青铜器以鬲、甗等炊器取代了本地区以鼎为主炊器的传统，其他器皿如斧、刀、凿、镞等与商代铜器完全相同，就连青铜冶铸工具也放弃了本地的陶勺，而采用殷商的灰陶大口尊，反映了当地居民对外来先进文化的吸纳。

2. 商周时期吴文化崛起

西周早期实行"封邦建国"制，在中央王朝的册封下，江苏长江南北分布着徐、吴，以及干、棠、邳等小国，他们被纳入周的宏大政治体系。其中，吴国传说是太伯、仲雍逃奔江南后所建立的国家。这同时推动了周文化向长江流域的传播。长江江苏段出土不少西周时代的青铜器，如江苏丹徒烟墩山宜侯墓出土的宜侯夨簋、丹徒大港母子墩出土的伯簋等就是有力实例。

为了缩短航程，北上争霸，吴王夫差在江南开吴古故水道和胥河，在江北今扬州至今淮安之间开凿了邗沟，沟通江淮。《越绝书》记载："吴古故水道，出平门，上郭池，入渎，出巢湖，上历地，过梅亭，入杨湖，出渔浦，入大江，奏广陵。"《左传》记述："(鲁)哀公九年秋，吴城邗，沟通江淮。"《汉书·地理志》记述："渠水首受江,北至射阳入湖。"这是中国长江与淮河两大水系直接沟通的开端。

春秋时期,江苏的长江两岸均为吴文化的中心区,今宁镇地区点将台—湖熟文化是吴文化分布区。一般而言,进入西周以后,历史学界和考古学界就视这一区域的文化为"吴文化"时期。考古学上的"马桥文化"其实也是后来"吴国文化"的基础之一,即吴文化的主体有两个,一是宁镇区域的点将台—湖熟文化,二是太湖平原的马桥文化,尽管在它们的发展过程中也曾先后受到过黄河流域夏文化和商文化乃至西周文化的一定影响,甚至在西周早期还受到中央王朝的册封。从考古学上说,吴文化是长江江苏段以及整个江苏地区最早产生的具有深远历史影响的地域性国家文明性质的文化,它的早期中心就在太湖流域和宁镇地区。

春秋早、中期,江苏境内长江以南区域是吴国文化中心所在。春秋晚期,吴文化从江南推及江北、淮北。到公元前473年,越国灭吴国,越国迁都到吴国最后的都城——姑苏(今苏州),史载越国在与楚国对抗的边境修筑了越城,传说今南京中华门外的越城遗址就是这一时代背景的遗存。这个过程推动了吴、越文化的融合,无锡境内发现的战国时期鸿山大墓及其大批精美文物,正是当年越国的贵族遗存。公元前334年,越国又被楚国所灭,从此楚文化全面进入今长江江苏段及整个江苏,使得江苏成为发达的楚文化的最后重地,为此后楚汉文化在江苏的兴起奠立了深厚的基础,也确立了楚文化在长江文化中的主导地位,其影响所及达到淮河以南的半个中国。它标志着一个融流域内各地文化于一体的长江文化已成雏形。

(三)秦汉六朝时期长江古都文明的形成与发展

1. 秦汉郡治设立与文化重心转移

公元前221年,秦始皇灭六国,建立了中国历史上第一个皇帝专制集权的统一王朝。当时在全国推行郡县制,长江流域所属大约包括以下郡:蜀郡、巴郡、黔中郡、砀郡、汉中郡、南郡、泗水郡、九江郡、衡山郡、长沙郡、巫郡、会稽郡。其中,会稽郡郡治设于今江苏苏州,说明苏州此时继承了原来越国都城的名称和行政区遗产。这也为长江流域的经济发展创造了有利的前提。

秦末陈胜、吴广起义后各地反秦力量纷起,波及或席卷江苏境内的长江流域,先是项羽灭秦后建都彭城,自立为西楚霸王,后有刘邦在乌江之战中灭项羽而争得天下,正式建立起西汉王朝(前 206)。西汉郡、国制并行,江苏分属于扬州、徐州刺史部和吴、楚等诸侯国。楚国立都彭城(今徐州),吴国都广陵(今扬州),江南的会稽郡仍治今苏州。都于广陵的吴国势力强大,策划并组织了“七国之乱”,叛乱平定后,汉景帝改吴国为江都国。汉武帝时一度改原江都国为广陵郡,后再改封为广陵国,以其子刘胥为广陵王。到东汉明帝时,广陵王为皇帝同母之弟刘荆。

秦末的农民起义和刘汉王朝的建立,对长江流域经济文化有重要影响。首先,秦汉统治者曾有目的、有计划地向长江流域移民。如楚汉之际“诸侯并起,民失作业,而大饥馑。凡米石五千,人相食,死者过半”。这时,刘邦就令百姓“就食蜀汉”[①]。此后,汉代统治者不断向长江流域的巴蜀地区、荆襄地区或淮扬地区移民。其中淮扬地区成为秦汉统治者长期移民的重点地区之一,这不仅使包括江苏区域在内的长江流域的人口快速增加[②],且从经济开发较早的黄河流域,向长江流域较为落后地区移入人口和生产技术,强有力地推动了长江流域的政治、经济、文化发展。政治方面,许多重大事件和历史人物都与本地有关,从楚人起义到刘邦建立西汉王朝,秦汉之际的风云人物大都出于今江苏一带。经济上,西汉时江苏长江两岸大多数地区获得高水平开发,包括农业、手工业及沿海一带的制盐业普遍都有进步,如广陵等地的富庶已是“富可敌国”。当然,与中原地区相比,江南有些地方仍属“地广人稀,饭稻羹鱼,或火耕而水耨”(司马迁《史记》语)的状态。

---

① 《汉书・食货志》。

② 仅从《后汉书・郡国志》中记载的长江流域人口数目与西汉时代对比,就可见这种变化,当时扬州人口从 320 万增加到 430 万。

在秦帝国短短十多年的统治中，江苏长江一线的面貌并未发生根本改变，而是继续沿着原先“楚文化”的脉络发展。直到西汉王朝建立，江苏作为“帝乡”所在，其地域文化才慢慢呈现新面貌。

秦汉时期，江苏长江一线的水利事业也得到了大发展。据史书记载，“秦始皇三十七年(前210)，使赭衣徒三千，凿京岘东南垄”，“秦凿丹徒曲阿”[①]。这被多数学者认为是丹徒运河的创始，并为隋代江南运河的开通奠定了基础。此外，还修筑了不少灌溉工程。章和元年(87)，马棱为广陵太守，主持“兴复陂湖，溉田二万余顷”[②]。汉安元年(142)，张纲为广陵太守，在东陵村开张纲沟，引湖水灌溉农田。[③] 东汉末年，陈登为广陵太守，“浚塘筑陂，周回九十余里，灌田千余顷，百姓德之，因名(陈公塘)，亦曰爱敬陂。陂水散为三十六汊，为利甚溥”[④]。

两汉时期，儒、道两学持续发展，并最终确立了自己作为中国文化代表性学派的地位。尤其是一度在今扬州担任“江都国相”的大儒董仲舒提出并被汉武帝接受的“罢黜百家，独尊儒术”之议，对长江文化的影响同样是巨大的。这时期长江文化的发展，除物质文化、制度文化进一步显示出统一和中央集权的特点外，在学术思想和价值观即深层的文化中，显示出一种融汇各种流派的趋势，其具体成就则反映在各种艺术形式以及文学、哲学著作中，而出自长江江苏段流域的文学家的诗赋，及与长江流域有一定关联的被称为杂家之作的《淮南子》则为其具有典型特征的代表作。

秦汉时期，江苏地区的民族转型基本完成。经过从战国楚威王到汉武帝200多年的南北人民融合，江苏长江文化已是汉民族文化的有机组成部分。秦汉之际，在会稽起义的今宿迁人项羽，军事骨干是八千江东子弟，但他后来自封为“西楚霸王”。沛县人刘邦的军队包围项羽大军时，让项羽军心动摇而唱的是“楚歌”。刘邦政权的政治背景和文化渊源，决定了汉代文化是对楚文化和秦文

---

① 分别见于六朝人作的《南徐记》、晋人作的《太康地记》，转引自元至顺《镇江志》。
② 《后汉书·马援传附棱传》。
③ 《太平寰宇记》卷一二三《淮南道·扬州》。
④ 《读史方舆纪要》卷二三。

化的双重继承和双重扬弃,也是一次新的大国文明的构建和汉民族成为主体的新文化创造,今江苏长江文化在其中发挥的作用十分重要。

东汉晚期国家动乱和分裂,造成人口的迁徙损耗和中原城市的相对衰弱。在人口流徙的浪潮中,南迁是当时的主要方向。其结果是给包括长江江苏段在内的长江流域带来了大批的劳动力与先进的生产技术,促进了长江流域的发展,同时,士人的大量南迁,又推动了长江流域文化的发展,促使文化重心向南转移。

2. 六朝时期首个国家都城建立

随着整个国家宏观格局的重新调整,江苏长江一线的地位发生了较大的变化,其中变化最大的是长江江苏段沿线出现了中国秦汉以后第一个国家都城"建业"(今南京),国号吴。孙吴国家的开创者是东汉吴郡富春县(今浙江富阳)的孙氏,在东汉末群雄并起的争战中,经过孙坚、孙策及孙权两代人的生死拼搏,终于在南京建立了孙吴政权,与长江上游的蜀汉政权及立国中原的曹魏政权三分天下,这使得原本在江苏境内默默无闻的"秣陵"(今南京)一跃而跻身于中国古代都城的行列,并拥有了"钟山龙蟠,石头虎踞,此乃帝王之宅"的持久美誉。孙吴时期,长江中下游的江南地区是人口增长最快的地区,也是孙吴屯田的主要地区。孙吴利用移民设立了一些郡县级别的典农都尉、校尉,主要在今长江江苏段沿线的常州、镇江、南京三个地级市范围内,尤以毗陵典农校尉地域辽阔,这说明长江江苏段沿线的常州一带有较多北方移民。这不仅促进了江南的农业生产,也保证了粮食的供应。左思《吴都赋》云:"其四野则畛畷无数,膏腴兼倍……煮海为盐,采山铸钱。国税再熟之稻,乡贡八蚕之绵。"[1]这正是当时长江下游农业发展、经济繁荣的具体表现。

东吴时期,开凿"破岗渎",沟通了太湖地区和秦淮河流域的内河航运联系,

---

① 《文选》卷五左思《吴都赋》。

这一漕运体系持续运转了300多年，促使江苏文化从以太湖为中心转型为以长江为中心，并将太湖文化圈纳入长江文化带。这一时期，水运交通、商业贸易都很发达。孙吴境内制造的船只向西溯江而上，与蜀汉贸易。大船出海，远至辽东、交广及夷洲(今台湾)，还到达海南诸国。建业是长江沿岸最主要的商业都会，设有大市、小市和北市，颇为繁盛。左思《吴都赋》云，“水浮陆行，方舟结驷。唱棹转毂，昧旦永日。开市朝而并纳；横阛阓而流溢。混品物而同廛，并都鄙而为一。士女伫眙，商贾骈坒。纻衣絺服，杂沓傱萃。轻舆按辔以经隧，楼船举帆而过肆。果布辐辏而常然……富中之甿，货殖之选。乘时射利，财丰巨万”[①]，正是这种商业繁荣景象的具体描绘。

西晋时期，国家获得短暂的统一[②]，对江苏南部而言，西晋统一的时间只有30多年[③]。西晋仍然在今江苏划江而治，长江以北属徐州，设4个郡国(彭城国、下邳国、临淮国、广陵国)约32县；长江以南属扬州，今省境之内设3个郡(丹阳郡、毗陵郡、吴郡)。今南京还是“扬州”和“丹阳郡”治所，其行政地位仍是长江下游地区最高的。这一时期的江苏江南地区的文化发展水平与江北地区的文化发展水平已经不相上下。

东晋时期，建康(今南京)附近设有琅邪、淮南、广川、高阳、堂邑、魏郡、南东海、南兰陵、南东平等侨郡。其中琅邪郡所领的临沂、即丘、阳都和怀德等侨县均在建康近郊。建康都城内外安置了大批来自北方的侨民。建康工商业发达，市场繁荣，“人竞商贩，不为田业”。秦淮河北“有大市百余，小市十余所”，都城之“西有石头津，东有方山津”[④]，设津主等官吏，负责检查货物，收取商税。建康城规模宏大，寺院众多，许多外国使节与高僧来到这里，中外经济文化交流活跃，充分展示了这一时期长江江苏段开发的成就。

---

① 《文选》卷五左思《吴都赋》。

② 公元265—317年，计52年。

③ 公元280年西晋才消灭吴国，公元307年琅邪王司马睿已到达建邺，317年在此正式称帝建立东晋王朝。

④ 《隋书》卷二四《食货志》。

东晋南北朝时北方居民大规模地南迁，多居于江淮之间特别是江南地区，大量的优质人才促进了江淮和江南地区的经济文化发展。江淮和宁镇地区及太湖平原乃至浙东一带逐渐取代中原而成为全国的经济中心。大量北方移民到达江苏沿江地带，也影响了江苏境内中古时代语言板块的重构，初步形成了江淮语区和吴语区两大语言体系。

东晋南朝时，今江苏长江以南地区的文化比较一致，构成以首都建康即今南京为中心的文化区系；长江以北的文化既有南方特点，又有北方的多种因素，加之经常处于变动的政治环境中，因而缺少文化的主体性和典型性，不利于文化的持续发展，其文化发展已开始落后于长江以南地区。特别是长江以南地区在这一时期发生了文化的重大转型，由此前的“尚武”为主，改为“尚文”重教、以文擅长的价值取向和发展趋势。这一时期，在哲学、文学、史学、书法、绘画、建筑、技艺、雕塑、科学、宗教等各文化领域都取得了突出的成就，影响所及，遍于东亚列国。

南京狮子冲南朝石兽

六朝时期，江苏长江流域的教育也有建树。宋文帝元嘉十五年(438)，在建康建立了儒学馆、史学馆、文学馆和玄学馆，这是我国教育史上的一大创举。梁武帝指派文学侍从周兴嗣编撰的《千字文》，被认为是世界教育史上问世最早、流传最久、影响最大的识字读本之一。南朝学者颜之推著的《颜氏家训》二十篇，是最早提倡家庭教育的名著。

总之，以东吴、东晋、宋、齐、梁、陈为代表的“六朝”均立国于长江流域，且以今南京为都城，时期长达350年。

(四) 隋唐宋元时期江苏长江沿线的开发与城市带的形成

1. 隋唐盛世下江苏长江沿线区域经济和城市格局新构建

一般认为，在隋唐及以前，长江是在镇江和扬州之间入海。经过六朝时期持续的开发，长江下游沿江地区经济水平已经与中原相当。

隋代国家重新统一后，再次调整郡县制①。这一时期，中国的整体格局已不同于秦汉时期，其最大变化就是中国南方经过以南京为中心、以今江苏长江以南地区乃至整个长江中下游区域为基础的300多年的引领和发展，经济水平已经与北方黄河流域大体同等，今长江江苏段及整个江苏区域日益成为国家重要的财富来源地之一。

隋王朝最高统治者为了加强都城(大兴城，在今西安，另有东都洛阳)与东南地区的经济联系及其他政治军事目的，特意开挖了沟通海河、黄河、淮河、长江、钱塘江的大运河②。大运河的开通促进了今江苏境内南北文化的沟通，逐渐形成从苏州、常州、润州(今镇江)经扬州、楚州(今淮安)到泗州(今盱眙境内，利用部分淮河河段)或到徐州(利用部分泗水河段)的“运河文化廊道”或线状城市带，

---

① 今苏北境内设东海郡(治朐山，今连云港)、下邳郡(治宿豫，今宿迁)、彭城郡(治彭城，今徐州)、毗陵郡(治晋陵，今常州)、吴郡(治吴县，今苏州)。

② 这条大运河部分河段是在公元前486年前后已由吴国给予开挖，如邗沟、江南吴古故水道等，今天的中国大运河文化遗产仍以江苏最丰富。

改变了过去以单个城市为核心的散点状城市文化格局。同时,大运河也有助于将北方先进文化更多地输入江苏,丰富了江苏文化的内涵,拓展了江苏文化进一步发展的创新要素和动力资源,为江苏长江以南地区最终成为中国文化的最发达区域创造了更好条件。

在唐代强大的统一国家的治理下,江苏长江以南、以北地区的文化表现出强烈的一致性,不过,以扬州为中心的"淮扬文化"的崛起应视为江苏长江文化发展史上的重要事件,在全国乃至世界上也产生了重要影响。至此,江苏长江沿线先后出现以镇江、常州、无锡、苏州一带为中心的吴越文化圈(春秋战国)、以南京为中心的六朝文化圈(三国至南朝)、以扬州为中心的淮扬文化圈。这几个文化圈兴起的时间不同,背景各异,文化辐射的时空深度也有差别,但它们交互兴起,反映了江苏长江流域相继获得高度开发和张扬各自文化个性的过程及动因,也展示了江苏文化丰富多彩的结构特色和非凡的文化生命力。

隋唐时期的扬州不仅是东南商业重镇,也是对外开放的重要口岸,在中外文化交流上发挥了巨大作用。1998 年在印尼勿里洞岛海域出水的"黑石号"唐代沉船上有 6 万多件瓷器及铜镜等珍贵文物,被学术界认为其始发港为中国的扬州。唐代淮南江左律宗大师、扬州大云寺(今大明寺)和尚鉴真(688—763)于天宝元年(742)至天宝十二年(753)东渡日本传律,最后从今张家港市黄泗浦(黄泗浦遗址已被考古学者发掘出土)成功东渡,抵达日本九州、奈良。日人真人元开《唐大和上东征传》:"和上于天宝十二载十月[十]九日戌时,从龙兴寺出,至江头乘船。"此前,鉴真和尚自栖霞寺归扬州时,"江都道俗,奔填道路,江中引舟,舳舻连接;遂入城,住本口龙兴寺"。鉴真和尚"乘船下至苏州黄[泗浦]"后出海。鉴真大师在日本受到朝野盛大欢迎,被尊为"日本律宗太祖"。他在日本传教 10 年之久,于佛学、建筑、雕塑、绘画、书法、医药、饮食、酿造等各方面都对日本文化产生了重大影响。

同时,日本为学习中国文化,先后十几次派出遣唐使团。公元 838 年,日本国遣唐使团抵达"大唐海陵县淮南镇大江口",自登岸伊始,即派遣随船官员岑宿

扬州唐城遗址南门考古发掘场景

祢高名和高丘宿祢百兴二人向当地的行政长官(盐官)送达文牒,海陵县(今泰州市)地方盐官判官元行存闻讯乘着小船来慰问,双方以纸笔代替语言进行沟通。在海陵地方盐官的引领下,遣唐使团的大船由大唐三人并日本国水手等曳船进入内河(运盐河[①]),西行十五里到达海陵县掘港庭(亭)国清寺(在今南通市如东县,寺址已经被考古学者发掘出土)。日本国遣唐使团在今如东、如皋、泰州境内留住了20多日,亲睹了大唐长江口及沿海和古通扬运河一线盐业生产的盛况,并多次与地方盐业官员、寺庙住持互赠礼物,弘扬佛法,留下了一段载入史册的中日文化交流佳话。其中,随遣唐使一并来到中国的还有日本圆仁和尚,他莅临中土求法,也是先抵扬州。

① 公元前195年,汉高祖刘邦封其侄刘濞为吴王。自刘濞立国广陵之始,利用古海陵先民们成熟的煮海为盐技能,发展盐业生产,开挖了一条由扬州茱萸湾东通海陵地(今如皋境内原地名叫蟠溪的陈汤家沟)约75公里的邗沟支道。这条古运河是我国历史上最早的人工运河之一,开凿之初名为"吴王沟",又名"茱萸沟",一称"东邗沟""运盐河"。河面上运盐的船队常常是首尾相连数十里长,泰州和南通一带的百姓一直把该河称为"运盐河",也即后来的古通扬运河。

如东国清寺遗址考古发掘现场

圆仁《入唐求法巡礼行记》卷一:“午时,到江口。未时,到扬州海陵县白潮镇桑田乡东梁丰村。日本国承和五年七月二日,即大唐开成三年七月二日。”后由江口北行至淮南镇。“三日丑时,潮生。知路之船引前而赴掘港庭。”圆仁在扬州住了半年多后继续巡礼。扬州城南施家桥曾发现一唐代沉船,残长 24 米,残宽 4.3 米,船内深 1.3 米。此船据认为是海船,当时长江流经扬州郭下。唐朝前期海潮可及扬州,李绅《入扬州郭》诗题自注可证:“潮水旧通扬州郭内,大历以后,潮信不通。李颀诗‘鸬鹚山头微雨晴,扬州郭里暮潮生’,此可以验。”①《旧唐书·五行志》:“天宝十载,广陵郡大风架海潮,沦江口大小船数千艘。”作为贸易港口的扬州水上运输规模由此可见一斑。唐代后期,扬州和润州之间长江水道有所变化,瓜洲北侧江汊淤塞,海舶终难于再至扬州城下。

扬州水陆交通便利,农工商业发达,唐时成为人口密集、商业繁荣的大城市。《旧唐书·李袭誉传》:“江都俗好商贾,不事农桑。”《旧唐书·苏瑰传》:“扬州地当冲要,多富商大贾、珠翠珍怪之产。”据《唐大和上东征传》记载,鉴真东渡所携

① 《全唐诗》卷四八二。

带的物品有落脂红绿米、甜豉、牛苏、面、饼等食品，佛经、佛事用品、生活用品、香料600余斤、药品石蜜等500余斤，这些物品都是在扬州采办的，可见扬州商业之兴盛。扬州万商云集，李白《江夏行》写来往于扬州、鄂州之间的商人，"谁知嫁商贾，令人却愁苦。自从为夫妻，何曾在乡土。去年下扬州，相送黄鹤楼。眼看帆去远，心逐江水流。"王建《江南三台》写来往于扬州、长安之间的商人，"扬州桥边少妇，长安城里商人。二年不得消息，各自拜鬼求神。"李益《长干行》写来往于扬州、岳州之间的商人，"五月南风兴，思君下巴陵。八月西风起，思君发扬子。"此外南海诸蕃，以及波斯、大食等胡商也在扬州进行商贸活动。扬州是当时中国乃至世界性的商业中心，获得"扬一益二"的称号。

扬州位于长江三角洲的中心，其周边的苏州、润州、常州等长江沿线城市也因此更加繁荣起来。苏州城"夜市卖菱藕，春船载绮罗"①；"夜市桥边火，春风寺外船"②。润州位于江南运河与长江的交汇处，同样是大运河上一个重要的商品集结地和停泊码头。每当长江风浪骤起，商船多在这里躲避风浪，是谓"秋江欲起白头波，贾客瞻风无渡河，千船火绝寒宵半，独听钟声觉寺多"③。

2. 五代十国时期江苏长江沿线城市经济、文化总体发展

唐代末年，随着中央王朝的衰落和起义军的打击，曾经称强世界的唐王朝分崩离析，出现军阀割据、"五代十国"的分裂局面。这时期的"江苏"先后成为吴国(立国今扬州)和南唐国(立国今南京)立国之地，两国国土东到今苏北的东部地区，北达海州(今连云港地区)，南到无锡，西面一直到今安徽淮河以南、江西和福建的一部分。江苏长江以北的西部先后由立国于中原的五代王朝所占有；长江以南的无锡以南，由立国于杭州的吴越国所拥有。扬州作为杨吴国国都的时期，是历史上扬州政治地位最高和政治统治范围最广的时期。南京也因先后成为杨

① 《全唐诗》卷六九一《送人游吴》。
② 《全唐诗》卷六九一《送友游吴越》。
③ 《全唐诗》卷四六八《夜泊润州江口》。

吴西都和南唐国国都而再次复兴。值得注意的是，这次南京的崛起已不是孤立的现象，南京作为南唐国都，以扬州为东都，设江都府，又在润州设镇海节度使，还提升扬州以东地区的地位，于海陵设泰州，于南通建静海制置院，又于江阴设江阴军等，虽然其目的是加强沿江城市的战略地位，但从另一角度却反映出这一时期江苏已形成了与原大运河城市带呈“十”字交叉形的“沿江城市带”，特别是宁、镇、扬三座城市互为犄角，互相借重，构成了长江下游关系密切的三角形城市群，这是过去历代所未曾有过的现象。

吴越国时期，钱镠政权对太湖地区水利事业发展很重视，设立专门的“撩浅军”以保障水利条件，比较有效地抵御了水旱灾害，促进了农业生产的发展。据有关资料统计，在吴越国统治的 86 年中，太湖地区只发生过 4 次水灾、1 次旱灾，是太湖地区历史上水旱灾害最少的一个时期。这一时期，苏州属吴越国范围，吴越国于此设中吴节度使，作为吴越国与杨吴和南唐国两国先后对抗的“堡垒”，苏州与今浙、沪境内诸城市之间的传统密切关系得到了加强。同时，苏州第一次被以杭州为中心的政权所统辖，这表明杭州的城市地位从此时开始实际上已超过了在太湖区域长期称重的苏州。不过，苏州的区域政治地位虽然被进一步弱化，但此后苏州依靠深厚的历史积淀和独特的地理位置，致力于发展内生的经济和文化，最终仍成长为江南地区一流的经济、文化名城。

常州在杨吴、南唐和吴越之间，因为战争而地位举足轻重。李华《常州刺史厅壁记》说唐代常州：“当楚、越之襟束，居三吴之高爽，其地恒穰，故有嘉称。领五县，版图十余万，望高地剧，此关外名邦。”[①]正是因为在楚、越之交，唐末成为战场，马令《南唐书·陆昭符传》说：“常州当吴越之冲，城邑荒虚，户不满千数。昭符为政宽简，招纳散亡，未几，户口蕃庶如初。”[②]

长江入海口新设了泰州、通州，反映了里下河低地和沿江、沿海沙洲、滩涂地区在这一时期获得了高度的开发，江海文化由此兴起。唐末江淮大混战，使得大

① 《全唐文》卷五一六。
② (宋)马令:《南唐书》卷二二。

量人口流入江海湖沼，躲避战乱，因而得以设州。海陵县，在隋代曾经分设江浦县，不久撤销。唐代的海陵县管辖范围很大，北到今兴化、大丰，东南到今南通、海门。杨吴乾贞中，在海陵县立制置院，南唐升元元年(937)升为泰州，割泰兴、盐城、兴化、如皋四县属焉。马令《南唐书》卷一九《褚仁规传》说：“出为海陵监使……乃以仁规兼县事，所部鱼盐竹苇之地，财用所出……而供亿公费不知限极，烈祖喜之，乃以海陵为泰州，迁仁规为刺史。”南唐重臣徐铉说泰州：“海陵为膏腴之地，邦赋最优。”

南通原是长江口的一片沙洲，六朝记载有胡逗洲，非常荒凉，唐代是渔民所居。唐文宗开成三年(838)，日本僧人圆仁入唐，来到长江口的沙洲，看到这里有白水郎，也即捕鱼的疍民。唐代又在今海门之地涨出东洲，杨吴设东洲制置使。南唐在今南通设静海军。周世宗占领南唐的淮南之地，首次设通州。南宋王象之《舆地纪胜》卷四一引《通川志》说：“海陵之东有二洲，唐末割据，姚制居之，为东洲镇遏使。制卒，子廷珪代之，为东洲静海军使。廷珪始筑城，钱镠遣水军攻破之，虏廷珪。而吴又命廷珪犹子彦洪为静海都镇遏使，修城池官廨，号静海都镇，今城是也。改东洲为丰乐镇，顾俊沙为崇明镇，布洲为大安镇，狼山西为狼山镇。至南唐李璟嗣位，始补静海制置使。”[①]由此，江苏长江一线的最后一块文化即“江海文化”获得发展空间，此后与江南文化、江淮文化同步发展，到近代，终于形成江苏长江文化体系的重要部分。

泰州、南通一带，保留了江淮话的很多古老特点，形成了今天很有特色的江淮方言通泰片。《舆地纪胜·通州》说：“吴蒋司徒，本吴郡人。(杨)吴太和中，至布洲，教民经营煮海，盐利之获，不赋而羡。未几，其灶数而归于国。自是风帆浪舶，奔走附集，民区吏墨，日益繁多。没后，民祠之。(南唐)保大中，封通利公。”说明苏州人在南通开发中起了重要作用，通泰方言具有江淮方言和吴方言过渡区的特点。

---

① (宋)王象之撰：《舆地纪胜》卷四一，中华书局，1992年。

从文化上而言，隋唐时期，由于吴、南唐两国的都城皆位于长江下游江苏境内的沿江地带，而其国土范围却延伸到长江中游地区，因此，以江苏沿江地带为中心的吴、南唐两国前后相继的政权之文化影响力较为强大。尤其是立国于江宁(今南京)的南唐国，被公认为是五代十国期间文化最为发达的国家，而且南唐文化还对北宋文化产生了诸多影响。这表明尽管立国于今西安地区的唐王朝对前朝旧都南京采取了恶意贬抑的政策，但一旦给予历史机遇，以南京为中心的长江中下游地区重新崛起就成为难以阻挡的历史必然。其实，承认南京的这一地缘优势，对构建国家的宏观格局有利无害，这一点在唐代以后即成为定势。

3. 两宋时期江苏长江沿线城市稳固发展及长江文化发展成熟

北宋时期，江苏沿江一线的城市地位稳固并有发展，如江宁府(今南京)、和州(包括今浦口一带)、真州(今仪征)、扬州、润州(今镇江)、泰州、泰兴、通州(今南通)、海门、江阴等。其中，南京的行政地位最高，首先它设有江宁府治(其他大城市都是州治)，同时是“江南东路”路治所在，属于更大区域的行政中心①，还是江南东路的文化中心之一。南京在宋代号为“天下巨镇”，文化相当发达。时人陶谷说：“金陵士大夫渊薮”。杨万里说：“俗英且毅，士清以迈，地大而才杰。”汪藻说：“风流文物，冠映古今”。应注意的是，北宋时期将江宁府归江南东路，并作为路治所在，而江南东路的治域达到今皖、赣境内，这一行政建置到南宋时代也未改变，时间长达 251 年。这说明南京这一时期是被作为面向长江中下游尤其是今皖、赣地区中心城市对待的，反映出南京在长江中下游宏观地域中占据中心的位置。

宋代扬州的地位已经远远不及唐代的扬州。唐末从光启三年(887)到景福元年(892)历时六年的江淮大战中，扬州、庐州、宣州、蔡州、汴州多路军阀争夺扬州，牵涉润州、昇州、苏州等地。这场战争摧毁了第一大城市扬州。《旧唐书·秦

① 这与当时杭州的地位一样，杭州为“两浙路”路治所在。

彦传》说:“江淮之间,广陵大镇,富甲天下。自师铎、秦彦之后,孙儒、行密继踵相攻,四五年间,连兵不息,庐舍焚荡,民户丧亡,广陵之雄富扫地矣!”[①]《旧五代史·杨行密传》说:“自光启末,高骈失守之后,行密与毕师铎、秦彦、孙儒递相窥图,六七年中,兵革竞起,八州之内,鞠为荒榛,圜幅数百里,人烟断绝。”[②]

扬州衰落,真州(今仪征)却在唐宋之际崛起。真州原为白沙镇,在唐代为江淮北部十三个巡院之一。[③] 新罗人崔致远《桂苑笔耕集》说白沙镇:“眷彼古津,实为要路,是成镇务,乃在江壖,既居使府之要冲。”[④]《太平寰宇记》中《建安军》条:“本扬州白沙镇第,杨吴顺义二年(922)改为迎銮镇。”[⑤]《舆地纪胜》卷三十八引《仪真志》,考订在顺义四年(924),徐温迎吴主杨溥至此观水军,故改名。北宋乾德二年(964)升为建安军,大中祥符六年(1013)升为真州,雍熙二年(985)增辖永贞县,至道二年(996)增辖六合县。

真州是扬州通往长江上游的外港,主要功能是负责长江中游和下游的贸易。欧阳修在皇祐三年(1051)所作的《真州东园记》中说:“真为州,当东南之水会,故为江淮、两浙、荆湖发运使之治所。”当然,如果深究,真州的兴起也与其在宋代地处大运河及长江的交汇处直接相关。

值得注意的是,南宋前期,江阴仍然是繁荣的海外贸易港口。《舆地纪胜》说江阴“东连海道……最为控扼”[⑥]。明代《重修毗陵志》卷二《地理志·坊市篇·江阴》说:“江下市,在澄江门外,以通黄田港,宋绍熙五年(1194)以来,商船倭舶,岁常辐辏,驵侩翕集,故为市,亚于城圈。”因为疏浚河道,所以江阴海港又维持了一段时间。绍定年间(1228—1233),江阴知军颜耆仲重修市舶务,有诗云:“年年宝货千艘集,好是熙台到处春。”

---

① 《旧唐书》卷一八二《秦彦传》。
② 《旧五代史》卷一三四《杨行密传》。
③ 《新唐书》卷五四《食货志四》。
④ 〔新罗〕崔致远撰,党银平校注:《桂苑笔耕集校注》,中华书局,2007年。
⑤ 《太平寰宇记》卷一三〇《建安军》。
⑥ (宋)王象之撰:《舆地纪胜》卷九,中华书局,2012年。

此时的江阴是重要的海外贸易港口，王安石有《予求守江阴未得酬昌叔忆阴见及之作》诗云："黄田港北水如天，万里风樯看贾船。海外珠犀常入市，人间鱼蟹不论钱。"蒋静《政和河港堰闸记》说江阴："富商大贾，长筏巨舶，夷蠙海错，鱼盐果布之属，辐辏城中。"南宋绍兴十五年(1145)，江阴设市舶务。[①] 南宋晚期，江阴港衰落，咸淳二年(1266)江阴知军赵孟奎《便民劄子》说："臣初见海舶置司抽解，必是海道要紧之冲、州县弹压之所。气势号令，蛮商听服，可以检防铜镪出界之弊，机察漏舶瞒税之奸。故福建则在泉南，二浙则在四明。其他小处如澉则以归舟恋家，山势同回马。如江阴，则以大舟易于入港，便于偃帆。从前创立，不为无说。近一二十年间，始创抽解场于上海。但江阴本毗陵一县，所以建立军治者，当来不无籍于海舶凑集之助。故市井热闹，郡计亦沾其余润。自此失利，商贾绝迹不来，通阛萧疏已甚，其间时有汀、邵、兴化糖铁布客回货转港到岸，往往畏惮收税之重，迤逦前去。"同年《宽征记》说："澄江为负海之国，富商巨贾，辐辏井邑。王文公珠犀鱼蟹之句，父老往往能诵之。时异事殊，长筏大艑，来不可期。惟莆之客舟，岁一至。关市所征，布缕菓蓏鸡豚之属而已，胥徒人私垄断焉。"南宋末年，因为泥沙淤积，军税加重，所以江阴的外商日益减少。福建商人也很少来，市场转移到了新兴的上海。上海建立了市舶分司，元代很快设立上海县和松江府。

靖康元年(1126)，金兵攻破宋都汴京(今河南开封)，史称"靖康之难"，宋室被迫南迁于浙江杭州，北方大量人口南下，传统的吴文化的中心城市苏州因靠近都城杭州，又同属太湖平原，土田肥美，手工业及交通发达，渐次成为江南的经济、文化中心之一，民间有"苏湖熟，天下足""上有天堂，下有苏杭"之说。《宋史・郑珏传》说："天下贤俊多避地吴、越"。韩淲写诗描述道："太湖渺茫浸苏台，云白天青万里开。莫道吴中非乐土，南人多是北人来。"[②]

宋代苏州文化仅次于杭州，称雄于两浙地区。范成大说"矧今全吴，通为畿

① 周振鹤：《两宋江阴军市舶务小史》，载《周振鹤自选集》，广西师范大学出版社，1999年。

② 《涧泉集》卷一七《次韵》。

辅,文物之盛,绝异曩时”[①];又说“吴郡自古为衣冠之薮。中兴以来,应举之士,倍承平时”[②]。叶梦得说“吴下全盛时衣冠所聚,士风笃厚”[③]。朱长文说“钱氏有吴越,稍免干戈之难。自乾宁至于太平兴国三年钱俶纳土,凡七十八年。自钱俶纳土至于今元丰七年,百有七年矣。当此百年之间,井邑之富,过于唐世。郛郭填溢,楼阁相望,飞杠如虹,栉比棋布,近郊隘巷,悉甃以甓。冠盖之多,人物之盛,为东南冠”[④]。其他如常州、润州等长江沿线城市的文化也很发达。值得注意的是,宋代扬州文化由于其经济地位的急剧下降,而失去了唐代时的繁盛景象。但两宋时期的扬州仍不失为淮南的文化重地。沈括《扬州重修平山堂记》说:“扬州常节制淮南十二郡之地,自淮南之西、大江之东,南至五岭、蜀汉,十一路百州迁徙贸易之人,往还皆出其下,舟车南北日夜灌输京师者居天下之七。”此外,宋代为佛教中国化、世俗化时期。两浙路早在五代时期就有“东南佛国”之称,至宋尤盛。其中,苏州佛道之盛不逊于杭州,“郡之内外,胜刹相望,故其流风余俗,久而不衰。民莫不喜蠲财以施僧,华屋邃庑,斋馔丰洁,四方莫能及也。寺院凡百三十九”[⑤]。天台“多羽人居,遗址胜所,相望不绝”[⑥]。

两宋时期是江苏境内长江文化成熟时期。在物质文化创造方面,长江以南的圩田农业堪称发达,各种农业器具进入不同生产环节。其中灌溉用的龙骨水车,随着水稻种植面积的扩大和圩田的大量出现而被普遍使用,宋政府控制的官田上,也把水车作为必备的工具之一。苏轼在《无锡道中赋水车》诗中就提到“翻翻联联衔尾鸦,荦荦确确蜕骨蛇。分畴翠浪走云阵,刺水绿针抽稻芽”,描写大旱之时水车引水灌溉稻田的情景。范仲淹专门有一篇《水车赋》称颂水车是“霖雨”,“假一毂汲引之利,为万顷生成之惠,扬清激浊,诚运转而有

---

① 范成大:《吴郡志》卷四朱熹《常熟县丹阳公祠堂记》。
② 范成大:《吴郡志》卷四《县学记》。
③ 叶梦得:《避暑录话》卷三。
④ 朱长文:《吴郡图经续记》卷上《城邑》。
⑤ 朱长文:《吴郡图经续记》卷中《寺院》。
⑥ 袁桷:《清容居士集》卷一九《野月观记》。

时。救患分灾,幸周旋于当世。……河水浼浼,得我而不滞不凝。原田莓莓,用我而无灾无害”。足见先进的农具在当时农业生产中的重要地位。随着农业耕作技术的提高,人们也懂得要使“土膏既发,地力有余”,就要“深耕熟犁,壤细如面”,深耕细作已有一整套经验。施肥普遍得到重视,江苏长江沿线的农民已知河泥是水田的好肥料。还出现一种“靠田”的田间管理方法:“苗既茂矣,大暑之时,决去其水,使日曝之,固其根,名曰靠田。根既固矣,复车水入田,名曰还水。”稻苗经过靠田后,能迅速成长,虽遇旱灾,也可保证成熟。该法直至近现代还为许多地区的稻农所采用。

江苏长江沿线的农业生产,在许多方面都在原来的基础上大为发展。其中最突出的是以太湖为中心的江苏部分地区,这里原来的发展基础好,南迁人口多,水利的兴修、土地的垦辟、圩田的修建都优于其他地区,精耕细作的程度也较别的地方高,因此,无论是单位面积产量还是总产量,都超过其他地区,成为著名的米粮仓之一。这也使土地开发达到新的历史水平,并伴随手工纺织业、陶瓷业、造船业、建筑业、漆器业、玉石业、雕版印刷业、金属工艺业、食品加工业、外贸业等均有新的发展,促使沿江城市的工商业大力发展,城市人口增多,商业都会建康府(今南京)的日益繁华就反映了这点。当时,为满足商业活动之需,建康府重修秦淮河上的镇淮、饮虹二桥,以满足桥上的“车马如云”和桥下的“千艘鳞鳞”。许多地方的驿路也进一步加宽,保证商品运输和商贾往来的畅通无阻。

两宋时期,介于城市和乡村之间的城镇兴起。城镇以外,乡村草市之类的集市也发展极快。南宋人记载,“今夫十夫之聚,必有米盐之市”,仅建康周围,就有 14 个镇,35 个市。农民携粮食或家庭副业产品到集市出卖,买回油、盐、酱、醋等生活必需品。商人得米后,即运往各地出售,再买货以归。这些市镇商业的兴起和发展,使南宋工商业经济有了更雄厚的基础。

物质文化的发展也为精神文化的繁荣创造了条件,其中文化昌盛,首举教育。宋代江苏教育事业进入新阶段,专家们认为,北宋时期三兴教育,其中两次都与江苏有关，一为范仲淹发起的“庆历兴学”，一为王安石发起的“熙宁、元丰兴学”，而又以范氏兴学最为人称道，元代人郑元佑说“天下郡县学莫盛于宋，然其始亦由于中吴，盖范文正公以宅建学，延胡安定师，文教自此兴焉”。这是说范仲淹不仅利用自己作为“庆历新政”领导人的身份上书皇帝促进全国兴办学校，而且自己也身体力行，他在苏州任知府时，建立州学，延请泰州如皋县名士胡瑗为之主持教育。后胡瑗入职京师，主持太学，成为中国古代教育的一代宗师，他与范仲淹一样，都是北宋文化史上的一流人物。南宋时期，江苏境内书院建设更是进入高潮，为人才培养发挥了积极作用。

值得一书的是，两宋是儒学发展的一个重要阶段，宋儒以传统儒学融通佛学，衍生出体系宏大、影响深远的新儒学——理学。理学是中国封建社会后期最为精致、最为完善的理论体系，两宋诸子经过数代人的努力，以儒学为主体，吸收、改造释道哲学，融合三教思想之精粹，创建了这一以伦理为本体的哲理体系。它浸润了中国封建社会后期社会生活、政治生活的各方面，它的孕育、发展对于中华文明史具有深刻的意义。而促使理学兴起和兴旺的许多思想家，都与长江流域因缘相关，他们受长江文明的熏陶，并且长期活跃于江南广袤的土地上。其中周敦颐与邵雍是理学体系的开山人物，张载、程颢、程颐奠定了理学的基础，南宋的朱熹是集大成者，且他们也均与长江江苏段有密切关系。如理学大家张载得范仲淹之培养，理学创始人程颐是胡瑗的弟子，二程的弟子杨时在无锡建东林书院，传播“洛学”，培养出诸多理学人才等。

两宋时期，书院发展得很快，而长江流域是书院最为集中的地区。据统计，宋代书院共有379所，其中包括江苏在内的沿江七省就有272所，约占总数的72%。如江宁府的茅山书院是当时在江苏长江沿线颇有影响的书院。

4. 元代江苏长江沿线文化交流发展

元代，对江苏仍是划江而治，江苏长江以南属江浙行省，以北属河南行省。其中，江浙行省治所设于今杭州，表明元朝统治者仍承认前朝南宋都城的独特地位，给予其很高的行政级别，今江苏长江以南地区均受其统辖。由于南京特殊的地缘优势和从五代以后一直占有重要的长江中下游大地域中心城市的地位，因此，元王朝也予其相当的重视，其中的一项举措就是在今南京（集庆）设立了“行御史台”（中央监察官员机构，又称行台、南台）。元朝中央置御史台，作为全国性的监察和执法机构，至元十四年（1277）于扬州创立行御史台（一称南台），统管淮东、淮西、山南、江南十道，提刑按察司、江淮诸行省、各道宣慰司皆隶行台。至元二十九年（1292），因立河南江北行省，于是原两淮、山南三道直接归中央御史台管辖，而将“行台”迁到今南京，改名“江南诸道行御史台”，按治江浙行省（先治扬州，后移杭州）、江西行省（先治吉安，后治龙兴）、湖广行省（先治潭州，后治武昌）三大行省。

从“监察权”而言，当时南京的城市地位高于杭州（因设于杭州的“江浙行省”官员亦受设于南京的“南台”之监察）。元代江南平江路（今苏州）辖常熟州、昆山州、嘉定州、吴江州，常州路辖无锡州、宜兴州，集庆路辖溧阳州、溧水州，另有独立的江阴州。真州仍然非常繁荣，为南北商旅聚集处，办理税课总额在一万锭以上，与杭州同为全国之最。元代于县一级建置下继续设“镇”“站”“场”“坝”等类似于今天乡镇一级的建置，这是相关地域内农村经济发展和商品经济发达及航运、贸易等带来的乡镇聚落复杂化的表现。

元朝的统一首先为北人南迁创造了良好的条件，据文献记载，从元朝统一全国之日起，北方人口就大量向南方流动。其中，有许多是北方著名的散曲家、诗人，如徐琰、王恽、鲜于枢、侯克中、卢挚等，先后出游江苏长江沿线城市扬州、建康、镇江等，或在这一地区任职。① 这无疑有利于南北文化在江苏长江沿线交流和发展。元杂剧的南流和鼎盛，就是典型事例。元代仍有“书院一事，盛于南国”之誉，加之各地兴办庙学及官学，使得元代的江苏教育比之前期更趋发达。

元代长江以北，因为此前的战争摧残，人口剧减，普遍合并州县。但高邮从

---

① 季国平：《元杂剧南流史初探》，《河北学刊》1988 年第 3 期。

南宋的"军"升为"府",还增加管辖兴化、宝应二县,说明国家统一,促进了包括长江沿线在内的江苏的发展。意大利商人马可波罗来到中国,回国后著有《马可波罗行纪》,说他曾在扬州为官。现代学者认为虽然马可波罗为官或经商的情况不详,但他无疑到过扬州。马可波罗说长江沿线城市宝应以纸币为货币,以工商为业,丝织品很多而且精美,物产富饶;高邮盛产鱼类,野味鸟兽很多;泰州有最好的盐场;真州城市很大;扬州颇为强盛,曾经是行省治所;瓜洲是航运枢纽;镇江产丝很多,多富商,有外国人居住。[①]

元代,随着元王朝施行海路漕运,江苏长江文化同时具有海洋文化特征,在中外文化交流上,更是凭借其雄厚的物质基础和殷实的精神财富扮演了主要角色。江苏兴起海港城市,其中以属于平江府(今苏州)管辖的太仓刘家港最为重要。太仓位于娄江和大海的交汇处,娄江又连通太湖与南北大运河,有带江连运控海之势。元朝政府于至正二年(1342)于太仓设立庆元市舶分司,昆山州治也设于太仓,太仓刘家港迅速发展成为商贸云集的港口城市。"外通琉球,日本等六国,故太仓南关谓之六国码头。"元代由刘家港北运元朝首都"元大都"的漕粮最多时每年达 350 多万石,直到明永乐十三年(1415)才罢海运,改由大运河漕运,其间延续 133 年。近年考古学者在太仓发现樊村泾元代瓷器仓库遗址,出土数以万计的瓷器标本,可以想见当时太仓瓷器的海运规模非常惊人。大运河的重修,既加强了江南在全国的经济中心地位,也奠定了江北运河沿线在全国的运输枢纽地位,造就了当时江苏南北运河城市的共同繁荣,也将长江文化辐射到离自己很远的欧非大陆,从而在中外文化交流史上谱写了光辉灿烂的新篇章。

此外,元代棉花广泛种植,促使当时长江流域纺织业发生革命性变化。松江乌泥泾黄道婆从海南岛黎族妇女那里学到纺织技术后回到江南广泛传播,棉花的种植和棉布的普及,对社会经济生活和服装文化变迁都有一定的作用。

---

① 〔意〕马可波罗著,冯承钧译:《马可波罗行纪》,上海书店出版社,2001 年。

太仓樊村泾遗址

(五) 明清时期江南文化鼎盛

1. 明代江南文化圈形成与发展以及郑和下西洋反映的开拓观

公元 1368 年,朱元璋以南京为中心,建立大明王朝。这是江苏长江流域及整个江苏土地上第一次出现一个统一国家的都城,也是以江苏为中心第一次建立起覆盖全国的政治辖域的重要历史时期,此后半个世纪内,在南京及江苏开创的明文化被明王朝通过其行政制度系统及分封诸子和官员委派等不同方式推广到全国各地,使江苏为中华文化的发展作出了巨大贡献。

明代,江苏南北行政上的"分裂"状态获得了第一次整合。明王朝定都南京,设立了以南京为中心的中央直隶行政区,明成祖迁都北京后,改称"南直隶"。南直隶的行政辖域包括今江苏、上海、安徽三省(市)之地,且以南京、苏州、扬州、徽州等城市为中心,这些城市主要分布于沿长江、沿运河两大水系上。其中南京“自昔为水陆之凑,既为国都,交通更为发达”,“四方贡赋,由江以达京师”,建立了以南京为中心的水运网。江苏长江沿线的扬州、镇江、常州、无锡、苏州因长江和运河水运便利,人物殷阜,形成了一个以教育、航海(包括郑和下西洋)、出版、宗教、戏曲、手工业、科举考试、绘画书法、园林建筑、陶瓷、茶饮、漆木、玉石、纺织刺绣、住宅建筑及园林等为文化构成要素的“江南文化圈”。这一文化圈代表了中国当时社会水平最高的文化高峰,许多文化成就一直影响到清代甚至当代。这一文化圈又和浙东文化圈互为颉颃,从整体上推动着长江流域文化进入繁盛,乃至推动中国古代文化进入最后的辉煌。余怀《板桥杂记》说:“金陵为帝王建都之地,公侯戚畹,甲第连云,宗室王孙,翩翩裘马,以及乌衣子弟,湖海宾游,靡不挟弹吹箫,经过赵李。每开筵宴,则传呼乐籍,罗绮芬芳,行酒纠觞,留髡送客。酒阑棋罢,堕珥遗簪,真欲界之仙都,升平之乐国也。”[①]再以苏州为例,国外有学者认为,15—18世纪,苏州儒商结合的社会精英分子有雄厚的经济实力和文化上的独特创造力,他们能通过诗礼传家、科举考试等途径,一代一代形成良性循环,从而影响整个江南乃至明代中国。

明代江苏南、北文化差异继续扩大。长江以南地区在明清两朝长达470多年(鸦片战争之前)相对稳定的社会环境下(除清兵南下对部分城市造成严重破坏外)持续发展,成为江苏乃至全国的经济、文化中心。经济方面,明代苏南地区获得更大发展。苏州及太湖流域成为国家的经济命脉所在,正如顾炎武在《苏松二府田赋之重》中引邱濬《大学衍义补》的话说:“韩愈谓赋出天下,而江南居十九。以今观之,浙东、西又居江南之十九,而苏、松、常、嘉、湖五府又居两浙之十九也。”[②]其中长江沿线城市苏州是明代的时尚中心。张瀚《松窗梦语》卷四《百

---

① (清)余怀著,李金堂校注:《板桥杂记(外一种)》,上海古籍出版社,2000年。

② (清)顾炎武著,陈垣校注:《日知录校注》卷一〇《苏松二府田赋之重》,安徽大学出版社,2007年。

工纪》说:“至于民间风俗,大都江南侈于江北。而江南之侈,尤莫过于三吴。自昔吴俗习奢华,乐奇异,人情皆观赴焉。吴制服而华,以为非是弗文也!吴制器而美,以为非是弗珍也!四方重吴服,而吴益工于服。四方贵吴器,而吴益工于器。是吴俗之侈者愈侈,而四方之观赴于吴者,又安能挽而之俭也!”[①]他说全国各地人认为不穿吴地服饰就不算文雅,于是刺激吴地人制造各种奇装异服,全国各地人认为不用吴地器物就不算高级,于是刺激吴地人制造更加精巧的器具。王士性《广志绎》卷二说:“姑苏人聪慧好古,亦善仿古法为之,书画之临摹,鼎彝之冶淬,能令真赝不辨。又善操海内上下进退之权,苏人以为雅者,则四方随而雅之。俗者,则随而俗之。其赏识品第本精,故物莫能违。又如斋头清玩、几案、床榻,近皆以紫檀、花梨为尚,尚古朴不尚雕镂,即物有雕镂,亦皆商、周、秦、汉之式,海内僻远皆效尤之,此亦嘉、隆、万三朝为盛。至于寸竹片石,摩弄成物,动辄千文百缗。如陆子冈之玉,马小官之扇,赵良璧之锻,得者竞赛,咸不论钱,几成物妖,亦为俗蠹。”[②]可见,当时苏州人成为全国风尚的引领者。现尚存在江苏境内的许多江南古镇,包括同里、周庄、甪直、东山等,基本上都是在明代奠立了它们的镇区格局、建筑风貌特征乃至经济、文化生活模式,而农村集镇的繁荣又进一步刺激了农村的商业化与文化的繁荣,推动了乡村的准城市化进程,使区域发展和人们的生活方式走向丰富性和多元化,消费水平进一步提高,社会上甚至出现“奢靡”之风,从另一个侧面展现了地域社会的全面进步。

明代还以江苏为航海基地,开创了“郑和下西洋”的历史壮举,把古代“海上丝绸之路”推向历史巅峰,造成了世界性的影响。它使海外诸国深切感受到大明帝国在政治、经济、军事等方面的强大实力,令各国真正对中国服膺,倾心接受大明帝国“与天下做主”的大国地位。郑和在下西洋的过程中就多次有效地调停海外诸国之间的纠纷,维护了地区间的和平,保护了弱小国家的利益,受到海外诸国人民的真心拥护。海外诸国纷纷派遣使臣到中国贡献方物,有的国家的国王

---

① (明)张瀚著,盛冬铃点校:《松窗梦语》,中华书局,1985 年。

② (明)王士性著,吕景琳点校:《广志绎》,中华书局,1981 年。

甚至亲自率领妻子、大臣一同入朝,仅永乐六年至永乐十八年的 12 年间就有浡泥、满剌加、苏禄、古麻剌朗等四个国家的国王来华“朝贡”。

浡泥国王墓神道及神道石刻

郑和下西洋对明朝经济发展也起了积极的推动作用。郑和船队经过的满剌加、古里、忽鲁谟斯等国都是当时的国际贸易中心,是海商辐辏之地。郑和在这些国家建立贸易基地,开展广泛的贸易活动,受到海外诸国的欢迎,贸易活动盛极一时。更为重要的是,对外贸易的发展极大推动了国内工商业的发展,当时海外诸国对中国的瓷器、丝绸、布匹、漆器、铜钱、麝香、干鲜果品等的需求很大,海外贸易的激增使货源供不应求,大大地刺激了国内手工业的迅速发展。为了满足国际市场的需要,以芜湖为中心的漂染业,以苏州为中心的丝织业等都有了长足的发展。另外,为满足下西洋之需,南京的造船业也有很大的发展。由于对外贸易所需物资大多产于包括江苏在内的长江流域地区,因此对江苏乃至中国长江流域的社会经济发展有着重要的促进作用。

明代晚期,以利玛窦为代表的一批西方传教士进入中土,他们在以徐光启为代表的中国士人的帮助下,展开了初步的传播西学的工作,尤其是在数学、天文历算学、农学等方面取得突出成就,这是江苏土地上发生的继佛教东传以后本土文化与外域文化的又一次交汇,部分中国人开始突破传统的思维方式,产生了一个以徐光启、李之藻等为代表的“西学派”。

2. 清代江南文化独占鳌头

清王朝定鼎北京之后,充分认识到“南京为江南根本之地,绾毂十省,应设镇守文武大臣”。顺治二年(1645),清王朝改明南直隶为“江南省”,应天府改称“江宁府”。顺治四年(1647),派驻两江总督于江宁,统辖江南省、江西省、河南省三省军政,并建督署于今南京市长江路“总统府”。后划出河南省,两江总督统江南、江西二省。在当时,驻守南京的“两江总督”的行政地位仅次于首都北京所在的“直隶总督”,经济上更是占据首要地位。顺治十八年(1661)分“江南省”为左右布政使司,左司驻江宁,辖安徽、凤阳二巡抚地;右司驻苏州,辖江宁巡抚地。康熙六年(1667)分江南省为江苏和安徽两省,此为“江苏”得名之始。此后,省督驻江宁,省抚驻苏州,两座城市实际皆为省会。不过,行政地位更高的两江总督仍驻江宁。

清代早期,苏州在江苏乃至全国都拥有较高的经济、文化地位,因而被确定为江苏省的省会之一。清代江宁(今南京)和苏州一样,也是全国文化重镇,其中以科举最为重要。苏南其他城市如常州、常熟、宜兴、无锡、吴江(今苏州吴江区)、松江(今上海市吴淞江以南地区)、江阴等也有发达的经济和文化。这些城市在教育、雕版印刷、藏书、科举、文学创作、书法绘画、学术研究、织绣工艺、园林建筑等方面都有突出的成就和广泛的影响。这一时期江苏出现了文学上的吴江派、格调派、虞山诗派、云间词派、娄东派、苏州派、阳羡词派、常州词派(阳湖派)等,学术上的东林学派、朴学、苏州学派(吴学)、常州学派等,艺术上的吴门画派、常州画派、虞山画派等。

清代南京的文化地位也很高，曹雪芹的曾祖父曹寅任江宁织造，世袭三代，长居南京近60年。曹雪芹在南京度过少年时期，《红楼梦》里大观园的原型就是曹家花园。继任江宁织造隋赫德又被抄家，袁枚买下花园，改名“随园”，著有《随园诗话》等书，提出作诗的“性灵说”，产生广泛影响。安徽全椒人吴敬梓，主要在南京活动，写成著名讽刺小说《儒林外史》。浙江兰溪人李渔，出生在苏北如皋，迁居南京，建“芥子园”，发行图书，创作戏曲、小说，其《芥子园》对绘画艺术的普及发挥过深远作用。清代南京的园林艺术也十分有成就，据统计，著名者多达173处。

清代在南京的“江南贡院”，规模居全国之冠。甘熙的“津逮楼”藏书十万册，晚清两江总督端方建立“江南图书馆”，汇集了江南很多藏书楼的精华。书法绘画有“金陵八家”，清初四僧中的石涛、髡残迁居南京。南京云锦是皇家御用，鼎盛时期有三万多台织机。南京还是中国佛学复兴基地。同治五年(1866)，近代佛学研究开山人物杨仁山居士在南京城北鸡笼山麓设“经书局”，后易名“金陵刻经处”。现在南京的中国科举博物馆、南京图书馆、南京大学、东南大学，以及人类非物质文化遗产代表作云锦传统织造技艺和佛经雕版印刷技艺等，都是建立在这一时期的众多文化成就之上的。

苏南许多城市如常州、常熟、宜兴、无锡、吴江、松江、江阴等经济和文化都很发达。这一带在教育、书籍雕印和藏书、书法绘画、学术研究、陶瓷工艺、园林建筑、硬木家具、木刻版画、昆腔等文化领域都有非凡的成就。昆山人顾炎武提倡实学，著有《日知录》《肇域志》《天下郡国利病书》《音学五书》等40多种著作，在史学、文学、音韵学、训诂学、金石学、历史地理学、考据学、哲学等方面都有精深造诣和独特创造。他的“天下兴亡，匹夫有责”的警言影响深远。清代乾隆、嘉庆时期(1736—1820)形成的乾嘉学派代表着清代学术的高峰，其中最具代表性的是吴派、皖派、扬州学派三大家，今人张舜徽的《清代扬州学记》对三家做过评述：“清代学术，以吴学最专，徽学最精，扬州之学最通。无吴、皖之专精，则清学不能盛，无扬州之通学，则清学不能大。”乾嘉学派中，嘉定人钱大昕、王鸣盛和常州人赵翼并称“史学三大家”。还有吴县惠周惕、惠士奇、惠栋祖孙三人开创的吴派也影响深远。钱大昕、王鸣盛都是惠栋的学生，钱氏所著《廿二史考异》《十驾斋养新录》、王氏所著《十七史商榷》、赵翼所著《廿二史札记》都是历史考据学的名著，代表着清代史学的最高水平。金坛人段玉裁著有古文字学巨著《说文解字注》。常州学派则属今文经学，主要研究公羊学。该学派在汉学考据为主流的乾嘉之学中非常独特，以庄存与、庄述祖、刘逢禄等为代表，其学术思想对清末龚自珍、魏源、廖平、康有为、梁启超、谭嗣同等人的思想产生了很大影响。元和人李锐，吴江人王锡阐、孙云球都是清代著名科学家，常熟人郑光祖所著《醒世一斑录》保留了很多科技史料。常熟人钱谦益开创“虞山诗派”，太仓人吴伟业开创“娄东诗派”，宜兴人陈维崧开创“阳羡词派”，松江人陈子龙开创“云间词派”，武进人张惠言开创“常州词派”。长洲人沈德潜提出诗歌的“格调说”。苏州人金圣叹评点《水浒传》，毛宗岗评点《三国演义》，均广为流传。沈复《浮生六记》是著名散文集，其中记载了跟随册封使齐鲲去琉球的经历，非常珍贵。太仓人吴伟业、吴县人李玉，都是著名剧作家。无锡人孙洙编辑出版的《唐诗三百首》，对唐诗的社会传播颇有影响。清代常州出现了“常州诗派”和“常州学派”，赵翼是文学家、史学家，黄景仁、洪亮吉、孙星衍、赵怀玉、杨伦、吕星垣、徐书受合称“毗陵七子”。又有“阳湖文派”，以恽敬、张惠言为代表，与方苞、姚鼐为代表的“桐城派”齐名，推动了晚清的古文复兴。太仓人王时敏、王鉴、王原祁，常熟人王翚是书画家，合称“四王”。又和常熟人吴历、武进人恽寿平，合称“清六家”。王翚开创了“虞山画派”，恽寿平开创了以“没骨画”出名的“常州画派”。苏州桃花坞年画精细秀雅，色彩绚丽，是清代南方最有名的年画产地。还有镇江人张夕庵、顾鹤庆、潘恭寿开创的“京江画派”，师从吴门沈周、文徵明，有一定影响。清代苏州还出现了苏州评弹，风靡江南。

以 1842 年《中英南京条约》签订为标志，中国逐步沦为半殖民地半封建社会。随着西方列强入侵，中国传统农业和手工业经济结构开始松动，以新型商品经济为动力源的经济结构开始形成。1853—1864 年共 11 年间，江苏成为太平军和清军作战的主战场，给南京和扬州等地造成了巨大的破坏，但是，太平天国运动推动了一批政治新兴力量的出现，包括李鸿章、曾国藩、曾国荃、左宗棠、刘坤一、张之洞等，改变了清王朝高层政治和军事力量结构，也推动了中国近代最早的“工业文明”活动——洋务运动的发展。由于便利的水上交通和优厚的地理条件，长江一带首先成为洋务运动的重要基地，长江文化也由此进入以“采西学、制洋器”为核心的洋务时代。这一时期，江苏长江沿岸最引人注目的变化，是以大批军事工业的举办为标志的近代军事文明的诞生。1865 年，李鸿章将苏州洋炮局迁往两江总督所在地南京，改称“金陵制造局”，成为南京第一个近代工业企业。金陵制造局与江南制造局一起，构成了长江下游的军备优势。

洋务运动不仅使长江江苏段的军事、工商业发生了变迁，也给这里的教育带来了深刻的变动。其中，创办了一批新式军事学堂和专门技术学堂，以培养海军人才和专门技术人才。如 1890 年设立于南京的江南水师学堂，成为培养新式海军人才的南方基地。长江江苏段还成为全国教会学校集中的区域之一。在南京，汇文书院、基督书院、益智书院相继设立。苏州等地则设立了博习书院等。此后，教育一直是长江沿线最为生机勃勃的领域。1918 年 8 月，职教社在南京设立中华职业学校，设木工、铁工、珐琅、钮扣四科，并设相应工场，开始了近代职业教育的实践。

明清时期长江流域依托其区域经济的繁荣富庶在文化教育方面走在全国的前列，长江流域稳固地成为全国的文化中心。南京、扬州、苏州等大城市聚集着大批文人学士，各种思想在这里汇聚，传统的与反传统的，保守的与激进的，都活跃在这个舞台上，在这里既培养出一批又一批笃守程朱之道的所谓理学名臣，也涌现了诸如王守仁、黄宗羲、顾炎武、王夫之、惠栋、戴震等思想家。有明一代，进士数量全国前三位的城市中，江苏位列第二。当时众多的文人名士皆活跃于江南地区。江苏清代私人藏书楼有 10 多座，江北地区仅 1 座，其他都在江南。明清两代江苏书坊共有 187 个，江南地区达 176 个，江北地区只有 11 个。明代科举考试江苏一甲共 53 人,其中江南占 47 人;清代江苏一甲 117 人,江南占 98 人。明清时期,江南重要科技人员达 507 人,江北地区合计仅 98 人。这些数据明显反映出江苏长江以北区域的文化严重落后于苏南地区。

明清时期江苏长江沿线水灾也较为频繁,防洪排涝已经成为治江的主要问题。长江下游沿江各县历代修建了一些江堤,其中自常熟至太仓的江堤被称为"江南海塘"。清代末年,为了控制黄、淮、运入江的水量,修建了"归江十坝",实际也是江堤。此时,治江的重点在南北运河与长江交界处,江南的镇江、江北的瓜洲,都是治江的重要对象。

(六) 近代民族工商业的摇篮与革命文化的重地

到了清末,鸦片战争中清政府战败,《南京条约》签订于长江南京段的江面之上,长江流域也成为被迫接受帝国主义及西方工业文化挑战并率先做出积极探索的区域。此后,江苏长江一线成为引领我国近代化发展的重要区域:从镇江等长江城市开埠,到沿线城市争先开埠;从喊出"师夷长技以制夷"到对"洋务运动""维新运动"的参与;再到亚洲第一个资产阶级共和国"中华民国"的建立等,工业文明、教育变革、思想创新等成为这一时期江苏长江一线的主要文化特征。津浦铁路和宁沪铁路建成后,在南京滨江地区崛起了下关和浦口两个铁路港口城区,至今浦口火车站、铁路轮渡桥、首都电厂、中山码头等旧址还矗立在江边。

近代,江苏长江沿线南通、无锡两座城市的崛起是重要的文化事件。无锡本是长江畔的重要"米市"中心,鸦片战争后,随着上海 1843 年开埠,无锡有一批人士在上海获得近代实业经验,返身回到无锡创办民族工商企业。如 1895 年杨宗濂、杨宗瀚兄弟创办业勤纱厂;荣宗敬、荣德生兄弟,薛南溟父子,周舜卿等先后建立面粉、缫丝、纺织企业。到清末的 1911 年,无锡已经拥有 12 个近代民族工业企业。无锡还成长为丝茧中心市场和金融业初步发达的"放款码头"。无锡企业家们也热心于教育、文化等公共事业,如荣德生从 1906 年开始创办小学,后来发展到创办中学和大学以及公共图书馆。有的企业家或士绅投资兴办公共园

长江北岸浦口火车站旧址

林，如杨翰西开发“鼋头渚”，王禹卿建设“蠡园”等。一些杰出的人才在此创新环境中得以成长。

南通从清末的1896年开始，由状元张謇主导，开启了产业、城市与区域社会及文化等各方面的近代化历程。1899年，张謇在南通北部唐闸创建以大机器生产方式为主的“大生纱厂”，又逐渐发展成为大生资本集团，产业涉及轻工、机械、电气、交通、食品、盐业、印刷出版、城市建设等多个领域；以棉纺业及棉花种植业为核心的产业链延伸到整个南通及今盐城、连云港等沿海地区；同时，张謇先后主持创办了通州师范学校、南通医学专门学校、南通纺织专门学校、中国图书公司、南通博物苑等，使南通的文化教育事业走在全国前列；光绪三十一年(1905)，南通工商集团还支持镇江名士马相伯创办了上海的复旦大学。在张謇先生一系列产业和事业的推动下，南通城市及区域迅速走向近代化，以至学界誉其为“中国近代第一城”，传统的江海文化一跃成为长江入海区的领先发展文化。

张謇先生创办的中国第一个综合性公共博物馆——南通博物苑

1912 年 1 月 1 日，伟大的革命先驱、中华民国临时政府大总统孙中山先生在江苏南京宣布推翻中国自秦代以来延续 2000 多年的专制政体，建立新型的中华民国。这是东亚地区第一个资产阶级性质的政府，标志着国家的新生和中国历史的重大转折。

孙中山先生在《建国方略》中指出："南京为中国古都在北京之前，而其位置乃在一美善之地区。其地有高山，有深水，有平原，此三种天工钟毓一处，在世界之大都市诚难觅如此佳境也。而又恰居长江下游两岸最丰富区域之中心……当夫长江流域东区富源得有正当开发之时，南京将来发达未可限量也。"①他对南京的独特地位和未来发展寄予无限的期望。

民国前期，江苏长江沿线的无锡、南通、苏州、常州、南京等地已成为中国工

---

① 《孙中山全集》第一卷，人民出版社，2015 年。

业经济中心和产业工人人数最多的地域，这里远离北洋军阀政治中心，政治环境相对宽松，知识分子思想活跃，社会风尚领先。有国外学者指出：“民国初期的南京还是个相对安静、不甚引人注目的城市，到了30年代，国民政府已建都南京，长江中下游地区是蒋介石政府的政治和经济基地，国民政府将南京作为国民政府的象征，意欲将南京建成世界一流的城市，与西方的强国首都巴黎、伦敦、华盛顿比一高低。”①

在中国共产党发展史上，长江江苏段同样见证了很多重要的历史时刻。1921年，中国共产党在当时隶属于江苏的上海成立，很快党组织在南京、苏州、无锡等地相继建立，开展了轰轰烈烈的大革命斗争。在抗日战争和解放战争时期，苏北和苏南沿江一带是重要的革命斗争地，是新四军抗日的前沿阵地。

许多革命英烈牺牲的地方——南京雨花台

① Zwia Lipkin, Useless to the State: Social Problems and Social Engineering in Nationalist Nanjing, 1927—1937, Harvard University Asia Center, 2006，转引自卢汉超：《美国的中国城市史研究》，《清华大学学报(哲学社会科学版)》2008年第1期。

1949 年发起的渡江战役中，解放军从泰州到南京的长江一线谱写了“百万雄师过大江”的历史鸿篇，并在江畔的泰州白马庙建立了新中国第一支海军。这个时期，江苏长江两岸也为中国共产党和人民军队奉献了一批优秀儿女，有周恩来、瞿秋白、张闻天、恽代英、张太雷、秦邦宪、王荷波、江上青、朱瑞、陆定一、潘汉年等。还有数以万计的革命烈士为了人民解放和国家新生而在江苏土地上英勇牺牲，他们以鲜血铸造了永生的伟大民族精神。

（七）新中国成立以来社会主义先进文化的蓬勃发展

从上古到现代，江苏特别是其沿江地区的发展繁荣，始终与长江附带的航运功能、水利价值密不可分。特别是 1952 年底恢复建省以来，江苏的建设与发展更加离不开长江，两岸人民兴水利、除水害，北引江水，筑堤防洪，建闸调控，疏堵结合，创造了大量的水利遗存和生态景观，是社会主义建设时期长江治理与发展的重要见证。同时，在党和政府的领导下，江苏人民把在长期治理长江的实践中所形成的治水思想、治水文化与优越的社会主义制度结合起来，创造了长江水利建设的新辉煌，也促进了长江文化的新发展。

基于江苏沿江区域一直以来都是农业高产区和人口密集带，江苏长江沿岸不仅成为省内最先发展近现代工业的地带，更是近代中国工业的重要发祥地之一。1952 年以来，长江江苏段沿线城市工业实现了跨越式发展。从 1953 年南京无线电厂生产出第一台全国产化红星牌五灯电子管收音机，到 1955 年南京电信修配厂研制生产出全国第一台移动式远程警戒雷达，以及紫金山天文台采用南京教学仪器厂制造的 60 厘米天文望远镜观测到一颗名为“紫金一号”的新行星，再到 1959 年南京无线电厂试制生产出的熊猫牌收音、电唱、录音三用落地式特级机，达到国际同类产品先进水平，1964 年南京天文仪器厂研制出全国首台大型折反射天文望远镜等，都是这一跨越式发展历史的重要实证。值得注意的是，1968 年，由中国人自行设计和建造的第一座双线双层铁路、公路两用桥——南京长江大桥，不仅使长江天堑变通途，更集中展现了江苏工业的发展成就。

长江江苏段沿线广泛分布的乡镇企业也是江苏长江文化的一大特色。1956年以后,以江阴的华西村和沙洲(今张家港)的永联村、长江村等为代表,社队乡镇企业不断涌现,“围绕农业办工业、办好工业促农业”和“以副养农、以工补农”的模式在苏南乡村地区兴起,继而向全省推广,形成“以工保农、以工建农”“工农互补”“村企挂钩”“城乡南北合作”的良性循环,以及以工业化致富农民、以城镇化带动农村、以产业化提升农业的新发展格局。改革开放40多年来,尤其是“十三五”以来,江苏沿江地区更是积极探索,不断进取,在全国首先提出建设特色田园乡村,引导“城尾乡头”的小城镇地区集聚、集约和多元化发展,不仅促进了城乡融合,也推动了乡村振兴战略的实施。近年来,在国家长江经济带战略和长三角一体化发展战略引领下,江苏长江段已经成为“五位一体”现代化建设的核心地带,也成为江苏践行“一带一路”倡议的率先发展地带,成为中国式现代化实践的中心地带。

二、长江江苏段沿线
主要史前考古学文化遗址

长江江苏段沿线文化深厚,保存了大量珍贵的文化遗产,其中包括长江文化起源期的重要史前文化遗存。史前考古学文化遗址主要包括旧石器时代和新石器时代的文化遗址。这些遗址从不同角度见证了史前长江江苏段沿线社会、经济和文化发展的各个方面。

(一)旧石器时代文化遗存

据最新的研究[①]统计,长江江苏段沿线已发现确切的古人类和旧石器地点20多处,主要分布于宁镇地区和太湖流域的低山丘陵近水地区,常州、南京、苏州、扬州、镇江等地都有发现。20世纪90年代以来,南京汤山直立人化石地点、苏南旧石器地点群等的新发现,放牛山等古人类和旧石器遗址、地点的相继发掘和研究,使长江江苏段沿线古人类和旧石器文化的发展序列和面貌逐渐清晰。其中,南京直立人的年代与和县直立人相当。句容放牛山的数十件石器大多出

① 房迎三、沈冠军:《江苏旧石器时代考古20年回顾》,《东南文化》2010年第6期。

土于属中更新统上部的下蜀组下部，年代为距今30万年左右。[①]

长江江苏段旧石器时代晚期文化遗存主要有镇江莲花洞发现的晚期智人化石，吴县三山岛的旧石器时代晚期后段的石器地点。

长江江苏段的旧石器时代文化，在时代上西段早于东段，可能反映了早期人类在长江沿线是由西向东迁徙、扩散的过程。

长江江苏段沿线主要旧石器地点、分期及出土物

旧石器地点	分布地区	时代分期	出土物
南京猿人洞	南京市江宁区	旧石器时代早期	人类化石、动物化石
地庵	南京市浦口区	旧石器时代早期	石制品
高楼	南京市浦口区	旧石器时代早期	石制品
勒马	南京市浦口区	旧石器时代早期	石制品
胜利	南京市浦口区	旧石器时代早期	石制品
五七	南京市浦口区	旧石器时代早期	石制品
新新砖厂	南京市六合区	旧石器时代早期	石制品
陈塘庙	镇江句容市	旧石器时代早期	石制品
放牛山	镇江句容市	旧石器时代早期	石制品
塔子塘	镇江句容市	旧石器时代早期	石制品
湾码头	镇江市丹徒区	旧石器时代早期	石制品
东沟	常州市金坛区	旧石器时代早期	石制品
东窑	常州市金坛区	旧石器时代早期	石制品
丽东	常州市金坛区	旧石器时代早期	石制品
曙光	常州市金坛区	旧石器时代早期	石制品
上水	常州市金坛区	旧石器时代早期	石制品
和尚墩	常州市金坛区	旧石器时代早期	石制品

① 房迎三、周恒明:《江苏发现旧石器时代早期石器地点——遗址系露天类型旧石器地点为江苏最早旧石器文化》,《中国文物报》2000年1月26日。

续表

旧石器地点	分布地区	时代分期	出土物
九龄	无锡宜兴市	旧石器时代早期	石制品
莲花洞	镇江市润州区	旧石器时代中期	石制品、人类化石、动物化石
三山岛	苏州市吴中区	旧石器时代晚期	石制品

(二)新石器时代文化遗存

长江江苏段沿线的新石器时代文化遗存主要分布在江淮东部地区、宁镇地区、太湖流域。江淮东部地区的新石器时代文化遗存包括在废黄河南岸的阜宁陆庄和梨园,淮安青莲岗、茭菱集等遗址;在长江北岸(今扬通古沙堤的北缘)的海安青墩和吉家墩、东台开庄等遗址;在高邮湖以东的高邮龙虬庄、唐王墩、周邶墩,兴化南荡王家舍等遗址。

宁镇地区的新石器时代文化遗址主要包括南京、镇江地区发现的遗址。南京地区经发掘的新石器时代遗址主要有南京市内的北阴阳营、南京南郊的太岗寺、江宁区昝庙等,以北阴阳营下层文化遗存为代表的文化可称为“北阴阳营文化”或“北阴阳营下层文化”,昝庙下层晚于北阴阳营下层,昝庙二期和太湖流域的良渚文化时代相当。

镇江四脚墩(1991),金坛三星村(该遗址 1993—1998 年进行 6 次发掘),高淳朝墩头(1989)、薛城(1997)等遗址的发掘资料,反映了宁镇地区新石器时代文化的多样性与复杂性。三星村遗址位于宁镇地区和太湖流域的交界地带,其文化内涵既含有太湖流域的文化因素,又含有宁镇地区的文化因素,还具有自身文化特征。朝墩头遗址的文化遗存既受到太湖流域良渚文化的影响,又受到黄河流域龙山文化的影响。薛城遗址上层为一氏族墓地,年代相当于北阴阳营文化;下层为一处居住址,年代相当于马家浜文化中晚期;其文化内涵中既具有宁镇地区的北阴阳营文化因素,又具有太湖流域马家浜文化因素,同时具有来自淮河流域的文化因素。三星村遗址还出土大量炭化稻。

太湖流域的新石器时代文化序列包括前后相承袭的马家浜文化(包括太湖西岸的骆驼墩文化类型)、崧泽文化、良渚文化。近 30 多年来,在太湖流域和宁镇东部发掘了张家港东山村(1989、1990),苏州广福村(1996),常州圩墩村(1992)、乌墩(1992、1993),丹阳三城巷(1993)、凤凰山(1989)等马家浜文化和崧泽文化遗址,为马家浜文化和崧泽文化的深入研究提供了资料支撑。东山村遗址的文化内涵时代跨度较大,马家浜文化遗存和崧泽文化遗存紧密衔接,对这两种文化的分期具有重要意义。常州乌墩、丹阳三城巷和凤凰山三处遗址地处太湖地区西部和宁镇地区东部,其文化遗存受到宁镇地区新石器文化的影响,对文化的区系、类型研究具有一定意义。还在太湖流域发掘昆山赵陵山(1990、1991、1995)、少卿山(1997)、绰墩(1998、1999),江阴高城墩(1999、2000),苏州龙南(1991、1997),常熟罗墩(1992、1993),常州寺墩(1993、1994)等一批良渚文化遗址,这些遗址的系列重大发现有力证明了江苏长江以南是良渚文化的中心区域之一,对于探索长江江苏段沿线的地域文明起源具有重要意义。

张家港东山村遗址出土的"钥匙形器"

张家港东山村遗址出土的大玉璜

长江江苏段以宁镇山脉为中心地带的长江两岸有一种以几何印纹陶和磨制石器为特征的湖熟文化,曾一度将其归属为新石器时代晚期文化,后来在湖熟文化遗址中发现铜器,故将这类文化遗存归属青铜时代。太湖流域相当于湖熟文化阶段的文化遗存为马桥文化,上海马桥遗址马桥文化遗存压在良渚文化地层之上,说明马桥文化晚于良渚文化。马桥文化相当于夏商时期。

综上所述可知,长江江苏段沿线史前考古学文化遗址呈现一定的特征:一是多元文化汇聚。史前时期的长江江苏段北与以山东为腹地的海岱文化圈为邻，南与以太湖、杭嘉湖地区为腹地的太湖流域文化圈交错，西接以安徽东南为腹地的淮河流域文化圈，形成大汶口文化与崧泽—良渚文化的进退共存，与江淮流域薛家岗文化的互动等文化动态格局，使多元文化在此汇聚与流动，并带来先进技术的传播，如栽培水稻、纺织、制陶、玉器加工技术等。二是本土特色文化在多文化碰撞中的生存。尽管南北文化圈在此拉锯，薛家岗文化向东挤压，但本土特色文化仍以文化"孤岛"的形式生存着，包括龙虬庄文化、北阴阳营文化、三星村文化等，均具地方特色。三是本土社会复杂化起步早、程度高。如早在马家浜、崧泽文化时期，就出现华东地区最大、最豪华的墓葬，社会经济发展水平之高、社会复杂化程度之高均超出学界以往的认知。四是本土社会经济基础极有可能是商品经济。如丁沙地遗址作为良诸文化时代的玉器制作地，表明当时可能在沿江形成石器与玉器贸易圈。此外，分布在长江江苏段沿线的这些古文化遗址对于认识史前长江下游经济、社会、族群等发展历史也具有重要的价值。

常州三星村遗址出土骨板

长江江苏段沿线主要新石器时代至青铜时代文化遗址分期与分布一览表

考古学文化	遗址	年代	分期	分布
马家浜文化	江苏吴江梅堰、吴县草鞋山，常州圩墩、武进潘家塘等	距今 7000 年左右	分为三期	以太湖流域为其中心地区，其影响南到杭州湾以南，北达江淮地区，西抵宁镇地区

续表

考古学文化	遗址	年代	分期	分布
崧泽文化	江苏吴县草鞋山、张陵山，苏州越城，武进圩墩等	距今5900～5200年	分为三期	以太湖流域为其分布的中心地区，但其文化因素的传播范围稍大于马家浜文化，传播范围北到江淮东部地区，南到杭州湾以南，西北到皖西地区
良渚文化	江苏吴江龙南遗址，溧阳洋渚遗址等	距今5300～4000年	分为早、中、晚三期	分布的中心地区为太湖流域，而以太湖流域的南部、东部和东北部遗址分布最为密集
马桥文化	昆山荣庄、吴县澄湖、苏州越城、横塘星火，吴江刘家浜、彭家里遗址，常熟钱底巷遗址等	距今3730±150年	一期	江苏境内主要分布于长江下游太湖平原
北阴阳营文化	南京市内的北阴阳营，南京南郊的太岗寺，南京市江宁区昝庙等	距今6000～5000年	分为四期	以宁镇地区的长江两岸为其中心地区，其文化因素的渗透范围，西北抵达大别山以南的鄂皖接壤的薛家岗文化，东北则到江淮东部的苏北淮安青莲岗文化遗存，南则渗透到苏南金坛的三星村文化遗存中
薛家岗文化	安徽太湖王家墩	距今6000～5000年	分为四期	大别山以南的长江以北地区，皖浙流域是该文化分布的中心地区

续表

考古学文化	遗址	年代	分期	分布
薛城文化	薛城遗址	距今6000多年	分为早、中、晚三期	石臼湖南岸
三星村文化	三星村遗址	距今6500年	分为两期	苏南长荡湖以西、茅山山脉以东，北邻宁镇山脉地带，东南邻近太湖流域
磨盘墩文化	丹徒磨盘墩遗址	约公元前3000年	分为两期	宁镇山脉东端的北侧的长江南岸，西距江苏镇江市28公里，北距长江约550米
点将台文化	南京安怀村遗址、太岗寺遗址	公元前2100～前1700年	分为早、中、晚三期	分布于宁镇地区
湖熟文化	以北阴阳营遗址、城头山遗址、点将台遗址、昝庙遗址、团山遗址、甘草山遗址等为代表	早期公元前1540±90年；晚期公元前1195±105年	分为早、晚两期	主要分布在宁镇地区和皖南东部，东至茅山山脉，西至九华山山脉，南至黄山、天目山脉，北至长江。其中，沿江分布区从高资到大港一带
龙虬庄文化	高邮龙虬庄和唐王墩，兴化王家舍，淮安青莲岗，东台开庄等	距今7000～5500年	分为三期	洪泽湖、高邮湖以东，扬州至海安一线以北的江淮地区
青墩文化	江苏海安青墩、吉家墩	至少距今5500年	分为早、中、晚三期	江淮东部地区的南部
岳石文化	扬州高邮周邶墩遗址，镇江马迹山遗址	公元前1890～前1670年	分为四期	主要分布在苏北地区

续表

考古学文化	遗址	年代	分期	分布
吴文化	句容城头山遗址、白蟒台遗址，丹徒断山墩遗址。团山遗址，仪征甘草山遗址，丹阳凤凰山遗址，南京锁金村遗址、江浦曹王塍子遗址、蒋城子遗址等	公元前1000～前473年	分为四期	江苏境内分布于宁镇地区、太湖地区的西缘，北到长江以北的蜀冈丘陵区，直抵江淮一带

三、长江江苏段沿线历史文化名城名镇名村与街区

(一) 长江是江苏城镇兴起和发展的重点区域之一

就城镇形成与发展的空间布局而言，“城市是历史发展的产物，各个时代的城市，当然都出现在对当时起作用的各种复合因素相互影响的交错点上。”[①]中国历史上各级城镇的形成与发展，是对自然、交通、人类政治经济活动等各种因素及时空变迁优化选择的结果，城镇地址一旦选择确定，具有较高的稳定性和历史传承性，有的甚至千年不变。今江苏省省域范围内自然地理环境发生过诸多重大变化，对政区的设置和城镇的空间分布产生过重要影响，但最基本的影响因素是河流、湖泊和海洋等水体，即早期城镇沿河(特别是运河)、湖(太湖等)分布，六朝以后扩展到沿江，建康(南京)、京口(镇江)等城市升级，唐宋以后沿江陆地扩大，南通等地成陆，捍海堤筑成，范公堤以西得到稳定发展。金、元以后黄河改道，范公堤以东海洋淤积成陆，明清至民国迄新中国，沿海、沿江、沿湖县级城镇有了较大发展，江苏城镇格局形成“三沿”即沿河(长江、大运河)、沿湖、沿海的空

---

① 〔日〕斯波义信:《宋都杭州的城市生态》,《历史地理学读本》,北京大学出版社,2006 年。

间布局,其中沿江呈线型分布是古代江苏城镇空间布局的主流之一。

江苏长江沿线城市的形成,大约在商周时期,目前已在姜堰天目山[①]、江阴花山[②]、丹阳珥陵[③]、常州武进湖塘[④]等长江沿线发现了一批时代相当于西周时期的古城址。在江南秦淮河流域,虽然还没有发现这一时期的城址,但分布在该流域的商至西周时期的聚落遗址星罗棋布,数量众多[⑤],表明商代后期至西周早期,长江江苏段以南地区也已经进入初期的“城市文明”时代。

春秋战国之际,由于邗沟和江南运河的开通,从太湖过长江,经邗沟可直达淮河,进入泗水、沂水,整个江苏境内的水系基本上沟通起来。江苏城镇的兴起和发展出现了由运河沟通长江水系沿线分布的特色。

西周至春秋早期,江苏长江沿线先后出现干国(扬州境内)、宜国(镇江境内)、吴国(无锡和苏州境内)等诸多小国,这些小国都应有自己的中心城市,城市的文化辐射力主要在面积不大的国土范围内(有些小国的国土范围还不及现在一县之地)。影响力最大的国家是长江以南的吴国。吴国虽立国于商代末年,但大约到春秋中期吴王寿梦[⑥]在位时期(前 585—前 561)才真正开始崛起,城邑开始增多。春秋时期,立国于太湖平原的吴文化表现出强劲的发展态势,吴国军队不仅在今南京的江南地区建立了城市(濑渚邑)[⑦],而且跨过长江,消灭了小国“干国”[⑧](今扬州和仪征境内),也在今南京江北地区建立了据点(今六合程桥发现过吴国贵族墓群)[⑨]。随着吴国的强大,其城市布局和建设日趋完善。实际

---

① 南京博物院等:《江苏姜堰天目山西周城址发掘报告》,《考古学报》2009 年第 1 期。

② 江苏花山遗址联合考古队:《江阴花山夏商文化遗址》,《东南文化》2001 年第 9 期。

③ 南京博物院等:《江苏丹阳葛城遗址考古勘探与发掘简报》,《东南文化》2010 年第 5 期。

④ 南京博物院、常州博物馆等:《淹城——1958—2000 年考古发掘报告》,科学出版社,2014 年。

⑤ 曾昭燏、尹焕章:《试论湖熟文化》,《考古学报》1959 年第 4 期。

⑥ 《史记》卷三一《吴太伯世家》。

⑦ 濑渚邑(固城)在今南京高淳区境,见马伯伦主编:《南京建置志》,海天出版社,1994 年。

⑧ 宋镇豪:《商周干国考》,《东南文化》1993 年第 5 期。

⑨ 江苏省文物管理委员会、南京博物院:《江苏六合程桥东周墓》,《考古》1965 年第 3 期;南京博物院:《江苏六合程桥二号东周墓》,《考古》1974 年第 2 期;南京市博物馆等:《江苏六合程桥东周三号墓》,《东南文化》1991 年第 1 期。另参见贺云翱:《吴国城市建设述略》,载贺云翱著《历史与文化》,中国人事出版社,1996 年。

上，在公元前 306 年越国被楚国消灭之前，吴都成为整个东南地区最有地位和影响力的城市，其辐射力北达鲁南，西到皖江，南迄浙闽，实际覆盖了长江三角洲的大部分地区，进一步推动了古代长三角地区的文化一体化。后吴国将都城从无锡和常州一带东迁至吴，从此在太湖流域出现了一个经久不衰的名城苏州。从城市空间影响力而言，这是无锡、常州和苏州显得最为重要的一个时期，其时间长达 200 多年，它奠立了苏、锡、常一带“吴文化”或“吴越文化”的深厚基础，也成为这些城市永远值得回味、记取和弘扬的文化之光。

泰伯庙和墓

除古国之外，先秦时期江苏还有一些城邑也是沿江建立的。如：延陵，有说即今常州武进东南淹城遗址，为吴公子季札封地，西汉改名毗陵。云阳邑，春秋吴地，故治在今镇江丹阳市。朱方县，治所在今镇江市丹徒区东南，《春秋》中有朱方，《史记·吴太伯世家》：“吴予庆封朱方之县，以为奉邑”，秦汉时为丹徒县。

南武城,春秋吴地,西汉属娄县,在今昆山西北。邗城,春秋吴城,在今扬州西北,邗沟以此为起点,是沟通南北的中枢,吴灭干国后所建等①。至战国时期,还出现广陵邑(今扬州蜀冈上)、金陵邑(在南京西北石头山上,楚设置)等。这些均在长江沿线。

先秦时期长江江苏段沿线主要古国古城分布表②

县(市)及分布	名称	数量(座)
古国	吴国	1
古城	云阳、朱方、延陵、南武城、邗城	5

秦朝以后,江苏进入郡县制时代,此后无论政区如何变化,以县为基本政区的结构未有改变。江苏长江沿线均有不同数量的郡、县分布。其中会稽(今苏州)逐步发展成东南一大都会。据相关数据资料统计:秦朝时江苏境域共设 22 个县,长江沿线的县有 10 个;西汉时,江苏境域 57 个县,长江沿线的县有 18 个;东汉时,江苏境域 48 个县,长江沿线的有 19 个;西晋时,江苏境域 45 个县,长江沿线的有 17 个;隋朝时,江苏境域 36 个县,长江沿线的有 17 个;唐朝时,江苏境域 41 县,长江沿线的有 25 个。其中隋唐时期江苏太湖流域城镇逐步形成体系。县级城镇数量虽不及两晋南北朝时期,但城镇规模和经济实力不断向更高层次演进,苏、常均升为州治中心。其中,苏州位于太湖、三江、江南运河的交汇之处,是太湖水网的中心,其城市选址优良,2000 多年来城址没有发生大的变化。尤其是其经济影响已跨越州府范围,成为太湖流域超地域城市。据《大唐国要图》载,唐朝政府每年自两浙院共收税额 6650000 贯,其中苏州场为 1050000 贯,占总数的15.79%。③可见,苏州税额在唐代政府财政收入中所占比例之大。可以说,至此,江苏太湖流域城市初步形成了以苏州为第一层次,常州等州府治所为

---

① 贺云翱:《吴国城市建设述略》,载贺云翱著《历史与文化》,中国人事出版社,1996 年。

② 根据《江苏省志 · 地理志》(江苏古籍出版社 1999 年版)资料整理。

③ 《吴郡志》卷 1《户口税租》下引。

第二层次，县治所在地为第三层次的体系。

北宋时，江苏境域47个县中，长江沿线的有31个。元朝时，江苏境域48个县中，长江沿线的有32个。其中，南宋至元代江苏太湖流域市镇发展较北宋时期更为迅速，其市镇数量仅次于位居太湖流域之首的浙江。①

宋代至元代江苏太湖流域市镇数量与其他省市比较表②

	北宋		南宋至元代	
	市镇数量	市镇密度(个/1000平方公里)	市镇数量	市镇密度(个/1000平方公里)
浙江	33	2.12	70	4.49
江苏	33	1.93	55	3.22
上海	11	2.62	41	9.76
合计	77		166	

明朝时，江苏境域46个县中，长江沿线的有32个。清朝，江苏境域58个县中，长江沿线的有42个。其中，明清时期太湖流域再次形成以苏州为主导的城市体系。同时，常州、太仓等长江沿线城市相继升为州府之所，一批县镇也向城市规模递进。苏州成为超地域大城市，属城市体系中的第一层次。自此，城市体系由三个层次跃升为四个层次，即州府治所为第二层次，县治所为第三层次，市镇为第四层次。且在清代，长江江苏段沿线人口猛增，使特大城市的衡量标准也发生变化。有学者以拥有人口300万以上的城市为特大城市，100万～300万为大城市，100万以下的为中小城市。③

① 魏嵩山：《太湖流域开发探源》229页，江西教育出版社，1993年。

② 魏嵩山：《太湖流域开发探源》229页，江西教育出版社，1993年。

③ 邓祖涛：《长江流域城市空间结构演变规律及机理研究》，南京师范大学博士学位论文，2006年。

清代长江江苏段沿线城市等级分布表

标准	城市名称
300万以上	苏州府、常州府
100万～300万	江宁府、镇江府、太仓直隶州

清末以后,太湖流域城市体系则转换成以上海为主导。民国二十六年(1937),江苏境域50个县中,长江沿线的有31个。1983年,江苏64个县中,长江沿线的有37个。

江苏太湖流域历代城镇体系分布表

	隋唐时期	南宋时期	明清时期	清末及以后
中心城市	苏州		苏州	上海
次中心城市	杭州、常州	苏州、常州	常州、太仓	苏州、无锡、常州
地方城市(代表)	无锡等	无锡、常熟等	无锡、常熟、江阴等	江阴、昆山、常熟、宜兴等
市镇(代表)		望亭镇等	盛泽镇、高桥镇等	青阳镇、浏河镇等

江苏境内不同历史时期置县一览表[①]

时期	江淮之间	长江以南	合计(座)
秦朝	广陵、堂邑	秣陵、江乘、丹阳、曲阿、丹徒、娄、吴、阳羡	10
西汉	堂邑、平安、高邮、广陵、江都	江乘、秣陵、句容、胡孰(侯国)、丹阳、溧阳、丹徒、曲阿、毗陵、阳羡、无锡、娄、吴	18

① 王健:《大运河与江苏古代城市空间分布》,《江苏地方志》2021年第3期。

续表

时期	江淮之间	长江以南	合计(座)
东汉	广陵、江都、舆(侯国)、堂邑、高邮、平安	江乘、湖熟、句容、秣陵、丹阳、溧阳、丹徒、曲阿、毗陵、无锡、吴、娄、阳羡	19
西晋	堂邑、广陵、舆、高邮	建邺、句容、秣陵、丹阳、永世、丹徒、曲阿、毗陵、既阳、无锡、吴、娄、阳羡	17
隋	江阳、江都、六合、高邮、安宜	江宁、溧水、晋陵、江阴、无锡、义兴、吴、常熟、昆山、句容、延陵、曲阿	17
唐	江都、六合、扬子、江阳、高邮、海陵、海安、安宜	江宁、丹徒、句容、曲阿、延陵、金坛、武进、晋陵、无锡、江阴、义兴、吴、常熟、长洲、昆山、溧阳、溧水	25
北宋	江都、扬子、六合、海陵、兴化、泰兴、如皋、高邮、通州、静海、海门、利丰监、宝应	江宁、上元、溧水、溧阳、句容、丹徒、丹阳、金坛、武进、晋陵、江阴、宜兴、无锡、常熟、长洲、吴、吴江、昆山	31
元	六合、真州、扬子、江都、泰州、海陵、如皋、通州、静海、海门、泰兴、宝应、高邮、兴化	江宁、上元、句容、溧水州、溧阳州、丹徒、丹阳、金坛、武进、晋陵、宜兴州、无锡州、常熟州、长洲、吴、吴江、昆山、江阴州	32
明	江都、仪真、宝应、高邮州、兴化、泰州、如皋、泰兴、通州、海门、六合、江浦	江宁、上元、溧水、溧阳、句容、高淳、丹徒、丹阳、金坛、靖江、武进、江阴、无锡、宜兴、常熟、吴、长洲、吴江、昆山、太仓州	32
清	江都、甘泉、仪征、高邮州、兴化、宝应、泰州、东台、如皋、泰兴、江浦、六合、靖江	上元、江宁、句容、溧水、高淳、丹徒、丹阳、金坛、溧阳、太平、武进、阳湖、无锡、金匮、江阴、宜兴、荆溪、吴、长洲、元和、昆山、新阳、常熟、昭文、吴江、震泽、太湖、靖湖厅、镇洋	42

续表

时期	江淮之间	长江以南	合计(座)
中华民国二十六年(1937)	宝应、兴化、江都、泰、江浦、六合、仪征、高邮、泰兴、南通、海门、启东、如皋、靖江	江宁、句容、溧水、溧阳、丹阳、金坛、镇江、宜兴、扬中、无锡、武进、江阴、常熟、太仓、昆山、吴、吴江	31
中华人民共和国	泰州、兴化、宝应、高邮、邗江、江都、泰、泰兴、仪征、靖江、南通、海门、启东、如皋、如东、海安、六合、江浦	江宁、溧水、高淳、丹徒、丹阳、扬中、句容、武进、金坛、溧阳、无锡、江阴、宜兴、常熟、吴、吴江、沙洲、太仓、昆山	37
备注	表格中仅统计了统一时期,分裂时期因政区设置混乱、变化复杂,不计入统计;统计范围以现在江苏境内为准,古代属于江苏今已不在江苏境内的政区不统计		

综上可知:(1)在漫长的历史时期,长江沿线城镇数量一直占江苏城镇数量的一半左右,最高超过70%,最少也占30%多,数量占江苏城镇数量的大部分。今天的13个设区市中,有8个分布在长江沿线。江苏城镇的兴起和发展以及经济、文化的重心与长江关系密切。首先,江苏传统的三大自然人文区域江南、江淮、淮北的重心中,两大重心与长江关系不可分割。其次,江苏的金陵古都(南京)、淮扬(扬州等)、吴地、江海等几大特色文化圈均在长江沿线。再次,江苏省现在确定的南京、苏锡常、徐州三大都市圈中,南京、苏锡常都市圈的中心与长江密不可分。(2)江苏长江沿线城镇分布空间和密度不断提升。明清以后,随着江苏土地面积扩展和沿江开发程度加深,长江沿线城镇比重有所上升,由秦朝的45%上升到清代的72%,长江流域开发水平不断提高。(3)从区域上看,除清朝析分苏州诸县造成江南城市数量增幅过大外,长江沿线城镇数量较稳定。从时代上看,北宋以后,长江沿线城镇比重上升,特别是明清时期发展最快。其发展标志主要表现在:一是长江沿线大城市实

力增强，如明清时期的苏州成为国内重要的经济性中心城市，近代的无锡兴起；二是江南县级以下市镇兴起，小城镇大量分布在长江沿线，反映长江沿线经济、文化实力的进一步发展，市镇超过县城，如震泽、平望、周庄等著名市镇富可比县。

今保留在长江江苏段沿线的城址较多，包括邗城城址、广陵城遗址、淹城遗址、留城城址、胥城城址、佘城遗址、阖闾城遗址、越城遗址、吴城遗址、镇江古城墙遗址、扬州城遗址、下马桥遗迹、北极阁城墙遗址、支塘城址、通州故城、盘门遗址、浦口故城、六合城遗址、如皋故城、归家城址、常熟故城等，年代涉及青铜时代至宋元明清时期。其中先秦时期的古城址主要分布在吴国疆域内，包括淹城、胥城、留城、阖闾城、邗城、吴大城、吴城、越城等。吴国城址具有城池相依、因地制宜、有发达水路交通等特点。都城和封邑一般有 3 道城垣，如常州武进淹城遗址；县城和邑城则为两道城垣或一道城垣，如无锡的阖闾城遗址。

江阴佘城夏商遗址

江苏长江沿线先秦时期主要古城址情况表

古城址名称	地址	基本规模	备注
淹城	常州市武进区境内,地处滆湖东北约5公里,西北距市区约7公里	城东西长约850米,南北宽约750米,总面积约65万平方米	是我国目前保存最完整的春秋时期的城址
胥城	常州市武进区马杭镇东南的上店村	城垣东西相距80米,南北相距60米,总面积约5000平方米	南、西、北三面城垣基本保存完好,未见东城垣
留城	常州市武进区湖塘镇何留村,东北距胥城10里,西南距淹城5里	呈方形,周长500米左右,总面积约11000平方米	
阖闾城	常州市武进区、无锡两地交界之处	城址东面长约1300米,南北宽约800米,总面积为100万平方米	
固城	南京市高淳区淳溪街道东南约10公里处的固城湖北岸固城镇东新建村	平面呈长方形,有内外两重城垣,呈长方形制,称子罗城,子城东西长约200米,南北宽约120米;罗城东西长约1000米,南北宽约800米,总面积约80万平方米	
邗城	扬州市区西北蜀冈南沿的尾闾上,依冈而建	有内外两重城垣,平面略呈长方形,内城垣南北长1400米,东西宽1100米,周长约5000米;外城垣南北长1600米,东西宽1400米,周长约6000米	泥土夯筑的残壁断垣隐约可见
朱方城	镇江市京口区谏壁街道和丹徒镇一带的低山丘陵内		
云阳城	镇江丹阳市延陵镇西35里处,与句容市地界接壤,东西城相去七里,并在渎南。二城即吴楚之境也		

续表

古城址名称	地址	基本规模	备注
吴大城(吴王阖闾城)	今苏州市附近	吴大城周四十二里三十步,小城八里二百六十步	
吴城和越城	苏州市西南,与胥门相距7公里	越城平面略呈椭圆形,东西长300米,南北宽200米,高3～4米	吴城北城垣残存长1000米,高3～5米,断墙残垣。越城西北城垣保存较好,南城垣略小

(二)以南京为载体空间的长江古都文化及主要都城文化资源

1. 长江古都文化形成与发展

六朝都城建业、建康的所在地南京是长江江苏段沿线古都文化的核心承载空间。通过对南京六朝都城及宫城、石头城遗址,镇江铁瓮城遗址、晋陵城遗址,扬州广陵城遗址,溧阳古县遗址的调查、勘探和局部发掘,六朝时期的城市建设面貌得到了初步显现。通过南京明城垣、明故宫的考古,可以看到,明代都城南京不仅强调军事防御性能和政治统治功能,而且在城市规划与布局、城墙砌筑技术等方面都达到一个新的高峰,从外到内有四重城域,外郭城、都城、皇城、宫城;皇城区以外为居民及商业区,都城与郭城之间城南为居民区,城北为军事区,另分布着寺庙、作坊、坛庙,部分中央官署等,并规划有皇陵区、皇室墓地、功臣墓地、卫戍区等。这充分反映了明代都城发达的营造文化和多方面的建设成就,明南京都城成为中华古都文化的重要承载,并成为长江流域重要的历史文化成就之一。

古都文化是南京最为根本的文化特质,是其他文化特质形成的源头之一。

朱偰先生认为，在中国古都中，论历史悠久、古迹众多、文物制度照耀千古者，除长安、洛阳外，当推金陵。若论“文学之昌盛，人物之俊彦，山川之灵秀，气象之宏伟，以及与民族患难相共，休戚相关之密切，尤以金陵为最”，充分肯定了南京在中国古都体系中的重要位置。在中国自古以来形成的“中原都城圈”“渭河都城圈”“长江下游都城圈”“北方都城圈”“海洋都城圈”几大都城圈中，南京同样展现了其文明核心性地位与价值，与其他都城圈的中心城市都发生过密切联系，如三国、东晋、南北朝时与洛阳，唐末、南唐、明、民国“西安事变”时与西安，元、明、清、民国时与北京，南宋时与杭州，南宋、明代时与开封，现代与台北、近代与香港等，这些都体现了古都南京强大的文化辐射力、互动力、影响力。

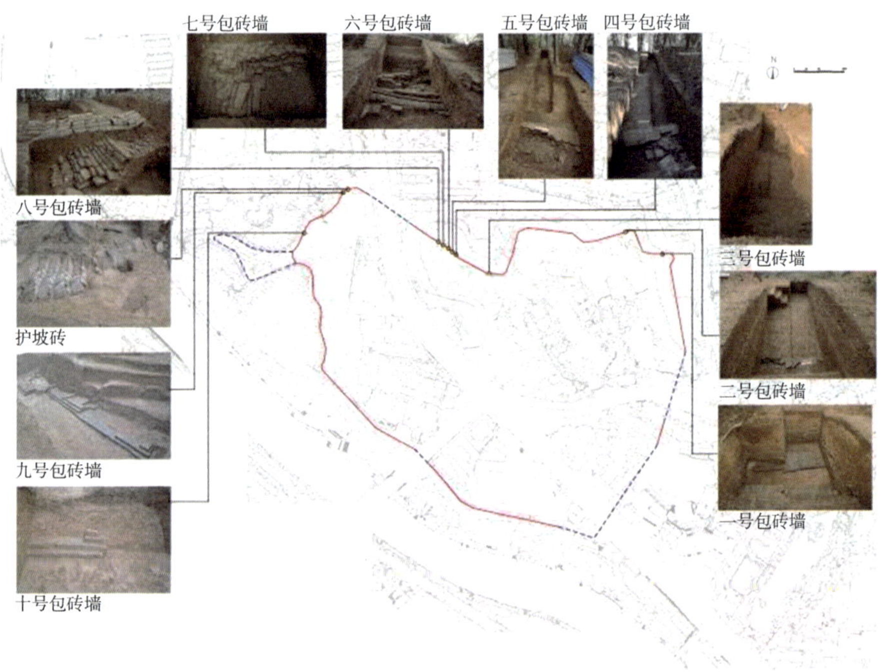

石头城遗址

从时间角度看，南京作为都城的时间自孙吴直至中华民国，跨度长达1720年，是八大古都(西安、洛阳、南京、北京、开封、杭州、安阳、郑州)中延续时间跨度最长者。西安、洛阳为都到唐朝，后唐以后再没有做过首都，现在的北京城范围内在金、元之前没有做过首都。而像南京这样能够在历史长河中不断复兴的古都，很难找到类比。特别是六朝时期，南京作为长江江苏段沿线出现的中国秦汉以后第一个国家都城，从原本在江苏境内默默无闻一跃而跻身于中国古代都城的行列，不仅推动了江苏长江南北政治、经济、文化的快速发展，也一举改变了长江下游长期以太湖平原的苏州为中心城市的格局。作为古都的南京在中华文明史上具有承前启后、救亡图存的重要地位。六朝时代，其城市影响力迅速覆盖南方大部分地区，形成长江中下游地区的都城文化圈，促使江苏长江以南区域文化从“尚武”型向“尚文”型转变。“金陵文化”从原生的吴文化体系中脱颖而出，开始产生全国性甚至是世界性的影响。当时，北方战乱，南方相对稳定，北方居民包括许多政治家、艺术家、科学家纷纷“衣冠南下”，将中原文化带到“建康”，实现了中华文化又一次大融合。在国家分裂动荡时期，以南京为中心、以汉族为主体的六朝文化，继承发展了两汉文化，为后来隋唐文化的兴起奠定了坚实基础。世界上其他三大文明古国在政治动荡中文明断裂，中华文明却因六朝得以延续和发展。

南京作为都城之时，引领了长江流域及至整个南方区域的发展，改变了中国六朝之前北强南弱的局面，整体上促进了中国南北地区的共同发展(隋唐时期)，为最终形成南强北弱(五代十国以后)乃至南方独占鳌头(明清时期)的国情格局发挥了关键性作用。清代以后，华南和西南又崛起了一些政治中心，如民国的广州和重庆，这些新兴的政治中心无不“尊奉”南京或最终还都南京。可以说，南京在宋代以后的近世中国，是整合联结南北的中心城市，在统一中国的形成过程中发挥着关键的作用。朱偰在《金陵古迹图考》第一章“金陵之形势”中就指出：“居长江流域之沃野，控沿海七省之腰膂，所谓‘龙盘虎踞’‘负山带江’是也。”

2. 主要都城文化资源

从历经朝代对当代城市文化的影响角度看，中国四大古都（西安、洛阳、南京、北京）各有千秋。北京因其特殊的政治经济地位，拥有国家级文物保护单位最多，与其他城市相比，南京表现出了其都城文化的突出优势。据统计，截至2019年10月第八批全国重点文物单位名单公布，南京拥有的全国重点文物保护单位数量在八大古都中名列第四。其中，古都文化资源包括六朝都城、南唐都城、明代都城文化资源以及民国定都南京时的相关文化资源等尤为著名。

六朝都城文化资源包括两个方面：一是地面实物遗存，主要有石头城遗址、孙权陵墓、南朝陵墓神道石刻、栖霞山千佛崖石窟、钟山六朝祭坛等；二是考古出土的大量地下文物，包括东晋帝陵、六朝世家大族墓地等大量文物，主要在南京博物院、南京博物馆、六朝博物馆、江宁东晋历史文化博物馆等处收藏展览。石头城为东汉末年孙权在建业（今南京）筑城的旧址，是六朝建都的起点。遗址位于今南京市清凉山、盋山、红土山一带，近年笔者主持多次考古，已确认该城址的四至及主要遗存。史载滨临长江的六朝石头城有“石头津”，是长江航运和中外海上交流的重要地点。六朝时石头津外的江面上最多时有船舶万艘。

南唐都城现存有护城河遗迹（杨吴城濠）、宫城遗址及御道旧址等。其中位于长江沿线的主要包括与明代都城城墙南段、西段（南部）相重叠的城墙基础部分遗迹及外秦淮河（城濠）、南唐二陵、栖霞山舍利塔、大清凉寺遗址等，其中南唐二陵被誉为“江南地下宫殿”，陵墓内的彩绘和石雕十分精美，是反映南唐帝陵文化、建筑文化、艺术文化的重要实物材料。

南京主要六朝都城文化资源

名称	文化内涵	空间分布
石头城遗址	它是南京在六朝时代作为都城的起点，也是南京城区历史上正式有行政建置的始发地，在南京城市发展过程中有重要的地位	南京城西清凉山（汉、六朝时称石头山，城因山而得名）一带

续表

名称	文化内涵	空间分布
东晋南朝台城遗址	东晋南朝中央官署所在,为当时政治中心区	北在珠江路以南,南在游府西街一线,西在邓府巷一线,东在箭道以西一线
南朝陵墓神道石刻	现存17处。代表了六朝石刻艺术的最高成就,是中国石刻艺术中的瑰宝。是南朝帝王宗室聚族而葬的历史见证。神道碑上的长篇碑文,详细记载墓主家世生平,为研究六朝门阀士族制度、侨州郡县制度提供了重要的实物资料	江宁区麒麟铺公路两侧
		栖霞区张家库西
		栖霞区甘家巷小学内
		栖霞区甘家巷萧恢墓西
		栖霞区尧化门外太平村
		栖霞区甘家巷西侧
		栖霞区仙鹤门外张库村
		栖霞区甘家巷董家边村
		江宁区刘家边村南
		江宁区上坊石马冲
		栖霞区狮子冲
		栖霞区金陵石化南京炼油厂内
		江宁区宋墅村
		江宁区侯村
		江宁区江宁街道方旗庙
		江宁区耿岗村陈姓宅墙内东北角
		栖霞区尧化门外北家边
栖霞山千佛崖石窟	开凿于南朝齐永明二年(484)至建武四年(497)。由明僧绍次子明仲璋和法度禅师合作开凿,并得到齐文惠太子和豫章、竟陵、始安诸王之助,始"光隆慧业"。之后历代屡有增凿、妆銮,明代尤甚	栖霞山中峰西南麓

南京主要南唐都城文化资源表

名称	文化内涵	空间分布
南唐都城遗址	遗址由南墙部分遗迹及外濠、西墙、东墙、北墙外外濠组成	秦淮区、玄武区、鼓楼区境内
南唐二陵	南唐烈祖李昪与宋氏合葬的钦陵、中主李璟与皇后钟氏合葬的顺陵	谷里街道祖堂山南麓的"太子墩",距中华门约 20 公里
栖霞舍利塔	舍利塔共五级八面,系白玉垒筑、雕刻而成。塔基分上下层,雕有海水、龙、凤、鱼、鳖及海石榴等图案。基座之上是呈束腰状八面形基坛。基坛的角柱雕力士或立龙	栖霞山中峰西南麓
大清凉寺遗址	为南唐国皇家寺庙,寺庙所在又为南唐皇帝避暑胜地	清凉山公园内

南京是明文化的发祥地。朱元璋于 1368 年建立明朝,并定首都为南京,是"南京"之名最早由来。南京明代都城文化资源相当丰富,级别也很高,其中位于长江沿线的主要包括明都城城垣、宝船厂、明故宫、明孝陵、明东陵、郑和遗迹、黄册库旧址(玄武湖内)、明代功臣墓、阳山碑材、鼓楼、莫愁湖等。

南京以民国建筑为主体的重要近现代建筑尚存 900 余处约 1500 余栋,是 20 世纪上半叶中国国家首都规划和建设的智慧结晶。民国历史轴线是今中山北路—中山路—中山东路,西起中山码头,东至中山门。其中近长江的为中山北路—中山码头段。沿线主要是行政建筑。此外,江东门、中华门外也分布有与长江相关的文化资源,包括侵华日军南京大屠杀遇难同胞纪念馆、雨花台烈士陵园等。

(三) 江苏长江沿线主要历史文化名城名镇名村及历史文化街区

1. 历史文化名城

1982 年 2 月,为了保护那些曾经是古代政治、经济、文化中心或近代革命运动和重大历史事件发生地的重要城市及其文物古迹免受破坏,“历史文化名城”的概念被正式提出。根据《中华人民共和国文物保护法》,“历史文化名城”是指保存文物特别丰富,具有重大历史文化价值和革命意义的城市。从行政区划看,历史文化名城并非一定是“市”,也可能是“县”或“区”。长江江苏段沿线分布着11座国家历史文化名城和4座省级历史文化名城,是全国国家历史文化名城的“富积区”。

长江江苏段沿线省级以上历史文化名城一览表

类别	名录
中国历史文化名城(11个)	南京市、苏州市、扬州市、镇江市、无锡市、南通市、泰州市、常州市、常熟市、宜兴市、高邮市
江苏省历史文化名城(4个)	江阴市、如皋市、兴化市、南京市高淳区

2. 历史文化名镇名村

历史文化名镇(村)的提法是我国独有的,国外一般称为历史小城镇、古村落,并将其列为历史地区的一部分。我国历史文化名镇(村)的保护始于20世纪80年代。1986年,国务院在公布第二批“中国历史文化名城”时,首次提出“对一切文物古迹比较集中,较完整地体现出某一历史时期的传统风貌和民族地方特色的街区、建筑群、小镇、村寨等,也应予以保护”,拉开了我国历史文化名镇(村)保护的序幕。随后,不少省份陆续开展了历史文化名镇(村)的命名和保护工作,一些名镇(村)内保存较为完整的传统民居建筑群,相继被列入全国重点文保单位。进入21世纪,随着2000年“皖南古村落”申报世界文化遗产的成功,2002年《中华人民共和国文物保护法》关于“历史文化村镇”保护的明确规定以及2003年中国首批历史文化名镇(村)的公布命名,标志着我国历史文化名镇(村)保护制度的正式建立。

2008年,国务院颁布的《历史文化名城名镇名村保护条例》明确了申报历史文化名城、名镇、名村的条件:(1)保存文物特别丰富;(2)历史建筑集中成片;(3)保留着传统格局和历史风貌;(4)历史上曾经作为政治、经济、文化、交通中心或者军事要地,或者发生过重要历史事件,或者其传统产业、历史上建设的重大工程对本地区的发展产生过重要影响,或者能够集中反映本地区建筑的文化特色、民族特色。2010 年 11 月 1 日起施行的《江苏省历史文化名城名镇保护条例》指出:"本条例所称历史文化名镇,是指经省人民政府批准并公布的保存文物古迹较为丰富、具有重要历史文化价值的建制镇和集镇。"由此可见,历史文化名镇(村)指的是保存文物特别丰富且具有重大历史价值或纪念意义的、能较完整地反映一些历史时期传统风貌和地方民族特色的镇和村,主要包括中国历史文化名镇名村和省(直辖市)级历史文化名镇名村,也有部分地级市公布了市级历史文化名镇(村)名录。

长江江苏段沿线省级以上历史文化名镇名村一览表

类别	名录
中国历史文化名镇(31 个)	甪直镇(苏州市吴中区)、周庄镇(苏州昆山市)、同里镇(苏州市吴江区)、木渎镇(苏州市吴中区)、沙溪镇(苏州太仓市)、千灯镇(苏州昆山市)、锦溪镇(苏州昆山市)、沙家浜镇(苏州常熟市)、东山镇(苏州市吴中区)、震泽镇(苏州市吴江区)、黎里镇(苏州市吴江区)、古里镇(苏州常熟市)、凤凰镇(苏州张家港市)、光福镇(苏州市吴中区)、巴城镇(苏州昆山市)、邵伯镇(扬州市江都区)、大桥镇(扬州市江都区)、临泽镇(扬州高邮市)、界首镇(扬州高邮市)、荡口镇(无锡市锡山区)、长泾镇(无锡江阴市)、周铁镇(无锡宜兴市)、孟河镇(常州市新北区)、沙沟镇(泰州兴化市)、溱潼镇(泰州市姜堰区)、黄桥镇(泰州泰兴市)、栟茶镇(南通市如东县)、余东镇(南通市海门区)、安丰镇(盐城东台市)、富安镇(盐城东台市)、淳溪镇(南京市高淳区)
中国历史文化名村(12 个)	明月湾村(苏州市吴中区)、陆巷村(苏州市吴中区)、杨湾村(苏州市吴中区)、东村(苏州市吴中区)、三山村(苏州市吴中区)、礼社村(无锡市惠山区)、焦溪村(常州市武进区)、杨桥村(常州市武进区)、沙涨村(常州溧阳市)、漆桥村(南京市高淳区)、杨柳村(南京市江宁区)、余西村(南通市通州区)

续表

类别	名录
江苏省历史文化名镇（7个）	金庭镇(苏州市吴中区)、平望镇(苏州市吴江区)、桃源镇(苏州市吴江区)、丁蜀镇(无锡宜兴市)、宝堰镇(镇江市丹徒区)、白蒲镇(南通如皋市)、时堰镇(盐城东台市)
江苏省历史文化名村（6个）	葛村(镇江市镇江新区)、柳茹村(镇江丹阳市)、儒里村(镇江市镇江新区)、九里村(镇江丹阳市)、华山村(镇江市京口区)、严家桥村(无锡市锡山区)

历史文化名镇名村是我国历史文化遗产的重要组成部分,反映了不同时期、不同地域、不同民族、不同经济社会发展阶段聚落形成和演变的历史过程,是富有历史价值与文化价值的村落形态的真实记录与展现。长江江苏段沿线的历史文化名城名镇名村以分布在沿江 8 座设区市的核心区范围内的为主,包括中国历史文化名镇 31 个(其中苏州市 15 个)、中国历史文化名村 12 个(其中苏州市 5 个)、江苏省历史文化名镇 7 个(其中苏州市 3 个)、江苏省历史文化名村 6 个(其中镇江市 5 个)。它们承载着厚重的历史记忆,彰显着浓郁的江苏地域文化,是长江文化内涵的重要载体。

3. 历史文化街区

长江江苏段沿线分布了一批历史文化街区,且各具特色。如无锡清名桥沿河历史文化街区沿着短短几公里的大运河,其两岸是文物荟萃之处,以古老的清名桥、南下塘为代表。南通濠河历史文化街区内保存着与著名实业家张謇有关的建筑,是江苏近代兴办经济、教育、文化等方面实业的珍贵实物例证,也是江苏境内长江文化的重要文化空间。

长江江苏段沿线 8 市主要街区名录表

城市	名称
苏州	阊门历史文化街区、拙政园历史文化街区、怡园历史文化街区、南泾堂历史文化街区、西泾岸历史文化街区、琴川河历史文化街区
无锡	荣巷历史文化街区、小娄巷历史文化街区、清名桥沿河历史文化街区、惠山古镇历史文化街区、月城街历史文化街区、蜀山古南街历史文化街区、葛鲍聚居地历史文化街区、北大街历史文化街区
常州	前后北岸历史文化街区、南市河历史文化街区
镇江	伯先路历史文化街区、大龙王巷历史文化街区、丹阳西门大街
扬州	仁丰里历史文化街区、湾子街历史文化街区、高邮城北历史文化街区(北门大街、高邮当铺)、高邮城中历史文化街区、仪征南门大码头街、仪征十二圩、宝应中大街
南京	梅园新村历史文化街区、颐和路历史文化街区、总统府历史文化街区、南捕厅历史文化街区、朝天宫历史文化街区、夫子庙历史文化街区、荷花塘历史文化街区、三条营历史文化街区、金陵机器制造局历史文化街区、高淳老街历史文化街区、七家村历史文化街区
泰州	泰州城中历史文化街区、五巷一涵西街历史文化街区、涵东街历史文化街区、渔行水村历史文化街区、兴化东门历史文化街区、兴化北门历史文化街区
南通	寺街历史文化街区、西南营历史文化街区、濠南历史文化街区、唐闸历史文化街区、东大街历史文化街区、武庙历史文化街区

(四) 长江江苏段沿线城镇空间分布及文化特色概述

江苏长江沿线城镇是依靠长江等水体的滋养而发展起来的重要文化载体,是推动长江经济带战略实施的重要支撑,也是当前长江国家文化公园建设中不可忽视的对象。它们底蕴深厚,在空间分布及文化层面均具有鲜明特色。

1. 空间分布

(1)依长江两岸的山地丘冈而建,既受水利,也避水害。南京初起于紫金山余脉——鼓楼岗、石头山以及雨花台余脉一带。扬州城初始在蜀冈上,南近长江。苏州旧在灵岩山，近太湖。无锡依锡山，近太湖。常熟依虞山，近湖。镇江在长江、南山之间。常州旧名毗陵，最早应是依山而立，《隋书·地理志》记载江阴县有毗陵山，江阴析自毗陵。昆山县城依马鞍山等。

(2)沿江岸而建。江岸淤涨，则县立，如泰兴、靖江、海门等。若江岸坍塌，则县废，如清代海门，后因陆地复出又设。如东县治掘港镇原在长江北岸沙嘴上，至迟唐代已成为小区域中心。

(3)沿运河岸而建。淮扬西有丘陵，东则一片平原，自西晋至清，北方的首都依赖运河，运河因而不断取直，以丘陵为西限，故丘陵东端的淮安、扬州皆为重镇。晋代邗沟西迁，射阳县(原在今宝应县射阳湖镇)撤。宝应、高邮二县滨运，宝应县治原本在西南，后移至运畔。兴化县在盐城、泰州、高邮、扬州间，兴化县治处在盐城到高邮、扬州、泰州途中。

(4)沿太湖流域分布。太湖流域为长江三角洲之主体，地势西高东低，天目山、茅山来水流入低洼的太湖平原之后养育着太湖，太湖之水顺势向东北至今长江口、东南至杭州湾之间的东海排泄。它一分为三并发展为吴淞江、东江、娄江三江，是太湖三条通海水道。且太湖与三江之间通过运河进行沟通，然后分别入海，还可以以运河连通长江，再入淮河、泗水，沟通中原。苏州居太湖流域中心位置，这是长江沿线其他城市所没有的特征，也是其在历史上能够长期成为太湖流域主导城市的主要原因。

(5)沿盐运河河岸分布。历史上，扬州为运盐口之一，盐城、泰州、通州(今南通市)之盐经扬州可达长江中游。扬州、泰州间宜陵镇、湾头镇、仙女庙镇都是大镇，泰州和盐城的东台间运盐河畔之溱潼镇也为大镇，通扬运河上有海陵(今泰州市)、姜堰、海安、如皋四县治，曲塘、白米、丁堰、白蒲、平潮皆为大镇。

(6)于盆谷中心而建。六合在长江支流之一的滁河下游谷地中心，句容、溧水在长江支流秦淮河上游两个小支流流域中心，溧阳西南两面是山，溧城镇在东北部平原的中心，实际上是在古中江旁。

(7)复合型功能城镇。扬州古名广陵、泰州古名海陵，以在长江北岸沙冈而立。扬州、泰州既是河岸,历史上还是海岸,同时是盐运中心。南通及其所辖的海门、启东等则是在江海交汇的古沙洲上立城。

2. 文化特色

一是长江江苏段沿线城镇具有文化多样性特征。如南京城市有着雍容大气的都城文化;扬州、淮安、常州、无锡等拥有绵延千年的运河文化;南通等城市则拥有充满活力与生机的中国近代江海文化等。二是风貌各异。如明代浙江人张岱在《琅嬛文集》中说:"吾浙人极无主见,苏人所尚,极力模仿。如一巾帻,忽高忽低,如一袍袖,忽大忽小。苏人巾高袖大,浙人效之,俗尚未遍,而苏人巾又变低,袖又变小矣。故苏人常笑吾浙人为赶不着,诚哉其赶不着也。"[①]明代南京人薛应旂说:"囊时四方称乐土者则曰江南,称江南习俗之近厚者,则曰常、镇。"[②]江南的常州、镇江风俗淳厚,苏州、松江则比较"浮华"。再如徐州古泗水旁的窑湾镇保持了南北汇融的文化与建筑风貌;淮安马头镇保持了四水交汇、三城相映的格局风貌;高邮邵伯镇保持了河街并行、巷通古驿的风貌;常州孟河镇保留了两山卫一水、一水兴两城的格局等。三是遗产丰厚。历史文化名城名镇名街伴水而生,人口密集,商业繁华,留存有大量寺观祠堂、商贸店铺、名人故居等文物古迹,建筑类型丰富多样。尤其是江南地区"水路交错,河街相依""逐水而居,枕水人家"的人居环境,是人类顺应自然、利用自然、人地共生思想的极佳范例,也充分体现了江苏长江沿线的建筑文化特点。

江苏长江与河湖海交汇,形成了独特的水人文环境,因此造就了不同的景观文化。总体而言,长江以北建筑特征倾向于雄浑粗犷,而长江以南则以清雅细巧见长。长江以南、以北地区的气候差异明显,物产习俗不尽相同,因此长江以南建筑中常采用天井、巷弄解决通风、除湿、采光问题,并成为极具特色的建筑空间;而在少雨的长江以北地区则更多的为清水砖墙,天井院落通常尺度略有放

---

① (明)张岱撰,栾保群点校:《琅嬛文集》,浙江古籍出版社,2013 年。

② (明)薛应旂:《方山薛先生全集》卷一六《贺陈兵宪序》,《续修四库全书》第 1343 册。

大，遮阳的通廊减少，外墙敦实厚重。影响江苏建筑景观文化的人文因素还有行政区划的变更与文化交流，如江北的扬州等地在多个朝代行政区划中分分合合，来自北方的中原文化以及徽州文化对当地文化也产生了一定影响。长江南、北两地的建筑风格也有共同之处，如扬州、南通等城市亦有不少粉墙黛瓦、院落组合的类似吴越文化风格的民居建筑，空间组合类型也有相似之处。

值得注意的是，太湖之滨自古巧匠辈出，以“香山帮”为代表，擅长复杂精细的中国传统建筑技术，“江南木工巧匠皆出于香山”，其作品从苏州古典园林到皇家宫殿，在中国传统营造中占有重要地位。“香山帮”作品风格简洁淡雅，藏而不露，崇尚自然，虽由人作，宛自天开，体现了江南文化核心中的“精”“巧”两字。苏北地区在传统的民居建筑中，结构处理得较为简易高效，大多采用墙体承重的墙上搁檩、墙上搁人字形屋架的形式，亦即所谓的金字梁结构。

以地区而言，宁镇扬地区独特的地理位置和历史人文背景使它能够汇集南北杰出的匠师技艺和优质的建筑材料，建筑风格得以兼抒南北之长而独具成就，成为“南方官式”，即兼北方官式建筑与江南民间建筑的审美特征，既雄浑大气，又秀美精致。苏锡常地区物产丰富，经济发达，促进了当地手工业的发展，孕育出闻名于世的“香山帮”传统建筑工艺，即以木匠领衔，集泥水匠、漆匠、堆灰匠、雕塑匠、叠山匠、彩绘匠等古典建筑工种于一体的建筑工匠群体与技艺。苏锡常地产榉木、楠木、石材、细泥，加上当地水运极其便利，为“香山帮”工匠们提供了建材。当地砖瓦煅烧、石灰生产技术成熟，这也是苏锡常地区“粉墙黛瓦”建筑特征的技术基础。苏中的淮扬泰等地、淮河以北的地区民居建筑以土墙草盖四合院为主，多施以红色瓦片；而淮河以南民居建筑多为 U 形、L 形主房，厢房结构砖瓦房多，并施以青黑瓦片。苏中平原水乡，建筑形式兼具南北，古朴中透着秀气。由于襟吴带楚，文化交汇，建筑多为青砖黛瓦，清水原色，以工整见长，雄浑古朴，与江南民居建筑外观粉墙黛瓦，黑白相间，轻盈简约明显有别。徐宿地区气候条件与苏南地区有较大的不同，墙厚窗小，外观较封闭，呈北方四合院组织形式。不少民居建筑结合地形，建筑形式雄浑，多为青砖或红砖清水墙。同时，该地区和齐鲁文化圈相接,汉文化遗迹较多,建筑审美偏重古风,线条刚硬,建筑质朴率真。其多采用原生态的建筑技术,运用本地的建筑材料,可以看到江苏其他地区少见的金字梁建造工法,建筑墙体厚重,构筑具有地方特色。受到江苏东部海岸线和滩涂变迁的影响,加上温暖湿润的海洋性季风气候,连盐通等沿海地区的建筑要兼顾夏季通风和冬季保暖,因此,民居兼具北方建筑的端庄和简洁以及南方建筑的轻盈和繁复,庭院宽大而进深小,建筑材料也从北部的石构民居过渡到南部多砖结构,以及与夯土、芦苇、稻草秸秆和海草结合的多种形态民居。“建筑是凝固的音乐”,江苏大江南北不同的建筑文化景观,展现了江苏不同区域的文化丰富性及人与自然之间的协调性。

四、长江江苏段沿线主要农业文化遗产

(一) 长江江苏段农业文化发展脉络

长江江苏段沿线在新石器时代就成为重要的粮食产区。在苏州的草鞋山遗址和昆山绰墩遗址发现的距今6000余年的水稻田遗址,就是重要见证。草鞋山遗址发现了众多1至10余平方米不等、多数为3至5平方米的呈椭圆或长方圆角形的小块水田,以及多组由水口、水沟与水井、水塘等相连而成的水田灌溉系统。绰墩遗址也发现了同时期的水田结构,有以人工水井为水源,也有以自然水塘为水源的灌溉系统,这是中国也是世界上时代最早的水稻灌溉农业遗存之一,表明自古以来长江江苏段沿线先民就善于知水、理水、用水、与水和谐相处。另外,早年在无锡市的仙蠡墩遗址曾出土稻壳堆,是太湖地区首次发现的稻谷遗存。长江沿线的三星村文化、马家浜文化、湖熟文化、良渚文化、吴文化考古遗存中也都发现有稻谷、稻米或茎叶遗存,证明江苏长江一线在新石器时代已广泛种植稻作,成为中国稻作文化的发祥地之一。

春秋时期,吴国更是以水利发达、给养充足的物质基础而问鼎中原。秦汉时期,随着黄河流域的人口开始逐渐向长江流域迁移,先进农业文明也开始向落后农业文明地区渗透，长江流域开始形成以农业为主，兼有林、牧、渔、桑的复合农业系统。汉代，长江江苏段沿线的农业继续发展，但未改变人们对其“地广人稀，火耕水耨”的认识。

三国孙吴时期，长期实行屯田制，主要集中在长江以南的毗陵、丹阳、吴郡等郡，置毗陵典农校尉，理于毗陵县（今常州）。西晋永嘉年间（307—311），为躲避战争和自然灾害，黄河流域人口纷纷向长江流域迁移，史称“永嘉南渡”。北人南迁后多居于江淮之间特别是江南地区，推动了江南地区农业生产与发展。东晋以后，随着政治中心的南移，经济中心也开始了南迁之路，这给江苏长江流域的土地开发带来了重要契机。战乱所导致的北方人口的南迁，不仅带来了丰富的劳动力，更带来了先进的耕作技术和生产经验，也为唐代以后江淮及江南地区成为中央政权的经济支柱打下了基础。

唐代，长江下游江苏地区的稻作农业在六朝的基础上有了突破性的发展，水稻种植技术趋于精细化，土地开垦面积进一步扩大。这又与唐代大规模的农田水利建设有着密切的关系。据文献记载，长江下游的润州、常州、苏州、扬州等地兴修了一系列水利工程，其中不少都是溉田千顷以上的大型水利工程。如唐元和八年（813）常州刺史孟简开孟渎，《新唐书·地理志》载：“（武进县）西四十里有孟渎，引江水南注通漕，溉田四千顷。”唐武德二年（619）刺史谢元超开谢塘，《新唐书·地理志》载：“（金坛县）东南三十里有南、北谢塘。武德二年，刺史谢元超因故塘复置以溉田。”唐贞观十八年（644），扬州大都督府长史李袭誉“引雷陂水，又筑勾城塘，以溉田八百余顷，百姓获其利”①。唐贞元年间，淮南节度使杜佑“决雷陂以广灌溉，斥海濒弃地为田，积米至五十万斛”②。唐宪宗元和三年（808），苏州刺史李素修筑元和塘，自吴县齐门北抵常熟，百有余里。这些使长江江苏段沿线地区农业得到迅速发展，圩田被大规模开垦，并发展成为全国主要产粮区之一。

① 《旧唐书》卷五十九《李袭誉传》，中华书局，1975年。
② 《旧唐书》卷一百四十七《杜佑传》第3983页，中华书局，1975年。

宋代是包括长江江苏段在内的长江下游地区农业发展的上升期，圩田数量急剧增长。卫泾就在《论围田札子》中写道："三十年间，昔之曰江、曰湖、曰草荡者，今皆田也。"[①]南宋诗人范成大亦提到："吴中……四郊无旷土，随高下悉为田。"[②]有学者统计，南宋中叶以后，太平州和宣城、上元、江宁、溧水四县的农田中，圩田、沙田面积占60%以上。[③] 南宋末期太湖平原的垦田数达到"无尺地寸壤之不耕矣"的程度。[④] 塘浦圩田的大规模建设不仅扩大了耕地面积，而且水利系统的建成和改进也使耕地品质得到相应改善，使南方水田农业的优势得以显现和发扬，[⑤]长江下游地区尤其是江苏长江一带农业走向更高程度的精耕细作，"苏湖熟，天下足"，农业经济发展进入繁荣时期。

元代，元朝政府立足中原后，实行"重农"政策，(后)至元二年(1336)，设都水庸田使司，掌种植稻田事，置司平江(今江苏苏州)。(后)至元三十年(1364)，又在扬州设行大司农司，专管江南农业。这一时期，江苏地区以稻麦为主要农作物，农业技术承宋朝，根据农作物不同分别采用圩田、柜田、架田、涂田等种植方法，当时每年海运至元大都(今北京)的粮食达三百万石，超越了两宋时期的产量。

棉、桑、麻作为农业经济作物，也在江南地区得到大力发展。《马可波罗游记》对此记载颇为详细，南京"当地出产生丝，并织成金银线的织品，数量很大，花色繁多"；镇江"制造丝绸和金钱织物"；常州"盛产生丝，并且用它织成花色品种不同的绸缎"；苏州"生产大量的生丝制成的绸缎，平江一带生产的质量优良，行销全国"；吴江州"也同样生产大量的生丝，并有许多商人和手工艺人，这里出产的绸缎质量最优良，行销各地"[⑥]。

---

① 卫泾：《后乐集》卷13，文渊阁四库全书本。

② 范成大：《吴郡志》卷二《风俗》。

③ 周生春：《试论宋代江南水利田的开发和地主所有制的特点》，《中国农史》1995年第3期。

④ 李伯重：《宋末至明初江南人口与耕地的变化——十三、十四世纪江南农业变化探讨之一》，《中国农史》1997年第3期。

⑤ 刘馨秋、王思明：《长江流域的人口迁移、农业开发及土地利用方式》，《草业科学》2013年第12期。

⑥ 《马可波罗游记》173、174页，福建科学技术出版社，1981年。

可以说,明代以前长江江苏段一带已是国内农业种植经济最为发达的区域,这里人口稠密,土地开发率高。惜至明末经战乱,人口大量减少,土地大片荒芜。但经清代前期大规模的垦殖活动,到乾隆时期,土地的开垦基本达到饱和状态。当时乾隆帝鼓励人民向“山头、地角、坡侧、旱坝、水滨、河屋零星土地”[①]进军。于是,长江江苏段一带出现围湖造田、围垦海涂河滩、改草地为农田、侵占水道造田等多种垦殖方式。这些垦殖方式在短时间内起到了扩大粮食耕地面积、提高粮食产量的作用。也正是随着资源利用水平的提升,明清时期在长江下游南岸平原地区最主要部分即太湖平原,逐渐形成三个相对集中的作物区:东部和北部沿江沿海地带的棉区、太湖南部低洼地带的桑区、太湖北部地带的稻区。[②] 这使得明清时期的太湖地区成为当时中国当之无愧的第一产粮大区,据明末宋应星估计,江南水稻的总产量约占全国粮食产量的70%。

同时,经济作物种植业在农业中的地位有较大提升。如苏州的水网平原区土地利用就以发展种植业为主。在北部及东部沿江靠海的常熟县、太仓州一带,由于土壤沙性重,地势较高,灌溉不易,明后期棉花种植占有相当大的分量。在常熟县中南部以及吴县、吴江、长洲、昆山等其他地区,由于河流湖泊纵横,加上历史悠久的塘浦圩田体系,水利条件相当优厚,水稻的种植优势突出,形成以稻麦二作为主,含稻菜、稻豆、稻草等形式的轮作复种制度。桑树在苏州全区也有种植,主要分布在吴江、震泽一带。据统计,明洪武初苏州府的长洲、吴县、吴江、昆山、常熟、崇明6县栽种桑树15万多株,弘治十六年(1503)已有桑树24万多株。[③] 明清苏州地区对水域的利用也十分充分,当地民众发挥湖泊众多、河网密布的水资源优势,大力发展捕捞业和养殖业并种植水生作物,其中以莲藕和菱角种植最广。苏州地区山地丘陵比重不大,占总面积的2.6%,主要分布在西南吴县境内,山地的利用以树艺为主,包括果、茶、桑等,太湖诸山就主要“以橘柚为

---

① 杨应琚:《推广开垦疏》,《清经世文编》卷《户政儿》,中华书局,1992年,第853页。

② 李伯重:《明清江南农业资源的合理利用——明清江南农业经济发展特点探讨之三》,《农业考古》1985年第2期。

③ 乾隆《苏州府志》卷《田赋四》。

产,多或至千树,贫家亦无不种。以蚕桑为务,地多植桑"[①]。

此外,为了充分利用土地,长江江苏段一带还将粮、桑、鱼、畜、果的生产结合起来,创造"基塘"综合经营法,以减少由于桑争稻田和棉争粮田所引起的粮食减产,此法"两利俱全,十倍禾稼",人工生态农业的雏形也随之形成。

民国时期,随着化肥传入,长江江苏段沿线农业生产开始向现代农业转型。1937 年,中国第一家化学肥料厂——永利公司卸甲甸硫酸铵厂在南京建成,简称南京永利铔厂。其产出的中国第一包"红三角"牌肥田粉,不仅使中国人有了自己的化肥,也成为长江江苏段沿线地区农业由传统向现代转型发展的重要见证。

(二) 长江江苏段主要农业文化遗产

农业文化遗产是一种新型的遗产类型,联合国粮农组织(FAO)将其定义为:"农村与其所处环境长期协同进化和动态适应下所形成的独特的土地利用系统和农业景观,这种系统与景观具有丰富的生物多样性,而且可以满足当地社会经济与文化发展的需要,有利于促进区域可持续发展。"长江江苏段沿线悠久的农业发展历程中,形成并保留了丰富的农业文化遗产,包括涉及代表不同时期中国农业文明发展水平的古文化遗址、水利工程类农业文化遗产、非物质类农业文化遗产等。

1. 主要农业文化遗址

在全国重点文物保护单位中,与长江江苏段有关的农业文化遗址有高邮龙虬庄遗址、金坛三星村遗址、宜兴骆驼墩遗址、海安青墩遗址、昆山绰墩遗址、姜堰天目山遗址等。在目前发现的 5000 年以上的稻作遗址中,张家港东山村遗址发现 7000 多年前的稻米,苏州草鞋山遗址发现初具规模的 6000 多年前的水稻田遗址。在省级文物保护单位中,也有张家港东山村遗址、无锡彭祖墩遗址、苏州吴江龙南村遗址、苏州斜塘土地庙、无锡蠡园及渔庄和江阴蚕种场等涉及农业

① (明)王鏊:《震泽编》卷三《风俗》。

文化遗存。

2. 水利工程类农业文化遗产

水利工程类农业文化遗产是指为提高农业生产力和改善农村生活环境而修建的古代水利设施，它综合应用各种工程技术，为农业生产提供各种工具、设施和能源，以求创造最适于农业生产的环境，改善农业劳动者的工作、生活条件，主要包括河道、水关涵闸、堰埭、海塘堤坝、农田灌溉设施等。

长江江苏段沿线主要水利工程类农业文化遗产

类别	遗产名称	年代	所属地区	备注
河道及水关涵闸、堰埭	邗沟遗址	春秋	扬州市邗江区	市保
	破冈渎遗址	三国	镇江市、南京市	
	丹徒水道	秦	镇江丹阳市	
	江南堰埭	三国至明	扬州市、南京市	
	无锡古运河遗存	商	无锡市	
	京口闸	唐	镇江市	省保
	仪扬河	东晋	扬州市	
	归海五坝	清	扬州市	
	归江十坝	宋、明、清	扬州市	
	荆溪百渎遗迹	宋	无锡市、常州市	
	南京东水关遗址	五代十国	南京市	
	胥河	春秋	南京市、常州市	
	孟渎	唐	常州市	
农田灌溉设施	高淳水阳江古代水利设施	春秋、宋、明、清	南京市高淳区	
	历代太湖水利工程	唐、宋	苏州市、无锡市、常州市	
	高淳相国圩	春秋	南京市高淳区	
	雷陂	隋	扬州市	
	赤山湖	三国	镇江句容市	

续表

类别	遗产名称	年代	所属地区	备注
海塘堤坝	苏北海堤(范公堤)	唐、宋	泰州市	
	苏松海塘	明	苏州太仓市	
	扬州五塘	汉、唐、宋	扬州市	
	广通坝	明	南京市高淳区	

3. 景观类农业文化遗产

景观类农业文化遗产是指具有观赏价值、但规模较小的农业设施或农业要素系统。包括农(田)地景观、林业景观、畜牧业景观、渔业景观、复合农业系统等。

长江江苏段沿线主要景观类农业文化遗产

类别	遗产名称	年代	所属地区	备注
农(田)地景观	兴化垛田传统农业系统	宋	泰州兴化市	国保、全球重要农业文化遗产
	无锡雪浪山古茶园	宋	无锡市	
	无锡阳山水蜜桃栽培系统		无锡市	中国重要农业文化遗产
	高淳油菜花田		南京市高淳区	
	苏州东山橘林		苏州市	
	中山陵园梅茶间作生态茶园	民国	南京市玄武区	
	宜兴灵谷有机茶场	三国	无锡宜兴市	
	高邮湖泊湿地农业系统		扬州高邮市	中国重要农业文化遗产
	启东沙地圩田农业系统		南通启东市	中国重要农业文化遗产

续表

类别	遗产名称	年代	所属地区	备注
林业景观	溧阳深溪芥古松园	明	常州溧阳市	
	西山(杨)梅林		苏州市	
	宜兴竹海		无锡宜兴市	
	泰兴银杏栽培系统		泰州泰兴市	中国重要农业文化遗产
	苏州邓尉山“香雪海”	西汉	苏州市	
	董浜镇“江南枸杞王”	宋	苏州常熟市	
	溧阳“南山竹海”		常州溧阳市	
渔业景观	太湖珍珠养殖景观	宋	苏州市、无锡市	
复合农业系统	吴江蚕桑文化系统		苏州市	中国重要农业文化遗产
	吴中碧螺春茶果复合系统		苏州市	中国重要农业文化遗产
其他	镇江合众蚕种场	民国	镇江市	省保

4. 非物质类农业文化遗产

非物质类农业文化遗产是指历史上关于农业生产和生活的思想观念、农业生产技术、农业生产民俗、乡村宗教礼仪、风俗习惯、民间文艺及饮食文化等方面的文化遗产。

长江江苏段沿线主要非物质类农业文化遗产

类别	名称	区域	级别
民间文学	董永传说	常州市金坛区	国家级
传统音乐	胥浦农歌	扬州市	省级
	高淳民歌	南京市	省级
	吕四渔民号子	南通启东市	省级

续表

类别	名称	区域	级别
传统音乐	邵伯秧号子	扬州市	省级
	南乡田歌	镇江市	省级
传统舞蹈	麻雀蹦	南京市	省级
	泰兴花鼓	泰州泰兴市	省级
	高淳跳五猖	南京市	省级
	江浦手狮舞	南京市	省级
传统戏剧	通州童子戏	南通市	省级
传统美术	桃花坞木版年画	苏州市	国家级
传统技艺	南京云锦木机妆花手工织造技艺	南京市	国家级
	宋锦织造技艺	苏州市	国家级
	苏州缂丝织造技艺	苏州市	国家级
	南通蓝印花布印染技艺	南通市	国家级
	常熟花边制作技艺	常熟市	省级
	天鹅绒织造技艺	南京市、镇江丹阳市	省级
	南通色织土布技艺	南通市	省级
	朴席制作技艺	扬州市	省级
	封缸酒传统酿造技艺	丹阳市、常州市金坛区	国家级
	富春茶点制作技艺	扬州市	国家级
	镇江恒顺香醋酿制技艺	镇江市	国家级
	镇江锅盖面制作技艺	镇江市	省级
	镇江肴肉制作技艺	镇江市	省级
	南京板鸭、盐水鸭制作技艺	南京市	省级
	绿柳居素食烹制技艺	南京市	省级
	南京雨花茶制作技艺	南京市	省级
	刘长兴面点制作技艺	南京市	省级
	马祥兴清真菜烹制技艺	南京市	省级

续表

类别	名称	区域	级别
传统技艺	三凤桥酱排骨烹制技艺	无锡市	省级
	苏州洞庭碧螺春制作技艺	苏州市	省级
	苏式卤汁豆腐干制作技艺	苏州市	省级
	稻香村苏式月饼制作技艺	苏州市	省级
	叶受和苏式糕点制作技艺	苏州市	省级
	黄天源苏式糕团制作技艺	苏州市	省级
	陆稿荐苏式卤菜制作技艺	苏州市	省级
	采芝斋苏式糖果制作技艺	苏州市	省级
	常熟叫化鸡制作技艺	苏州常熟市	省级
	三和四美酱菜制作技艺	扬州市	省级
	宝应捶藕和鹅毛雪片制作技艺	扬州市	省级
	扬州炒饭制作技艺	扬州市	省级
	黄桥烧饼制作技艺	泰州泰兴市	省级
	常州萝卜干腌制技艺	常州市	省级
	常州梨膏糖制作技艺	常州市	省级
	横山桥百叶制作技艺	常州市	省级
	如皋董糖制作技艺	南通如皋市	省级
民俗	柚山放灯节	常州市	省级
	宜兴观蝶节	无锡市	省级

这些农业文化遗产可以在传承优秀民族文化和传统农业经验、丰富乡村文化生活、促进乡村文化旅游、开展一村一品产业及助力农村特色产品开发、构建乡村文化品牌和知识产权、参与乡村振兴和乡村生态文明建设等发挥重要作用。

五、长江江苏段沿线革命文化与主要革命文物

（一）江苏长江沿线革命文化形成的时代背景

江苏是中国共产党最早建立组织并开展革命活动的地区之一。在波澜壮阔的中国革命历史长河中，江苏人民在中国共产党的领导下，前仆后继、不怕牺牲，为国家的独立、民族的解放、人民的新生进行了艰苦卓绝的斗争。

整个新民主主义革命时期，江苏是各种政治势力重点聚集的区域。当时，江苏所辖的上海是帝国主义势力横行无忌的经济中心，而南京则是国民党统治时期、日伪盘踞时期的政治中心。在极端的艰难困苦中，通过秘密的与公开的、武装的与其他形式的斗争，在党的创建初期和大革命时期，江苏的党组织曾领导了震惊全国的陇海铁路工人大罢工和两浦工人大罢工；1927 年大革命失败后，曾组织了大江南北的农民暴动，创建了活动于通如泰靖地区的红十四军。抗战时期，江苏是新四军活动的主要地区之一，诞生的敌后抗日根据地成为抗战的重要战场。解放战争时期，举世闻名的苏中战役、淮海战役和渡江战役，都发生在江苏，革命先烈的鲜血流遍了江苏大地。据不完全统计，新民主主义革命时期，在江苏牺牲的有姓名可查的先烈约有 10 万人。他们以自己的艰苦奋斗，流血牺

牲,树立了全心全意为人民服务,为民族的独立和人民的解放而无私奉献的崇高形象。

1. 大革命及土地革命时期

江苏是全国最早传播马克思主义以及中国共产党最早建立组织并开展革命活动的地区之一。早在党的"一大"之前,南京就有了共产党人的活动。1921年7月中国共产党成立以后,中共即在江苏开展活动,发展党员,建立基层组织,并领导了震惊全国的陇海铁路工人大罢工和南京两浦工人大罢工。1922年春,中共陇海铁路徐州(铜山)站支部建立。同年,王荷波等人组建了南京地区第一个党小组——浦口党小组,王荷波等人秘密筹组工会的浦镇机厂浴室就是重要遗址。到1927年初,党在江苏已建立了南京、无锡两个地方委员会和47个特支、独支、支部,党员发展到525人。

1927年四一二反革命政变及蒋介石夺取政权后,把国民政府定都于南京。在白色恐怖笼罩之下,中共江苏省委努力恢复工作,根据中共中央八七会议确定的武装反抗国民党、开展土地革命的方针,坚持地下斗争,发动农民暴动,先后领导了宜兴、无锡、江阴、丹阳、淮安横沟寺、如泰农民的大暴动,并在此基础上组建了江阴红军、如泰红军和南通东乡游击队,后又合编组建中国工农红军第十四军,开辟了通海如泰革命根据地,给予国民党统治以沉重的打击。

2. 抗日战争时期

抗日战争时期,长江江苏段一带是日伪控制的重要区域之一,日军侵华总司令部和汪伪政权中心都设在南京。日寇在江苏烧杀抢掠,制造了震惊中外的"南京大屠杀"等一系列惨案,给江苏人民带来深重的灾难。江苏人民在中国共产党的领导下,开展了英勇的抗日斗争。东进的新四军和南下的八路军密切配合,相继挺进江苏敌后,发动群众在长江江苏段一带开展游击战争。1938年在镇江西南韦岗首战获胜。之后又取得新塘、句容城、小丹阳、永安桥等大小近百次战斗的胜利,在长江江苏段沿线逐步建立了以茅山为中心的苏南抗日根据地。1939年,以茅山抗日根据地为基地,组建江南抗日义勇军总指挥部,东进直逼淞沪,并派部北渡长江进入苏中地区。1939年在今溧阳市的水西村成立新四军江南指挥部,统一领导新四军第一、二支队的抗日地方武装。新四军挺进纵队的苏皖支队还在长江江苏段沿线的扬州、泰州、六合等地区迅速发展,取得了郭村保卫战和著名的黄桥战役等重大胜利,沉重打击了日伪势力。

3. 解放战争时期

抗日战争胜利后,党又领导江苏人民为实现民主、和平而奋斗。在淮安成立了中共中央华中分局和苏皖边区政府,统一领导长江以北苏皖解放区的工作。在1946年夏国民党军队对苏皖解放区的进攻中,我华中野战军在粟裕、谭震林的领导下,在苏中地区迎头痛击来犯之敌,取得了七战七捷的胜利。在中共华中工委的领导下,江苏各地党组织和地方武装在解放战争最艰苦的日子里,依靠群众,坚持斗争,积小胜为大胜。同时,党还领导了国民党统治区的学生、工人运动,形成了人民解放战争的第二条战线。

1948年冬,苏北解放区人民响应党的号召,积极支援淮海战役,江苏出动支前民工107万人,担架1.5万余副,车辆8万余辆,运送粮食2886.5万公斤,为淮海战役的胜利作出了贡献。1949年4月23日,人民解放军占领南京,宣告了国民党反动统治的灭亡。6月2日,攻克崇明,江苏全境解放。江苏人民在中国共产党的领导下,经过22年的流血牺牲,终于取得了新民主主义革命的胜利。

(二) 主要革命文物

1. 长江江苏段沿线革命遗址文物分布广、数量多

革命文物主要指1921年中国共产党成立前后到1949年新中国诞生过程中形成并保存下来的与革命运动、重大革命历史事件或革命英烈相关的实物见证,包括革

命旧址、革命纪念设施、爱国主义教育基地等不可移动革命文物,以及可移动革命文物。它们是革命文化的重要载体和优秀传统文化的重要构成。江苏长江流域是全国最早传播马克思主义和建立党组织的地区之一,也是新四军抗日救国、解放中国的重要根据地。长江江苏段沿线是中国共产党活动和战斗的重要区域,留下了丰厚的革命文化遗产和可歌可泣的英雄事迹,孕育了包括周恩来精神、新四军铁军精神、淮海战役精神等在内的丰富的革命精神。这些也是江苏长江文化的重要组成。

江苏长江沿线有着丰富的红色文化遗产,不仅是开展理想信念教育、培育和践行社会主义核心价值观、弘扬以爱国主义为核心的民族精神的重要载体和资源,更是江苏优秀传统文化的当代形态。以江苏不可移动革命文物和纪念场馆、设施等为例,分布在长江江苏段沿线 8 市的被列入全国重点文物保护单位的革命遗址有 11 处,国家级爱国主义教育示范基地 24 处,以及第一批“国家级抗战纪念设施、遗址名录”中涉及长江江苏段的有 4 处。

长江江苏段沿线主要全国重点文物保护单位中的中国共产党革命遗址名录表

名称	所在地	列入年份
雨花台烈士陵园	南京市	1988
瞿秋白故居	常州市	1996
中国共产党代表团办事处旧址(梅园新村)	南京市	1996
张太雷故居	常州市	2006
侵华日军南京大屠杀死难同胞丛葬地	南京市	2006
人民海军诞生地	泰州市	2006
黄山炮台旧址	无锡江阴市	2013
韩公馆(联合抗日座谈会会址)	南通市海安县	2013
秦邦宪旧居	无锡市	2013
新四军江南指挥部旧址	常州溧阳市	2013
黄桥战斗旧址	泰州泰兴市	2013

常州张太雷故居

人民海军诞生地旧址

长江江苏段沿线主要国家级爱国主义教育示范基地名录表

批次	公布时间	名称
第一批	1997	中山陵、周恩来纪念馆(故居)、新四军纪念馆、侵华日军南京大屠杀遇难同胞纪念馆、雨花台烈士陵园、《南京条约》史料陈列馆(中英《南京条约》签约旧址)
第二批	2001	梅园新村纪念馆、沙家浜革命历史纪念馆、茅山新四军纪念馆、南京博物院
第三批	2005	泰兴黄桥革命历史纪念地(新四军黄桥战役革命历史纪念塔、新四军苏北指挥部旧址、新四军第三纵队司令部旧址、粟裕部分骨灰安放处等)、常州"三杰"纪念地(常州"三杰"纪念馆、瞿秋白故居、张太雷故居、恽代英纪念广场)、苏中七战七捷纪念馆、顾炎武纪念馆
第四批	2009	中国人民解放军海军诞生地纪念馆、新四军江南指挥部纪念馆、南京云锦博物馆
第六批	2019	审计博物馆、扬州博物馆、南京长江大桥、国家超级计算无锡中心
第七批	2021	江都水利枢纽、深海技术科学太湖实验室、南通博物苑(张謇博物馆)

第一批"国家级抗战纪念设施、遗址名录"中涉及长江江苏段的名录表

名称	地址
侵华日军南京大屠杀遇难同胞纪念馆	南京市建邺区水西门大街418号
南京抗日航空烈士纪念馆	南京市玄武区钟山北麓
中国战区侵华日军投降签字仪式旧址	南京市原南京军区大院内
拉贝故居	南京市鼓楼区广州路小粉桥1号

2. 与发生在长江江苏段的重要党史事件相关的遗迹

苏中七战七捷、渡江战役等重大事件,在中共党史上都有着重要的地位和意义。国共合作期间,以周恩来、董必武为代表的中共代表团在南京的活动体现了无私的爱国精神和统战精神。保留至今的相关革命遗迹较多,如渡江战役前委指挥部旧址等。

长江江苏段沿线重要党史事件及相关革命遗迹表

重要党史事件	相关革命遗迹
中共在江苏建立组织	泰州中共江浙区泰兴独立支部旧址纪念馆
中共创建红十四军	南通如皋中国工农红军第十四军纪念馆
国民党当局枪杀共产党人和革命志士	南京雨花台烈士陵园
中共领导农民暴动	无锡县农民革命运动纪念馆、无锡农民革命军总司令部旧址、宜兴秋收暴动纪念碑
黄桥战役	泰兴黄桥革命历史纪念地(包括新四军黄桥战役纪念塔、新四军苏北指挥部旧址、新四军第三纵队司令部旧址、粟裕部分骨灰安放处等)
新四军创建抗日民主根据地	南京高淳老街新四军一支队司令部旧址、常州溧阳新四军江南指挥部、镇江句容茅山新四军纪念馆及陵园、泰州中学新四军东进泰州谈判处旧址、南通新四军一师师部旧址、盐城新四军重建军部旧址及纪念馆、淮安盱眙黄花塘新四军军部旧址
苏中七战七捷	泰州七战七捷战争遗迹、南通苏中七战七捷纪念馆
淮海战役	徐州淮海战役纪念馆、淮海战役碾庄战斗革命烈士陵园
渡江战役	南京渡江胜利纪念馆、总统府
上海战役	上海战役前敌指挥部等革命旧址、纪念馆、陵园
创建人民海军	泰州人民海军诞生地纪念馆

3. 与在长江江苏段出生或活动的重要革命人物相关的遗迹

在江苏长江沿线,以周恩来为代表,革命英杰辈出,无数英烈长眠于此,体现了崇高的爱国气节和高尚的道德品质。瞿秋白、陈延年、赵世炎、邓中夏、陈毅、粟裕、叶剑英、李克农、董必武等党和军队重要领导人都曾在江苏从事革命活动,有的还牺牲在江苏,留下众多宝贵遗迹。

长江江苏段沿线主要党史人物及相关革命遗迹表

党史人物	相关革命遗迹
周恩来	扬州周恩来少年读书处、淮安周恩来纪念馆和故居
瞿秋白	常州瞿秋白纪念馆
张太雷	张太雷纪念馆
恽代英	恽代英纪念馆
李公朴	李公朴故居
史良	史良故居
王诤(工农红军领导人)	常州王诤故居
张闻天	无锡张闻天旧居
秦邦宪(博古)	秦邦宪(博古)故居
陆定一	陆定一故居
秦起	秦起铜像
王昆仑	王昆仑故居
孙冶方	孙冶方故居
江上青	江上青故居
许晓轩	许晓轩故居
李超时	徐州李超时纪念馆
小萝卜头(宋振中)	小萝卜头(宋振中)纪念馆
乔冠华	盐城乔冠华故居
胡乔木	胡乔木故居
顾正红(“五卅”先驱)	盐城滨海顾正红故居
粟裕	粟裕纪念馆、粟裕部分骨灰安放处
其他革命烈士	南京雨花台烈士陵园、苏州革命烈士纪念馆、连云港抗日山烈士陵园等

4. 承载革命精神的遗迹

承载新四军铁军精神的遗迹。新四军是中国共产党领导的人民军队，是坚持华中敌后抗日根据地的主力军，是中国抗战的一支中坚力量。它源于第一次国共合作时期被誉为“铁军”的国民革命军第四军叶挺独立团和毛泽东、朱德创建的中国工农红军第四军，由南方 8 省 14 个地区的红军游击队改编而成。在中华民族面临生死存亡的危急关头，这支担负民族解放历史使命的人民武装，挺进华中敌后，浴血奋战，在对敌斗争中不断发展壮大，成为一支无往不胜的“铁军”，为抗日战争的胜利起到了重要作用，也为夺取新民主主义革命的胜利作出了历史贡献。新四军创造了辉煌战绩，铸就了伟大的铁军精神。

关于新四军铁军精神的内涵，新四军领导人和军地学术界学者都有过集中的论述。张震将军认为：新四军铁军精神是新四军指战员用鲜血和生命铸就的爱国主义精神，是新四军战士勇敢无畏的革命英雄主义精神，还是五湖四海、求贤似渴的团结战斗精神，更是解放思想、实事求是的创新精神。周克玉将军认为：新四军铁军精神是新四军用忠诚和热血锻造、丰富和发展了的精神，是跟党举旗的坚定信念、英勇果敢的钢铁意志、相忍为国的博大胸怀、坚忍不拔的顽强作风、众志成城的赤诚团结、步调一致的自觉纪律。学者刘以顺认为：新四军铁军精神是同仇敌忾、相忍为国的爱国精神，海纳百川、共同战斗的团结精神，顾全大局、服从整体的全局精神，抓住机遇、开拓前进的创新精神，一不怕苦、二不怕死的牺牲精神，不屈不挠、不骄不躁的拼搏精神。

铁军精神，既是人民军队优良传统的集中反映，也是共产党人优良作风的生动展示，更是中华民族自强不息精神的鲜明体现。在全面建设小康社会和构建社会主义和谐社会的今天，铁军精神仍然具有超越时空的强大生命力，闪烁着耀眼夺目的光辉，为实现中华民族伟大复兴提供了强大的精神动力。江苏境内保留有众多铁军精神的载体遗迹，尤以盐城居多，有全国规模最大、资料最全、专业性最强的盐城新四军纪念馆，见证新四军发展重大历史转折的新四军重建军部旧址泰山庙，八路军新四军白驹狮子口会师纪念碑，位于阜宁陈集镇的新四军军部旧址、汪朱村的华中党校旧址、羊寨单家港华中局扩大会议会址等，它们是江苏革命文物的重要构成。其中，新四军纪念馆是以新四军为主要纪念内容的纪念场所，是革命纪念馆的重要部分。江苏是新四军革命活动的重要地区，新四军纪念馆数量多、种类全、分布广、发展快。截至目前，正常开放的新四军纪念馆就有 26 家，在当地既是展示铁军精神的一座丰碑，又是进行爱国主义教育的一盏明灯，还是促进红色旅游发展的一面旗帜。

承载雨花英烈精神的遗迹。雨花英烈精神形成于中国新民主主义革命时期，贯穿大革命时期、土地革命战争时期、抗日战争时期和解放战争时期。从 1926 年至 1949 年，在这漫长的、艰苦卓绝的革命奋斗历程中，成千上万的革命烈士牺牲于国民党反动统治中心——南京及周边地区，尤其是以在雨花台牺牲的烈士群体最为集中、最为典型和最具代表性。1927 年至 1949 年，成千上万的英烈牺牲在雨花台，其中留下姓名的烈士有 1519 名。他们牺牲时大多处在青春年华，最小的才 16 岁。

长江江苏段沿线主要新四军纪念馆名录表

纪念馆名称	地点	占地面积(平方米)	备注
新四军纪念馆	镇江句容市茅山镇	16000	国家 AAAA 级旅游景区、全国爱国主义教育示范基地
新四军第一支队司令部旧址纪念馆	南京市高淳区淳溪街道	2700	
新四军江南指挥部纪念馆	常州溧阳市水西村	6000	全国爱国主义教育示范基地
新四军苏北指挥部旧址	泰州市姜堰区	800	
沙家浜风景区	苏州常熟市沙家浜镇	2668000	国家 AAAA 级旅游景区、全国爱国主义教育示范基地、首批国家国防教育示范基地
新四军黄桥战役纪念馆	泰州泰兴市黄桥	4800	全国爱国主义教育示范基地、全国红色旅游经典景区

续表

纪念馆名称	地点	占地面积(平方米)	备注
黄桥公园及黄桥战役支前委旧址	泰州泰兴市黄桥镇	18100	
新四军太湖游击队纪念馆	苏州市吴中区光福镇	1700	
苏中七战七捷纪念馆	南通海安市	20000	全国爱国主义教育示范基地
三烈士墓("皖南事变"陈列室)	南京市雨花台区	10000	
中安轮遇难烈士纪念馆	泰州泰兴市	10000	
新四军联抗烈士陵园	南通海安市墩头镇	33300	
海安县烈士陵园(粟裕纪念馆)	南通海安市	33300	
四县抗敌总会纪念馆	镇江市丹徒区宝堰镇	3600	
抗日民主政府旧址	南京市六合区竹镇	10000	

江苏省把雨花英烈精神表述为"信仰至上、慨然担当、舍身为民、矢志兴邦"。这符合习近平总书记的有关重要讲话精神。2014年底,习近平总书记在视察江苏时指出,雨花台烈士的事迹"展示了共产党人的崇高理想信念、高尚道德情操、为民牺牲的大无畏精神"。这三个方面,既是雨花台烈士英勇事迹的集中体现,也应是雨花英烈精神的主要内涵,符合雨花台烈士的史实。

在雨花台牺牲的英烈中,有许多知识分子出身的共产党人,他们都有机会凭借受过的良好教育,过上富足安定的生活,但当他们接受马克思主义的理想信念后,这一科学理论和它所揭示的改造中国社会的正确路径及光明前景,就成为他们心中不可移易的崇高信仰。为了这一信仰,他们放弃了现实的利益、长久的富贵,甚至不惜为之付出鲜血和生命。如抽取1519名雨花台烈士中最具代表性的一部分，列举他们曾担任过的主要党内职务和社会职位，可一窥雨花英烈群体的整体面貌。

部分雨花台烈士的党内职务和社会职位

序号	党内职务和社会职位	姓名
1	北伐战争国民革命军第一军军部机要秘书、东路军总指挥部第一科上校科长、第一师政治部主任	胡秉铎
2	北伐战争国民革命军东路先遣军连指导员、中央炮兵学校支部书记、中共南京市委委员	文绍珍
3	中共安徽省潜山县委书记	芮兰生
4	中共上海法南区、南市区委书记	于以振
5	中共吴县县委书记	朱杏南
6	中共徐海蚌特委委员兼凤阳县委书记、中共长淮特委书记	朱务平
7	中共徐海蚌特委宣传部部长、长淮特委书记、中共沪东区委书记、江苏省委巡视员	陈履真
8	中共凤阳县委书记	赵连轩
9	中共湘东特委委员、湖南醴陵县委委员兼南四区委书记	周不论
10	中共川沙县委书记	汪裕先
11	中共江阴县委书记、中共江苏省徐海蚌特委会书记、中国工农红军第十七军军长	蒋云
12	中共广西梧州地委书记、中华全国总工会秘书长、《红旗报》编辑	谭寿林
13	中共常熟县委书记、中共苏中区党委巡视员、通海行署主任、中共中央华中分局十地委常委兼社会部部长	任天石
14	抗日民主政府安徽无为县县长、启海新兵团参谋长	黄叔雷
15	中共福安县委书记，中共闽浙赣边区委员会社会部部长、城工部副部长	孟琇椿
16	中共福州市委书记、中共闽北特委书记、中共福建省委常委及秘书长兼组织部部长	杨峻德
17	上海中共中央军委会工作人员	林萃
18	李大钊之友，中共二大中央执委会委员、中央临时政治局候补委员、中共湘鄂西特委书记、红二军团政委	邓中夏

续表

序号	党内职务和社会职位	姓名
19	中共五大中央委员、南昌起义前敌委员会委员、中共中央宣传部及组织部秘书长等	恽代英
20	美国共产党中央中国局第一任书记、中共河北省委书记兼宣传部部长	施滉
21	中共江苏省委书记、中共河南省委书记	许包野
22	中共河北临时省委组织部部长、中共江苏省委常委兼上海革命工会党团书记	陈原道
23	中共江苏省委组织部部长	黄励
24	中央军委秘书、中共中央特科总务部及上海中央局机关工作人员	李得钊
25	刘少奇夫人、汉口市妇女协会组织部部长、中国革命互济会营救部部长	何宝珍
26	中共韶山特别支部首任书记、湘潭县委书记、湖南省委委员	毛福轩
27	中共民国大学支部书记、北京地委西区委员、中共大连地委宣传部部长、中共云南特别委员会委员、中共中央机关巡视人员	张炽
28	湖北省妇女协会执行委员	徐全直
29	中共平津地区秘密工作者	丁香
30	中共南京地委书记	谢文锦
31	中共中央审查委员会委员,中共南京市委书记,沪宁、沪杭甬铁路总工会委员长	孙津川
32	中共南京市委书记	黄瑞生
33	中共安徽省太和县委书记、中共南京市特别支部书记	顾衡
34	中共第四中山大学党支部书记、中共南京市委候补委员	王崇典
35	中共扬州县委负责人、中共江苏省委巡视员、中共南京市行动委员会书记	李济平
36	中共中央特派员、南京市委常委、南京市行动委员会委员	夏雨初
37	中共武昌市委书记,中共南京市委委员、组织部部长,中共南京特委负责人	李耘生
38	中国左翼作家联盟常委、中共中央驻北方代表秘书处处长	洪灵菲
39	左翼社会科学联盟中共党团书记、中国左翼文化总同盟书记	陈处泰

续表

序号	党内职务和社会职位	姓名
40	中共陇海铁路徐州(铜山)站支部书记、北伐战争国民革命军司令部所属铁道大队副大队长	姚佐唐
41	中共南京市委宣传部工作人员	郭凤韶
42	中共北平市委发行部部长	周国荣
43	《广西日报》总编辑,《文萃》杂志主编	陈子涛
44	中共山东日照县委宣传部部长、中共北平市委工作人员	郑天九
45	安徽省旌德县县长、湖南省茶陵县县长	谭梓生
46	中共上海江湾区委书记	马克昌
47	中共上海劳动大学党支部书记	倪朝龙
48	中共上海江湾区街道支部书记	刘希雨
49	中共上海中华艺术大学支部宣传委员	吕国英
50	中共苏州中心县委组织部部长	张阿春
51	中共江苏省委工作人员、中共淞浦特委内部交通工作人员	姜辉麟
52	中共江苏省委巡视员	张文卿
53	中共南京市委委员、中共和记洋行支部书记	邓定海
54	中共南京市委常委兼组织委员、浦镇机厂党支部书记	许立双
55	中共中央大学支部书记	黄祥宾
56	中共金陵大学支部书记、中共南京市委委员及常委	陈景星
57	中共江苏大学(东南大学、第四中山大学、中央大学)党支部书记	齐国庆
58	共青团晓庄师范支部书记	袁咨桐
59	中共晓庄师范党支部书记、中共南京市行动委员会委员	石俊
60	共青团江苏省(兼上海市)委书记、团中央宣传部部长、中央苏维埃区域中央局委员	吴振鹏
61	共青团无锡县委书记	高文华
62	共青团江苏省委书记、上海沪中区行委书记	杨振铎
63	共青团江苏省委军委秘书、团中央军委负责人	李治邦
64	共青团江苏省委青工部部长、组织部部长	胡南生

续表

序号	党内职务和社会职位	姓名
65	共青团无锡中心县委书记、上海闸北区委书记	郭纲琳
66	共青团南京地委书记、南京总工会总务主任兼秘书主任	文化震
67	中共南京市委委员兼共青团南京市委书记	贺瑞麟
68	共青团南京地委妇女委员、国民党南京市党部妇女部长、中共南京地委妇女委员	陈君起
69	共青团南京地区城北支部书记、南京总工会执行委员	钟天樾
70	共青团天津特支组织部主任、国民党天津市党部书记委员、北伐战争国民革命军第六军军官	谢曦
71	共青团宁波市委宣传部长	康友川
72	共青团上海区委宣传部长	徐述尧
73	共青团上海沪西区委宣传部长及组织部长、衡阳《开明日报》总编辑	骆何民
74	共青团宜兴县委书记、中共南京市委委员兼共青团南京市委书记、共青团江苏省委巡视员	史砚芬
75	中共六大中央委员、中央政治局候补委员，中共江苏省委书记、中华全国总工会党团主任、中共中央组织部副部长、中共广东省委书记、中共中央南方局书记、中共满洲省委书记、中华全国总工会上海执行局党团书记	罗登贤
76	中国工农红军晋西游击队分队长、上海中央局军委工作人员	胡廷俊
77	红军独立师第二团团长、抗日同盟军吉鸿昌部秘书及参谋长	柳志杰
78	新四军驻上海办事处主任、中共苏中区党委秘密工作部部长、中共中央华中分局二地委组织部部长	杨斌
79	新四军江宁湖熟地区情报站主任、江宁县抗日民主政府赤山区区长	陶家齐
80	新四军第四十六团民运股股长、抗日民主政府江宁县秘书	焦恭士
81	国民革命军第三军党代表兼政治部主任、南昌起义第九军党代表、新四军政治部顾问兼直属战地服务团团长、新四军联络部部长、新四军兼山东军区秘书长、华中民主联军政委等	朱克靖
82	八路军留守兵团政治部烽火剧团团长、八路军新十一旅第一团政委	高波
83	中共靖远县委书记、延安大学教师、中共环县县委统战部部长	秦明

续表

序号	党内职务和社会职位	姓名
84	八路军三五九旅旅长秘书、三五九旅政治部宣传科科长、湖南人民抗日救国军宣传部部长、三五九旅政治部副主任	刘亚生
85	太岳军区通讯参谋、作战科长，晋冀鲁豫野战军第八纵队参谋处处长	晋夫
86	长征战士、中华全国总工会西北执行局委员长、陕甘宁边区政府民政厅厅长兼工农厅厅长、中共江西省委副书记、中共苏皖区委书记、苏南行政委员会及苏南区行政公署副主任	邓振询
87	仪征县抗日民主政府县长、无为县抗日民主政府县长、皖中行政公署主任、皖中人民抗日自卫军司令员、皖中水利委员会主任	吕惠生
88	中共丹阳县二区区委书记、丹南县县长、江宁县抗日民主政府县长	强博
89	中共镇丹县委妇女部长、中共武进县委妇女部部长	孙晓梅
90	中共上海区委军委书记、国民党江苏省党部工人部长兼秘书长	刘重民
91	中共苏州独立支部书记、国民党江苏省党部委员兼青年部长	许金元
92	中共两广区委军事部秘书、周恩来秘书、南京国民政府训练总监部及军政部秘书	冷少农
93	国民党宪兵第三团团部上尉副官、南京宪兵系统中共地下特别支部成员	蓝文胜
94	国民党江苏省党部中共党团书记、上海特别市临时市政府委员	侯绍裘
95	国民党江苏省党部执行委员兼妇女部部长、中共南京地委扩大会议成员	张应春
96	南京国民政府审计院中共地下情报人员	师集贤
97	南京国民党中央陆军军官学校入伍生团中共特支书记、地下工作者	刘雪亮
98	南京地下工作者、中央大学学生、共产党员	陈朝海
99	上海中学学生联合会负责人、江苏省委调任上海民众反对停战协定援助东北义勇军联合会青年部专职干部	曹顺标
100	南京自由运动大同盟成员、金陵大学学生	石璞
101	国民党北平第十一战区长官部少校参谋、中共地下情报人员	朱建国、孔繁蕤

续表

序号	党内职务和社会职位	姓名
102	汪伪政府军委会政治部情报局上校秘书、中共地下情报人员、中共中央华中分局第三工作委员会主任	徐楚光
103	中共中央华中分局特派员、策动国民党第八兵团司令官刘汝明等起义人员	周镐、祝元福、王清瀚等
104	中共中央军委派驻杨虎城部统战人员、中共中央军委军事特派员、苏北联合抗日部队副司令员兼参谋长、地下情报工作者	卢志英
105	国民党南京高级军校特别党部、中共地下工作者	李昌祉
106	国民革命军第八师连党代表、共青团上海法南区委书记	李文卿
107	国民党保定绥靖公署军法处副处长、河北省政府机要秘书、中共地下情报人员	丁行
108	国民党八十六军四十六团团长、国民党北平第十一战区长官部作战处少将处长、中共地下情报人员	谢士炎
109	北平国民党空军第二军区司令部总务科参谋、中共地下情报人员	赵良璋
110	国民革命军总司令部政治部主任、著名国民党左派领导人	邓演达

(据南京大学文化与自然遗产研究所等编著:《雨花英烈精神》,江苏人民出版社,2019 年)

由上表可以看出,在列出的 100 多位烈士中,有相当一部分属于党的中高级干部,他们中有的曾是毛泽东的亲属、朱德的同学、刘少奇的夫人、陈潭秋的夫人、周恩来的助手、贺龙的战友。这一方面反映了新民主主义革命时期敌我斗争状况的惨烈和悲壮;另一方面也说明,正是因为众多党员干部能够在关键时刻严于律己,敢于牺牲,将生命奉献给民族解放和国家独立的伟大事业,中国共产党才能引领和感染广大群众不畏死亡,不惧流血,与反动势力殊死抗争,进而成就伟大的事业,铸成不朽的雨花英烈精神。

2016 年 7 月 1 日,习近平总书记在庆祝中国共产党成立 95 周年大会上发表以“不忘初心、继续前进”为主旨的讲话,雨花英烈精神恰恰体现了中国共产党人的初心,即崇高的理想信念、高尚的道德情操和大无畏的牺牲精神,是中国特色社会主义“文化自信”中革命文化的重要内涵。党的十九大报告开宗明义指出:

"中国共产党人的初心和使命,就是为中国人民谋幸福,为中华民族谋复兴。这个初心和使命是激励中国共产党人不断前进的根本动力。"在雨花台牺牲的烈士是成千上万革命先烈的杰出代表,是党的伟大初心的忠诚坚守者和英勇实践者中的一部分。他们的光辉事迹和崇高精神,闪耀着伟大民族精神的光芒,是中国共产党和中华民族极为宝贵的精神财富。

南京雨花台在中国共产党的历史上具有特殊的重要地位,雨花台革命烈士的英勇事迹,是中共党史长卷中极其英勇悲壮的一章,雨花台革命烈士的不朽精神,是中国共产党最为宝贵的精神财富,是中国共产党人精神家园的重要组成部分。习近平总书记指出,要用好用活这些丰富的党史资源,使之成为激励人民不断开拓前进的强大精神力量。雨花台烈士陵园内现有以北殉难处、东殉难处、西殉难处、知名烈士墓、烈士遗物等为核心的革命文物资源,以及纪念碑、纪念雕像、纪念馆、忠魂亭、红领巾广场等为核心的纪念设施。雨花台革命文物和革命纪念地具有很高的历史、科学、教育、文化价值,是展现中共党史、中国革命史、中国近现代史的重要例证,凝结着中国共产党和进步人士的奋斗历程与优良传统,承载着不朽的民族优秀文化传统,是当代和未来让共产党人以及广大人民感知爱国主义、革命传统和社会主义乃至共产主义理想信念的生动教材。

承载淮海战役精神的遗迹。淮海战役精神形成于解放战争时期的江淮大地。1948 年,在以江苏徐州为中心,东起连云港,西至商丘,北至枣庄,南达淮河的广大区域内发生了一场决定中国命运的大决战——淮海战役。经过 60 多天的鏖战,解放军以伤亡 13.4 万人的代价,消灭及改编国民党军五个兵团部、22 个军部、56 个师及一个绥靖区共 55.5 万人,解放了长江以北的豫皖苏广大地区,造成"饮马长江、解放全国"的有利态势,蒋介石被迫宣告"引退",南京国民党政权随之处于风雨飘摇之中,创造了我军战争史上规模最大的以少胜多的奇迹。该战役同辽沈战役、平津战役一起,被誉为中国人民解放战争史上具有决定意义的三大战役,决定了中国革命取得根本性的胜利,也铸就了宝贵的革命精神——淮海战役精神,即共产党人科学运筹、果敢决断的担当精神,听党指挥、忠诚可靠的全局意识,一往无前、英勇善战的战斗精神,依靠群众、相信群众的支前精神。今保留在江苏徐州境内的淮海战役碾庄战斗革命烈士纪念碑、淮海战役纪念建筑群等革命文物就是这一精神的重要见证。

承载周恩来精神的遗迹。周恩来同志是伟大的马克思主义者,伟大的无产阶级革命家、政治家、军事家、外交家,党和国家主要领导人之一,中国人民解放军主要创建人之一,中华人民共和国的开国元勋,是以毛泽东同志为核心的党的第一代中央领导集体的重要成员。在50多年的革命生涯中,周恩来同志毫无保留地把全部精力奉献给了党和人民,为中国共产党的建立、发展、壮大,为新民主主义革命和社会主义建设事业作出了重要贡献。周恩来同志的一生,是光辉的一生、奋斗的一生,他的丰功伟绩永远屹立在中国共产党和中华民族的历史上,铭刻在全国各族人民的心里。习近平总书记说:“周恩来,这是一个光荣的名字、不朽的名字。每当我们提起这个名字就感到很温暖、很自豪。”并用六个“杰出楷模”全面概括了周恩来同志的崇高品德和精神风范:(1)周恩来同志是不忘初心、坚守信仰的杰出楷模;(2)周恩来同志是对党忠诚、维护大局的杰出楷模;(3)周恩来同志是热爱人民、勤政为民的杰出楷模;(4)周恩来同志是自我革命、永远奋斗的杰出楷模;(5)周恩来同志是勇于担当、鞠躬尽瘁的杰出楷模;(6)周恩来同志是严于律己、清正廉洁的杰出楷模。周恩来精神,是中华民族最优秀的文化精神和崇高的共产主义精神的完美统一,是共产党人理想精神的集中体现,是中国时代精神的集中体现,具有永恒的价值。

今保留在江苏境内的周恩来精神依托的遗迹也众多,如2018年周恩来纪念馆在完成场馆升级改造后,推出主题为《人民总理周恩来》的基本陈列展,就包括550张不同时期的历史照片、103件饱含故事的文物、274组珍贵文献资料,其中60%的文物和70%的资料都是首次公开展出,文物价值颇高。

此外,为赢得全国最终解放,江苏大地还发生了一场伟大的战役——渡江战役。渡江战役历时43天,人民解放军以伤亡6万余人的代价,歼灭国民党军11

个军部、46 个师共 43 万余人，解放了南京、上海、武汉、杭州、南昌等诸多大城市，以及江苏、安徽两省全境和浙江省大部分及江西、湖北、福建等省各一部分。当时，中国人民解放军冲破长江天险，创造了中国历史上最伟大的一次大进军。渡江过程中，涌现出大批渡江英勇船工，与解放军并肩作战，不少船工为此牺牲。渡江战役充分体现了彻底革命、勇往直前的革命精神，排除万难、奋勇争先的拼命精神，无所畏惧、勇于牺牲的舍命精神和坚定信念、军政全胜的立命精神，这些构成了渡江战役精神的主要内涵。渡江战役精神是中国革命进程中养成的中国伟大精神的重要组成部分。保留的众多遗址遗迹，如渡江胜利纪念碑、渡江战役总前委旧址等，成为江苏革命文物的重要组成部分。

长江江苏段沿线主要省级以上革命文化相关文物保护单位

名称	所在地	文物保护单位级别	列入年份
名人故、旧居			
瞿秋白故居	常州市	国家级	1996
张太雷故居	常州市	国家级	2006
秦邦宪旧居	无锡市	国家级	2013
周恩来少年读书处	宝应县	省级	2002
陆定一故居	无锡市	省级	2002
周培源故居	宜兴市	省级	2011
张闻天旧居	无锡市	省级	2011
吴晓邦故居	太仓市	省级	2011
烈士墓及纪念设施			
雨花台烈士陵园	南京市	国家级	1988
侵华日军南京大屠杀死难同胞丛葬地	南京市	国家级	2006
渡江胜利纪念碑	南京市	省级	1982
杨根思烈士祠墓	泰兴县	省级	1982

续表

名称	所在地	文物保护单位级别	列入年份
苏中七战七捷纪念碑	海安县	省级	1995
张应春烈士墓	吴江市	省级	1995
高凤英烈士墓	海安县	省级	1995
航空烈士公墓	南京市	省级	2002
新四军联抗部队烈士墓	海安县	省级	2002
皖南事变三烈士墓	南京市	省级	2002
苏南抗战胜利纪念碑	句容市	省级	2011
重要历史事件和重要机构旧址			
人民海军诞生地	泰州市	国家级	2006
韩公馆(联合抗日座谈会会址)	海安县	国家级	2013
新四军江南指挥部旧址	溧阳市	国家级	2013
黄桥战斗旧址	泰兴市	国家级	2013
两浦铁路工人“二七”大罢工指挥所旧址	南京市	省级	1982
“五卅”演讲厅	镇江市	省级	1982
八路军驻京办事处旧址	南京市	省级	1982
新四军一支队司令部旧址	高淳县	省级	1982
新四军四县联合抗日会议会址	丹徒县	省级	1982
苏北第一届参政会会址	海安县	省级	1982
郭村战斗指挥部旧址	扬州市	省级	1982
华东野战军渡江战役指挥部旧址	泰州市	省级	1982
新四军东进泰州谈判处旧址	泰州市	省级	1995
总前委、三野司令部旧址	丹阳市	省级	1995
横山县抗日民主政府旧址	南京市	省级	2011
军事建筑及设施			
黄山炮台旧址	江阴市	国家级	2013

续表

名称	所在地	文物保护单位级别	列入年份
文化教育建筑及附属物			
苏北抗大九分校旧址	启东市	省级	2002
华中雪枫大学旧址	高邮市	省级	2011
培根师范旧址	扬中市	省级	2011
近现代重要史迹			
新四军标语	宜兴县	省级	1982

六、长江江苏段沿线主要工商业文化遗产

（一）工商业文化遗产概况

工业是人类创造文化、推进文明的重要活动。兴办工商业是城市或区域的重要职能之一。根据国际工业遗产保护协会于2003年通过的《下塔吉尔宪章》，工业遗产是指具有历史价值、技术价值、社会意义、建筑或科研价值的工业文化遗存。包括建筑物和机械、车间、磨坊、工厂、矿山以及相关的加工提炼场地、仓库和店铺、生产传输和使用能源的场所、交通基础设施，此外，还有与工业生产相关的其他社会活动场所，如住房供给或者教育。工业遗产关注的主要历史时期是自18世纪后半叶工业革命至今，但仍包含前工业时期和工业萌芽期的活动。本研究所阐述的工商业遗产既包含上述内涵之工业遗产，也囊括与工业遗产相伴相生之商业遗产，主要包括店铺作坊、金融商贸机构（如银行、洋行等）、商界会馆等建筑实体类遗产。

长江江苏段沿线工商业发展的启蒙是从手工业开始的，重要部门主要有陶瓷业、纺织业、冶金业、造船业、造纸业等。

首先，长江江苏段沿线纺织业可追溯到新石器时代，草鞋山遗址中出土的三

块葛布残片被认为是我国目前发现的时代最为久远的纺织品实物之一。从残片的纺织工艺来看,当时的手工纺织技术已达到较高的水平。后历朝历代,江苏的纺织业一直富于盛名。六朝时期,江南素以出产麻葛织品而著称。东晋末年,刘裕出兵灭后秦,将长安的“百工”迁至建康(今南京),设立“锦署”专司织锦生产,此后江南的丝织业逐步发展壮大。唐代,江浙一带的丝织品远销海外,深受欢迎。宋代以来,苏州的“苏绣”驰名天下。苏州瑞光寺塔内发现有北宋时的刺绣,已具相当高的工艺水平。后苏绣工艺又不断发展完善,在用色上讲究和谐文静,不露生硬跳动的痕迹,行针力求平匀熨帖,无参差之处。其针法非常讲究,有齐针、抢针等多种。高超精细的工艺技术,使得苏绣产品精美细腻、雅致生动,享誉中外,与湘绣、蜀绣、粤绣并称为中国“四大名绣”。元代,棉纺织业发展迅速,黄道婆在其中作出了重要的贡献。明代,苏杭地区的丝织业一度领跑全国,成为江南丝织业中心。清代康熙至嘉庆年间,南京织造业在全国首屈一指,被称为“云锦之乡”。

其次,长江江苏段一带是我国境内较早出现陶器的地区之一。东汉时期,宜兴成为中国的制陶中心之一,不仅烧制黑陶,还烧制铅釉陶。三国吴至隋唐,宜兴窑已能烧制青瓷器,但其主要产品仍然是陶器。宋代,宜兴已不再烧制瓷器,而是专攻陶器,这为明清时期宜兴成为中国的“陶都”奠定了基础。宜兴以紫砂陶著称于世,而紫砂陶的烧制可上溯至宋元时代,相传其产地为范蠡故居所在的丁山蠡墅村。宋元时代宜兴陶器产品主要有两类:一是被称为“韩瓶”的水壶等陶器。韩瓶,相传是南宋抗金名将韩世忠部队所使用的一种军用水壶。这种壶,在宜兴、溧阳一带宋金古战场遗址中发现很多,成为一种特殊的历史见证。二是新产品紫砂器。随着紫砂工艺的不断完善,出现光器、仿生器等不同类型,紫砂器上往往镌刻诗、文、书、画,其形状多姿多彩,紫砂器的艺术品位和文化价值不断攀升。到明正德年间(1506—1521),紫砂壶因其色泽古朴、质坚形美而备受推崇,尤其是作为高级工艺品,既可将茶文化与陶文化有机贯通,同时又能与多种艺术形式相结合,成为赢得“名器名陶,天下无类”美誉的根本所在。

再次,长江江苏段沿线金属冶炼和铸造历史也久远,成就突出。早在青铜时代就以出产铜、锡、铅等金属而闻名。铜与锡的合金就是青铜,这是在人类发展史上起过重要作用的一种合金。现出土的青铜器较为鲜明地反映了当时的意识形态、工艺水平和文化色彩,如在南京、镇江、武进、无锡、苏州等地发现的西周春秋时期的青铜器中有鼎和簋,是贵族等级的标志物。从这些出土的青铜器来看,江苏地区的青铜器形状及纹饰都带有浓厚的吴越文化特色,因此又被称为"吴冶"。江苏还是我国冶铁技术的发源地之一,早在春秋时期,吴国的冶铁技术开始成熟。江苏六合春秋晚期吴国墓葬出土的生铁实物表明,这里至迟在春秋中期就掌握了炼铁技术,遥遥领先于世界其他国家。传说干将莫邪为吴王阖闾所铸的宝剑上布满龟裂纹和水波纹,当代冶工专家据此推测这类剑已经是钢质剑。近年考古人员在镇江发现了吴国的冶铁遗址,对了解吴国的金属冶炼工艺有重大价值。汉魏之后,江苏的冶铁技术有了很大进步,南朝时建康人谢平、黄文庆采用"杂炼生鍒"法炼出的铁剑被称为"中国绝手"。隋唐时期,扬州的金银铜器制作闻名天下,尤其是扬州的铜镜,因工艺精湛、设计巧妙而备受皇室青睐。也赢得许多诗人称赞,"铸镜广陵市,菱花匣中发"[①];"扬州青铜作明镜,暗中持照不见影"[②]。唐中宗李显曾令扬州造"方丈镜",镜的背面铸铜作桂树,用白银镶嵌作树叶,再用黄金锤打成薄片,制成朵朵盛开的桂花。镜成,唐中宗李显骑马照镜,"人马俱在镜中",得意非凡。近年在印尼海域勿里洞发现的"黑石号"唐代沉船上也出土了扬州所产"江心镜",表明当时扬州铜镜已经行销海外。明代嘉靖年间(1522—1566),江苏人发明的炼钢新技术被广泛运用,声名鹊起,用此法所炼之钢,被称为"苏钢"。

最后,江苏以水乡著称,舟船的制造也十分发达。常州淹城遗址中出土有四条独木船,最大的一条有 11 米长,且船均由整棵桢楠木挖凿而成,印证了《易经·系辞》所说的"刳木为舟"的记载。春秋晚期,吴国已能造出各种实战的舰船,大型楼船用作旗舰,称为"余皇"。隋唐时期,随着大运河的开凿,扬州成为

---

① 韦应物:《感镜》,《全唐诗》卷一百九十一。

② 张籍:《白头吟》,《全唐诗》卷三百八十二。

全国的水运和造船中心。扬州石塔寺附近、邗江施桥和南通如皋等地,都曾出土过唐代木船。出土的木船表明,至迟在唐代,我国船舶已经使用斜穿铁钉的船板平接技术,而西方船舶到 15 世纪才使用船板平接技术。出土的唐船已有水密隔舱,这也比西方早约 1000 年。此外,海船也有很大的规模,高僧鉴真第一次东渡日本的海船就是在扬州新河赶造的。郑和下西洋时使用的巨型宝船就在长江沿线城市南京建造而成,今南京宝船厂遗址中还有四个巨大的当年使用的船坞遗迹。此外,随着近代交通起步和发展,清同治十一年十二月(1873 年 1 月)在长江沿线城市上海创办了中国第一家轮船企业——轮船招商局,后长江沿线城市无锡、苏州、常州、镇江都出现了航运公司。清光绪二十二年(1896)开办大清邮政,镇江是全国第一批建立官办邮政局的地区之一。南京原下关区至今仍存 1918 年所建的江苏邮政管理局旧址,镇江尚存 1921 年建的镇江邮政局旧址等。

长江江苏段沿线还是近代工业兴办较早的区域之一。鸦片战争以前,长江江苏段沿线的纺织、陶瓷、丝绸、食品、工艺等手工业已较发达。如在纺织方面,清初至清中叶,南京织造业在全国首屈一指,被称为“云锦之乡”。清代在江南所设立的三个织造局有两个在江苏,分别为江宁织造和苏州织造,其中又以江宁织造最为重要。江宁织造多由皇帝心腹担任,其实际权力仅次于两江总督。棉织业也蒸蒸日上,苏州府的常熟县、嘉定县与松江府并称三大棉纺织业中心,尤其是松江,得“衣被天下”的称誉。清中叶,南京和通州(今南通市)的棉织业崭露头角,当时南京土布和南通关庄布是最为著名的两类棉织品。南京土布生产开始于 18 世纪,以结实耐用著称于世,出口到国外,质量超过了称雄于资本主义国家的英国布匹。此时,南京、苏州等地已出现近代的资本主义生产关系。鸦片战争以后,李鸿章、张之洞等实行“富国强兵”政策,兴办洋务,引进外国先进技术和设备,开始建立了一批非营利性的官办军事工业和民用工业。清光绪七年(1881)李鸿章将苏州所办的随军炮局迁至南京,创立金陵机器制造局。特别是在清光绪二十年(1894)以后,长江江苏段沿线成为中国早期民族工商业较发达的区域。

从清光绪二十一年(1895)到宣统三年(1911)的17年间,江苏民族资本家正式立案登记创办的资本在5000银元以上的工业企业达150家之多。尤其是第一次世界大战期间,南京、南通、无锡、常州等城市的水泥、纺织、面粉、缫丝等民族工业取得重大发展。其中,张謇于1895年创办的大生纱厂占地面积22万平方米,今为南通第一棉纺厂。同时,长江江苏段沿线也出现了洋行和近代商业,主要在南京、镇江、苏州、无锡等地。清光绪年间苏州纱缎营业兴盛,远销至俄、朝、缅、印等国。宣统二年(1910)在南京首次举办全国性大规模的南洋劝业会,展销1万多种商品,交易人数达30万之多。

南通大生纱厂旧址

民国初年,长江江苏段沿线民族工商业发展成果显著。1922年在南京建成的中国水泥厂,是当时长江下游的骨干企业,1934年兴办的永利化学工业公司南京永利铔厂,引进美国技术,号称"远东第一大厂"。随着民族资本的积累,一批规模较大的企业集团出现,如无锡荣氏兄弟的茂新、福新、申新资本集团,南通张謇的大生资本集团,无锡薛南溟父子的缫丝集团,苏州刘鸿生的火柴集团,南京范旭东的化工集团,姚锡舟的水泥集团,常州刘国钧的纺织集团等。其中无锡薛氏父子的缫丝集团成为当时全国首屈一指的"丝业大王"。同时，长江江苏段沿线城市大多发展迅速，形成繁华的商业城市，镇江是当时全国转口贸易的最大口岸，无锡是著名的"米市"和"布码头"，扬州曾是全国最大的盐业经营中心。常州、南通、江阴、宜兴等都是十分繁荣的商业城市。苏州和南京出现的国货商场和中央商场及太平商场，是区别于传统商店的新型大规模的股份有限公司，这些商场至今仍存。另有苏州、南京、通崇海泰、上海(当时属江苏)共 4 个商务总会，各县、市均设有分会，总数达 84 个。同业公会还有 53 个。

(二) 主要遗产及特征

据不完全统计，长江江苏段沿线有工商业史迹 80 多处，其中省级文物保护单位有 11 处，包括中国国货银行(南京分行)、扬子饭店旧址、首都饭店旧址、交通银行南京分行旧址、金陵机器制造局厂房以及绿杨旅社、大兴面粉厂旧址、江阴蚕种场、无锡县商会旧址、茂新面粉厂、全晋会馆。

另外，就中国公布的首批 100 项(实际为 106 处)工业遗产保护名录而言，这些工业文化遗产集中分布在 28 个省市，其中江苏长江一带拥有 15 处①，数量居全国首位，占总数的 14.2%。2020 年，江苏省工信厅又首次对省内工业遗产展开了调研，共调查登记并公布了工业遗产 99 项，其中大多数分布在长江沿线，涉及建材、通信、电力、铁路等多个行业。

长江江苏段沿线主要工业遗产名录表

地级市	名录
南京市(18 项)	南京金陵机器制造局、南京永利化学工业公司铔厂、南京油泵油嘴厂、南京手表厂、中船重工集团第七二四研究所旧址、南京电影机械厂、南京第二机床厂、南京工艺装备制造厂、南京宏光空降装备厂、南京金城机械厂、南京印染厂、南京第一棉纺织厂、金陵船厂、金陵石化公司烷基苯厂、南京金线金箔总厂、南京飞燕活塞环厂等

① 分别是耀华玻璃厂、江南水泥厂、中国水泥厂、南京下关火车渡口、永利铔厂、浦镇机厂、金陵机器制造局、和记洋行、大生纱厂、永泰缫丝厂、茂新面粉厂、南京长江大桥等。

续表

地级市	名录
无锡市 (13项)	茂新面粉厂旧址、北仓门蚕丝仓库、永泰丝厂旧址、大窑路窑群遗址及窑业公所旧址、无锡压缩机厂、无锡钢铁厂、无锡庆丰纱厂、无锡惠元面粉厂、无锡开源机器厂、无锡县柴油机厂、黄田港汽渡码头原址、扬子江造船厂旧址、江阴利用纱厂旧址
常州市 (13项)	常州恒源畅厂、常州大明纱厂、常州大成一厂、常州大成二厂、常州大成三厂、黑牡丹集团旧址、常州华昌染织公司旧址、常州第二无线电厂旧址、常州合成纤维厂、常州梳篦厂、武进双湖粮油机械厂、箭龙水泥厂、戚墅堰机厂
苏州市 (8项)	苏州第二制药厂、苏州电力电容器厂、江南无线电厂、用直酱品厂、苏州陆慕御窑金砖厂、坛丘缫丝厂旧址、长城电器旧址、浒关蚕种场
南通市 (6项)	大生纱厂、大兴面粉厂、广生油厂旧址、资生铁冶厂旧址、颐生酿造厂老厂区、大生三厂
扬州市 (9项)	扬州瓜洲老扬锻厂、扬州麦粉厂旧址、邗江瓜洲锅厂、扬州灯泡厂、中国兵器工业集团、谢馥春旧址、江苏扬农化工集团、邗江古籍印刷厂、江苏油田真6井
镇江市 (5项)	恒顺镇江香醋传统酿造区、德士古火油公司旧址、美孚火油公司旧址、亚细亚火油公司旧址、丹阳钢铁厂
泰州市 (2项)	泰来面粉厂、梅兰春酒厂

从表中可见，江苏长江工业遗产主要为不可移动类的工业建筑遗产，保存较好，具有跨年代特点，如始建于1865年的金陵机器局(现为1865创意产业园)，其旧址内有9栋清代建筑、23栋民国建筑，以及20世纪50年代至70年代的多栋近现代建筑等。

从地理位置来看，江苏长江工业遗产主要集中于苏南地区，如苏州、无锡、常州、南京、南通等沿江地区。加之长江与大运河带来的水路交通优势，更有利于工业产品的运输和传播。另外，江苏长江工业遗产大致可分为两类：一是江苏近代工业，主要包括洋务运动及洋办企业、民族资本家的“实业救国”企业。其中，洋务运动及西方人直接投资的企业是江苏近代工业遗产的重要来源之一，主要集中在南京、镇江等地，如南京“金陵机器制造局”是李鸿章洋务运动的产物，今名“南京晨光机械厂”；南京浦镇车辆厂是英国人创办的，今仍使用；镇江当时也有一些外国人创办的企业，像“亚细亚火油公司”“美孚火油公司”等。随着近代工商业发展，又涌现出一批走实业救国之路的民族工商业者，如南通的张謇、无锡的荣氏家族等最具影响，他们创办的企业，形成具鲜明特色的民族工业。二是“苏南模式”的乡镇企业。社会主义建设时期，江苏苏南形成了“先兴工业，再市场化”①的发展之路，开创了举世瞩目的“苏南模式”，成为江苏工业遗产资源的又一重要组成部分。这些丰富的工业文化遗产资源，见证了江苏工业的兴起、发展与变迁，也见证了中国工业发展历程。

① 王慧芬：《论江苏工业遗产保护与利用》，《东南文化》2006 年第 4 期。

七、长江江苏段沿线主要"儒释道"文化遗产

(一) 儒学文化及主要相关遗产

包括长江江苏段在内的江苏区域儒学发展历史悠久,其代表人物有:被誉为"南方夫子""文开吴会"的言偃、曾在扬州为官期间成名的"董圣"董仲舒,以及范仲淹、东林党人、顾炎武、翁同龢、张謇等,他们是传统文化的实践家和创造者,思想中具备现代价值观的要素,如言偃的"天下为公"相关思想、范仲淹提出的"先天下之忧而忧,后天下之乐而乐"、顾炎武倡导的"天下兴亡,匹夫有责"等理念。同时留下众多文化遗产,包括文庙、书院、典籍等。如南宋时期江苏长江沿线城市建了一大批书院:丹徒设淮海书院,泰兴人孔元虔等逃奔马驮沙(今靖江市)建马洲书院等。明代广东增城人湛若水创办南京新泉书院、江浦新江书院、扬州甘泉书院,清代南京有钟山、明道、文昌、尊经等多个书院,晚清又有汇文书院、三江师范学堂等新式学堂。

据不完全统计,目前长江江苏段沿线保留有文庙 22 所,书院旧址 24 所,这些文化遗产资源与长江江苏段沿线社会政治、经济、文化、生产生活方式、风俗习惯等均有不同程度的联系,有些还与海外移民有着密切的联系,具有广泛的利用价值,理应成为江苏长江文化保护、传承、弘扬的重要内容。

东林书院

苏州文庙

长江江苏段沿线现存主要文庙情况表

名称	始建年代	重建年代	地址	等级
南京朝天宫	南朝宋	清同治	南京市朝天宫 6 号冶山南麓	江宁府学
南京夫子庙	北宋景祐	清同治	南京市建康路	建康府学(北宋)集庆路学(元)国子监、应天府学(明)上元、江宁两县学(清)
江南贡院	南宋乾道	清道光	南京市建康路夫子庙东侧	建康府、县学试所
江浦文庙	明洪武	清光绪	南京市浦口区东门大街 83 号	江浦县学
六合学宫	唐咸通	清同治	南京市六合区县府街 126 号	六合学宫
溧水上芝山文武庙	不详	清	南京市溧水区晶桥镇上芝山村	不详
高淳学宫	不详	清乾隆	南京市高淳区淳溪街道	高淳县学
宜兴文昌祠	明早期	清	宜兴市任昉公园内	科举考场
苏州文庙	北宋景祐	明成化	苏州市城南人民路 45 号	苏州府学
长洲县学	南宋淳熙	清光绪	苏州市干将东路 470 号	长洲、元和两县学
吴江文庙	南宋绍兴	清同治	苏州市吴江区松陵街道东门外吴江中学内	吴江县学
无锡县学	北宋嘉祐	清同治	无锡市学前街及睦亲坊巷内	无锡县学
江阴文庙	北宋初	清光绪	江阴市人民中路 196 号	江阴县学
如皋文庙	南唐保大	清乾隆	如皋市闸桥东路 32 号如师附小内	如皋学宫

续表

名称	始建年代	重建年代	地址	等级
常熟邑学	宋庆历	明正统	常熟市实验小学内	常熟县学
南通文庙	宋	明清	南通市人民中路 14 号	南通县学
泰兴孔庙	明隆庆	中华人民共和国成立后	泰兴市东大街	泰兴县学
常州府学	唐至德	清光绪	常州市西横街第二中学内	常州府学
武进县文庙	南宋咸淳	清同治	常州市天宁区延陵西路东端市工人文化宫内	武进、阳湖两县学
高邮学宫	不详	清	高邮市高邮镇县府街 42 号	不详
丹阳文庙	明洪武	清	丹阳市云阳街道丹阳高级中学内	丹阳县学
宝应学宫	南宋	清	扬州市宝应县安宜镇小新桥 25 号	宝应学宫

长江江苏段沿线现存主要书院情况表

名称	始建年代	重建年代	相关人物	地址
东林书院	北宋政和	民国	杨时、顾宪成等	无锡市解放东路 867 号
文游台	北宋	清光绪	苏东坡、秦观、孙觉、王巩等	高邮市区东北
惜阴书院	清道光	清光绪	陶侃、陶澍、缪荃荪等	南京市龙蟠里 69 号
棋峰试馆	清	不详	朱棋峰	南京市钞库街 52 号
崇正书院	明	清	耿定向	南京市鼓楼区清凉山公园内
同人堂	明	1933 年	顾宪成、顾允成	无锡市锡山区顾宪成纪念馆

续表

名称	始建年代	重建年代	相关人物	地址
华阳书院	清同治	不详	不详	句容市葛仙湖公园
龙城书院	明隆庆	1987 年	东林党人	常州市局前街小学内
二泉书院	明正德	清晚期	邵宝	无锡市梁溪区听松坊 53 号
东坡书院	明天顺	清光绪	苏东坡	宜兴市丁蜀镇蜀山南麓
游文书院	清康熙	清同治	汪应铨	常熟市城区虞山东麓
铁琴铜剑楼	清乾隆	1986 年	瞿绍基	常熟市古里镇西街
笛在月明楼	清中期	不详	沈汝瑾、吴昌硕、赵古泥等	常熟市西仓前下塘
旧山楼	清	不详	赵宗建	常熟市北门报慈浜路
爱日精庐	清中期	不详	张金吾	常熟市西门大街(后迁建至梅李镇)
虹隐楼	清光绪	不详	徐兆玮	常熟市何市镇
沧江书舍	元	明	许恕、宋谦、施耐庵	张家港市沙洲公园内
梅花书院	明嘉靖	清同治	不详	扬州市职业高级中学内
社学庵	明嘉靖	不详	王艮	泰州市海陵区索行巷 6 号
胡公书院胡公祠	北宋宝庆	1986 年	胡瑗	泰州市海陵区陵园路 122 号
马洲书院	南宋建炎	清光绪	孔元度	靖江市靖城镇团结路 52 号靖城中学内
襟江书院	清咸丰	1987 年	金以诚、何绍基	泰兴市泰兴中学校园内

续表

名称	始建年代	重建年代	相关人物	地址
安阳书院	清同治	清晚期	钱勖	无锡市惠山区阳山镇新渎村
南菁书院	清光绪	不详	黄体芳、左宗棠	江阴市人民中路143号

(二) 宗教文化及主要相关遗产

1. 佛教文化及相关遗产

江苏长江沿线还是以佛教、道教等为代表的宗教文化流布的重要区域之一。

在佛教方面,江苏长江流域有1800多年的佛教文化发展史,历史上它既是古代中国出现佛教活动最早的区域之一,也是近代中国佛教文化的传播、研究重地,中国佛教史上许多宗派的创立均与长江一线有关。佛教文化是江苏长江文化不可或缺的重要组成部分。东晋南北朝时期,不少海内外僧人经由长江一线前来建康,有康法畅、支愍度、帛尸梨蜜多罗、竺道潜、支道林、竺法汰、于法兰、于法开等。梁代僧人僧朗在长江之滨的摄山栖霞寺开讲《华严经》及“三论”,栖霞寺成为“三论宗”祖庭。更有趣的是,南京长江流域还流传着佛教传播的传说——“达摩一苇渡江传说”。明代,长江沿线城市南京是佛学中心,管理全国佛教事业的僧录司和道教事业的道录司都设于南京,钟山灵谷寺号称“天下第一禅林”;皇家寺院大报恩寺琉璃塔在清代被外国人誉为中古“世界第八大奇迹”[①]。据何孝荣先生研究,明代后期,仅南京寺院总数就可能超过600所[②],几乎可追六朝萧梁之盛。朱元璋、朱棣两代皇帝都从全国各地征召名僧前来京师,使得这里高僧汇聚,佛学发达,中国各宗派如禅宗、净土宗、天台宗、律宗等领袖人物几

① 贺云翱:《郑和与金陵大报恩寺关系考》,《东南文化》2007年第4期。
② 何孝荣:《明代南京寺院研究》,中国社会科学出版社,2000年。

乎齐集南京。明后期，释如馨在古林寺重振律宗，被尊为律宗中兴祖师。南京还是佛教经典出版中心，洪武、永乐两朝，均在京师开雕大藏经，史称《洪武南藏》《永乐南藏》，其中《洪武南藏》收经 1600 部，7000 余卷，点校严谨，刻工精良，现仅存孤本收藏于四川；《永乐南藏》是在《洪武南藏》基础上完成的浩大雕印工程，收书1614 部，其雕版长期收藏于金陵大报恩寺，惜现已不存，但《永乐南藏》的全套印本已在山西稷山县青龙寺中被发现，其内容较之宋元雕印经藏多出近一倍，在佛教文献学和历史学方面拥有十分重要的地位。今保留在南京的金陵刻经处，数年内刻印流通经典百余万卷，印刷佛像十余万张。1897 年后，金陵刻经处不仅是当时全国性的佛经刻印中心，而且也是佛学研究中心和维新思想的孕育之地。刻经处下设祇洹精舍和佛学研究会，杨仁山任会长，参与其事的有欧阳竟无、夏曾佑等文化名流，从仁山问学的有谭嗣同、陈三立、梁启超、章太炎等海内高士。

常熟崇教兴福寺

据统计,经国务院批准的全国重点寺院13处、省级重点寺庙21处,以及中国佛学院栖霞山分院、中国佛学院灵岩山分院和鉴真佛学院等7所佛学院,基本上分布在长江江苏段沿线城市。

长江江苏段沿线八市主要寺院名录表

分布地区	寺院名称
南京	明因寺、兴皇寺、定山寺、南京龙泉禅寺、南京观音阁、惠济寺、静海寺、玄奘寺、栖霞寺、古鸡鸣寺、清凉寺、毗卢寺、灵谷寺、大报恩寺等
无锡	泰清寺、香水寺、君山寺、惠山寺、长泰禅寺、悟空寺、无锡南禅寺、开原寺、祥符寺、大觉寺、崇安寺等
苏州	报国寺、灵岩山寺、东渡寺、双凤寺、同觉寺、法海寺、云岩寺、兴福寺、香山寺、海天禅寺、灵岩山寺、西园寺、重元寺、伽蓝寺、报恩寺、苏州寒山寺等
南通	西社庙、天宁禅寺、南通佛教居士林、太平寺、观音禅寺、报本禅寺、镇海禅寺、国清寺、普昭禅寺、香光寺、南山寺、银杏庙、广慧寺、佛光寺、汇龙法音寺、法华寺、定慧禅寺、郭园观音净院、兴隆寺、海宁寺、法光寺、陈桥佛教活动点、狼山广教寺、普贤寺、白蒲镇法宝禅寺等
扬州	护国寺、法海寺、文峰寺、高旻寺、大明寺等
镇江	招隐寺、镇江定慧寺、绍隆寺、隆昌寺、金山寺等
泰州	古寿圣寺、法华寺、宝严寺、庆云寺、光孝寺、净土寺、孤山寺等
常州	湟里镇蜡烛庙、武进潘家蓼莪寺、罗溪镇龙珠山寺、武进夏溪昌福寺、儒林普门禅寺、乌龙山宝塔禅寺、瓦屋山宝藏禅寺等

2. 道教及相关遗产

在道教文化遗产方面,数据显示,1949年底,全省有道教宫观535座,道士(道姑)5000余人,主要分布在长江沿线的镇江、常州、无锡、苏州、泰州、南通、扬州等地;1958年,江苏保留的宫观有182座。截至目前,全省经批准开放的道教宫观(含固定处所)有146所,主要有无锡三山道院、无锡水仙道院、无锡白云观、宜兴洞灵观、江阴东岳庙、常州武进白龙观、武进东岳庙、金坛乾元观、苏州玄妙观、苏州城隍庙、苏州神仙庙、太仓玉皇阁、苏州玉皇宫、苏州何山道院、苏州悟真道院、苏州穹窿山上真观、昆山白塔龙王庙、太仓天妃宫、常熟真武观、南通城隍庙、如皋灵威观、扬州武当行宫、仪征东岳庙、镇江润州道院、丹阳九里季子庙、句容九霄万福宫、句容葛仙观、句容元符万宁宫、泰州城隍庙、兴化东岳庙、泰兴城隍庙、南京天后宫等。①

泰州城隍庙

江苏长江沿线八市主要道教文化资源表

道观名称	分布区域	现状
茅山	镇江句容市东南 26 公里处，距镇江、常州、南京约 40 公里	主峰大茅峰海拔 372.5 米；江苏省名山
玉峰山	苏州昆山市西北部	江苏省名山
天台山	南京市江宁区	江苏省名山
穹窿山	苏州市吴中区光福镇南	江苏省名山

① 《江苏道教概况》，江苏民族宗教网 http://www.jsmzzj.gov.cn/art/2015/3/10/art_71_163342.html。

续表

道观名称	分布区域	现状
洞庭西山	苏州市姑苏区西南 35 公里	江苏省名山
句容市茅山道院	镇江句容市茅山镇茅山行政村	
茅山九霄宫	句容与金坛之间的茅山大茅峰巅	镇江句容市茅山道院
朝元宫	镇江句容市	
茅山抱元观	句容与金坛之间的茅山柳淠泉上	已废
葛仙观	镇江句容市内	茅山道院下院
茅山紫阳观	句容与金坛之间的茅山丁公山东	已废
茅山崇禧观	句容与金坛之间的茅山丁公山前	
茅山德祐观	句容与金坛之间的茅山中茅峰巅	
茅山华阳观	句容与金坛之间的茅山大茅峰下华阳洞南便门西	
茅山华阳宫	句容与金坛之间的茅山积金峰西	
茅山九霄万福宫	句容与金坛之间的茅山大茅峰巅	
茅山清真观	句容与金坛之间的茅山大罗源	
茅山栖真观	句容与金坛之间的茅山积金峰西	被废
茅山仁佑观	句容与金坛之间的茅山小茅峰巅	
茅山升元观	句容与金坛之间的茅山二茅峰西	
茅山天圣观	句容与金坛之间的茅山积金峰山	
茅山五云观	句容与金坛之间的茅山五云峰下	
茅山下泊宫	句容与金坛之间的茅山中茅峰西	
茅山燕洞宫	句容与金坛之间的茅山燕口洞旁	
茅山元符宫	句容与金坛之间的茅山积金峰南坡	
茅山元阳观	常州市金坛区薛埠镇金牛洞景区	
茅山玉晨观	句容与金坛之间的茅山三茅峰西北	
茅山紫阳观	句容与金坛之间的茅山丁公山东	
句容干元观	镇江句容市茅山郁岗峰西坡	

续表

道观名称	分布区域	现状
无锡洞虚宫	无锡市中心,又称青元宫	
无锡明阳观	无锡市璨山南坡	
无锡铁索观	无锡市北栅街	
无锡玉泉观	无锡市惠山上	
无锡白云洞道院	无锡市惠山	
三山道院	无锡市滨湖区太湖鼋头渚风景区内	
宜兴城隍庙	无锡宜兴市西南约 23 公里处的张渚镇境内	
宜兴亭云道院	无锡宜兴市新街街道潼渚	
宜兴洞灵观	无锡宜兴市张公洞	
泰伯庙和墓	无锡市滨湖区梅村街道伯渎河畔	
无锡水仙道院	无锡市南长街 598 号	
猛将庙	常州市新北区孟河镇猛将庙村	
万绥东岳庵	常州市新北区孟河镇	
柴郎庙	常州市新北区春江街道魏村大河	
白龙观	常州市武进区横山桥镇	
横山福寿庵	常州市武进区横山桥镇清明山	
南夏墅城隍庙	常州市武进区	
横林华佗庵	常州市武进区横林镇崔桥街上	
横林东岳庙	常州市武进区横林镇顺庄村	
新安东岳庙	常州市武进区横山桥镇新安	
朱家村东岳庙	常州市武进区前黄镇	
礼嘉蘸沟庙	常州市武进区礼嘉镇建东村	
遥观东岳庙	常州市武进区遥观镇郑村	
湖塘慈山庙	常州市武进区湖塘镇鸣凰村	
嘉泽大帝庙	常州市武进区嘉泽镇西城村	
寨桥高梅殿	常州市武进区前黄镇高梅村	

续表

道观名称	分布区域	现状
遥观将军观	常州市武进区遥观镇	
卜弋金鸡山庙	常州市钟楼区邹区镇港口桥	
厚余太和观	常州市武进区嘉泽镇厚余观后村	
茅山乾元观	常州市金坛区茅山郁岗峰南陲	
茅山白云观	常州市金坛区茅山白云峰下	
茅山崇寿观	常州市金坛区茅山金牛洞景区	
吕祖行宫	常州市金坛区乌龙山	
圆通庵	常州市金坛区乌龙山	
真武院	常州市金坛区直溪镇吕坵村	
崇禧万寿宫	常州市金坛区茅山大茅峰西北丁公山南	
老君殿	常州市金坛区茅山崇元观南	已无遗迹
华阳道院	常州市金坛区茅山东岭楚王涧之发源处	已无迹可寻
崇元观	常州市金坛区茅山常宁镇(今茅山镇)南	已无迹可寻
吴墟庙	常州市金坛区茅山“崇元观”之南	已无迹可寻
尊师庵	常州市金坛区茅山大茅峰八卦台之南	已无迹可寻
白鹤庙	常州市金坛区茅山二茅峰之西	已无迹可寻
祠宇宫	常州市金坛区茅山白鹤庙旁	已无迹可寻
凝神庵	常州市金坛区茅山“白云观”之西	已无迹可寻
燕洞宫	常州市金坛区郁冈山燕口洞前	已无迹可寻
崇阳馆	常州市金坛区茅山	已无迹可寻
清真观	常州市金坛区茅山“凝神庵”之西	已无迹可寻
洞天馆	常州市金坛区茅山大茅峰东岭	已无迹可寻
藏真观	常州市金坛区茅山大茅峰南	遗址尚存
溧阳市东岳庙	常州溧阳市上黄镇山下村	
镇江润州道院	镇江市润州区喻家湾	
泰州城隍庙	泰州市	

续表

道观名称	分布区域	现状
泰州都天行宫	泰州市海陵区西仓桥东引桥北侧	
泰兴市报恩观	泰州泰兴市泰兴镇池上新村1号	
泰兴观音庵	泰州泰兴市蒋华镇东	
泰兴城隍庙	泰州泰兴市,原址即今襟江小学	不存
过船镇禹王庙	泰州泰兴市过船镇	
广陵镇关帝庙	泰州泰兴市广陵镇	
泰州泰山行宫	泰州市五一路86号	无道教活动
白马镇白马庙	泰州市高港区白马镇	
姜堰兴安观	泰州市姜堰区	无存
姜堰上真观	泰州市姜堰区	无存、待考
姜堰元真观	泰州市姜堰区	仅存大殿
姜堰升真观	泰州市姜堰区	不存
姜堰溱潼镇东观	泰州市姜堰区溱潼镇东头	
蒋垛祖师殿	泰州市姜堰区蒋垛镇	无道教活动
兴化东岳庙	泰州兴化市牌楼东路	
兴化城隍庙	泰州兴化市牌楼西路北侧、旧城内西大街上	现改为佛教宝严寺
镇江横山三茅宫	镇江市城南约8公里处的横山	
丹阳季子庙	镇江丹阳市行宫镇九里村	

这些宗教文化资源,其信仰价值体系往往表达的是“真、善、美”和“忠、信、爱”,所呈现出的和平、和睦、和谐、仁爱、真诚观念,是宗教发展的主流和大方向,完全可以在与社会主义核心价值观的践行中“求大同”。同时寺庙、道观等,通常是保存传统建筑风格,环境或优雅、或开阔、或肃穆,容易给人一种修心养性的气氛,进而使人自发地自省律己,形成道德自觉。

八、长江江苏段沿线主要非物质文化遗产

非物质文化遗产不仅是一个国家和民族历史文化成就的重要标志，也是优秀传统文化的重要组成部分。长江江苏段既见证过江苏地域优秀文化的诞生，也见证了非物质文化遗产的传承与发展，活化与创新。江苏长江非物质文化遗产指分布于长江沿线，与人们生产生活密切相关的各种实践、表演、知识体系、技能等传统文化表现形式，是江苏省优秀传统文化的重要组成部分。据不完全统计，长江江苏段有国家级非遗代表性项目 88 个，省、市级非遗代表性项目 321 个，还有列入联合国人类非物质文化遗产代表作名录的项目共 10 项，包含民间文学、传统音乐、传统舞蹈、传统戏曲、传统体育游艺与杂技、传统美术、传统技艺、传统医药、民俗等类别，充分凸显了江苏优秀传统文化丰富多样的特点。

(一) 民间文学

民间文学是历史上以农民和手工业者为主体的最广大下层民众以幻想的、艺术的方式，反映客观世界、社会生活和心灵世界的一种口头语言艺术(文学)，具有意识形态性和批判性的根本属性和基本特点。

江苏长江沿线民间文学源远流长，资源丰富，内涵深刻，通过口耳相传的传

统传承方式得以留存至今。它们在千百年的流传过程中,孕育了自己的特点:一是反映了长江以南、以北地域文化的差异性。长江以南多写才子佳人,如南京的《伍子胥和浣纱女的故事》;长江以北则反面形象多为"美女",正面形象反而多为"丑女",这也反映出长江以北的民间文学作品中赞颂的不是藏于闺房的"佳人",而是吃苦耐劳的劳动人民。二是这些民间文学主要体现了江苏长江流域劳动人民勤劳、善良、勇敢、乐观向上的品质。一大批具有鲜明地域特色的神话、传说、故事,不仅叙述语言朴实,而且情节生动,寓意深刻。或歌颂,或鞭挞,或抒发,都在展示、倡导、弘扬着明礼诚信、仁和尊孝、惩恶扬善、机智侠义、施恩布德等中华民族的传统道德和伦理观念。如常州的《白太官传说》系列故事表现了白太官智勇双全,同情弱势百姓,嫉恶如仇,好管人间不平事的侠士气势和形象;扬州的《露筋娘娘传说》体现唐女萧荷花在封建礼教下抗争和不屈的精神。

民间文学的主要内容有传说、民间故事、说唱文学、谜语,以及谚语、神话、歌谣等,涉及时政、事理、修养、社会、生活、自然、生产等多个领域。具代表性的如《白蛇传传说》《梁祝传说》《董永传说》《靖江宝卷》《吴歌》《高邮民歌》《常州吟诵》《天宁寺梵呗唱诵》《无锡道教音乐》等。它们特征突出,价值明显,具有口头性、集体性、变异性、传承性、直接的人民性和优越的艺术性,并以其独特的形式深刻地反映了人民的生活史,透过它们可以窥见人类历史发展的脉络,觅到普通民众的价值判断、道德判断、伦理判断、是非判断等传统心理轨迹。其所反映的内容不仅具有娱乐、教化、认识生活、促进社会和谐的作用,而且能起到认识历史、传承民风的作用,对我们认识中华民族和江苏长江流域的历史与现状具有十分重要的意义,极具艺术价值、实用价值、科学价值。

(二)传统音乐

江苏长江沿线的传统音乐因地缘关系丰富多彩,表现出与其他地区不同的特点:一是很好地体现出江苏人灵动内敛、包容和顺、清雅细腻的文化品性,如古琴艺术、江南丝竹、江苏民歌等。古琴艺术在中国具有突出地位,先后形成常熟虞山琴派、扬州广陵琴派、南京金陵琴派等重要的地方性音乐流派。江苏流传至今的民歌有12800余首,且大多分布在长江沿线,有六合民歌《茉莉花》、二胡演奏曲《二泉映月》等,均是广为流传的佳作。二是种类繁多,地域特点明显,以扬州、南京、苏州等城市为中心的地域各具有不同音乐风格和文化特色,苏州评弹(苏州评话、苏州弹词)、扬州评话、扬州弹词、扬州清曲、南京白局都是代表性曲种。新中国成立后,江苏长江沿线也出现了一批富有影响力的音乐家,如著名的盲人音乐家阿炳,一曲二胡激励无数人燃起生活的希望;由现代音乐家马可创作的歌剧《白毛女》,受到毛泽东等中央领导人的高度赞扬,被誉为新歌剧的里程碑。另外江苏长江流域作为全国宗教工作开展的重点省份之一,在日常宗教活动中形成了各地各具特色的宗教音乐,在这些宗教音乐形式中,道教音乐内容最为丰富。

(三)传统舞蹈

传统舞蹈是一种把舞蹈表现形式和民俗文化空间联系在一起的舞蹈类型,伴随着各种民俗事象开展,通过表演者的肢体动作,渲染着民俗活动的氛围,表现着民俗事象的内涵。按照民俗舞蹈的主要功能,可以分为习俗舞蹈、祭祀信仰舞蹈、岁时节令舞蹈三大类。①

长江江苏段沿线传统舞蹈是在长期历史发展中由人民群众集体创造、不断积累形成的,呈现出以下特点:一是反映普通民众的生活和生产。江苏长江流域水系发达,自然资源丰富,劳动人民在日常生活、农业劳作和从事渔业过程中,针对不同的生存环境创造出丰富多彩、形式多样的舞蹈,来表达对生活的热爱和对丰收的喜悦,如镇江的"宝堰双推车""鲇鱼套"、金坛的"谈庄秧歌灯"、江阴的"渔篮虾鼓舞"、泗洪的"洪泽湖渔鼓"以及各种龙舞、狮舞、花鼓、花灯等传统舞蹈。二是反映人们对美好生活的向往和追求。具体体现在各种祭祀、祈祷神灵赐福

① 孙传明:《民俗舞蹈类非物质文化遗产数字化技术研究》,华中师范大学国家数字化学习工程技术研究中心,2013年。

的舞蹈中，如高淳“跳五猖”起源于西周，是古代举行神灵出巡活动的祭祀舞蹈；先民在种植水稻过程中，为求消除水灾、旱灾、虫害、杂草等灾害，每当破土开荒、播种、插秧、收割、谷物进仓之时都要举行一系列祭祀活动[①]，溧水“跳当当”“骆山大龙”、通州“荷花盘子舞”等就是在祭祀过程中跳的舞蹈。三是具有鲜明的地域性。长江以南地区的舞蹈因地理风貌山清水秀，物产丰富，加之历史上较少战乱，人民生活安逸，总的基调是柔美、委婉、抒情，舞蹈情趣上追求文采风流、诗情雅趣，如苏州的“摇快船”、昆山的“拜香舞”、常熟的“浒浦花鼓”、无锡的“渔篮花鼓”、江阴的“采桑舞”、宜兴的“男欢女喜”等。长江以北地区古属扬州、徐州，与安徽省接壤，经济、文化互有影响，因此舞蹈风格多样，有雅致秀美的，有刚劲质朴的，也有活泼风趣的，同时舞蹈的技艺性较高，有些甚至带有杂技表演的性质，像如皋的《杨柳青青》等。[②]

（四）传统戏曲

长江江苏段沿线戏曲艺术也底蕴丰厚、精彩纷呈，名家迭出。以长江江苏段沿线8市为例，元代后期，在江苏昆山一带出现了“南戏”，其时影响并不大，但是在昆山音乐家顾坚的歌唱和改进下，“南戏”发展较快，至明初称“昆山腔”，又称“传奇”。明嘉靖年间(1522—1566)，在太仓生活的魏良辅在汲取其他演唱艺术成就的基础上，对昆腔加以改革，总结出一系列唱曲理论，建立了委婉细腻、流利悠远，号称“水磨调”的昆腔歌唱体系。后来，昆山人梁辰鱼继续对昆腔作出改革，隆庆(1567—1572)末年，他编写了第一部昆腔传奇《浣纱记》，上演之后产生很大影响，当时许多文人学士都用昆腔创作传奇，昆腔得以与余姚腔、海盐腔、弋阳腔并称“明代四大声腔”。万历(1573—1620)末年，昆腔传入北京以及湖南、四川、贵州、广东等地，成为全国性剧种，出现“四方歌曲必宗吴门”的局面，人称“官腔”。明末天启(1621—1627)年初到清康熙(1662—1722)末年，杂剧衰落，昆腔

---

①② 皇甫菊含：《江苏民间舞蹈的地域文化特质》，《艺术百家》2006年第7期。

独主剧坛,改名“昆曲”。昆曲对京剧和川剧、湘剧、越剧、黄梅戏等我国许多剧种的形成和发展都产生过直接影响,被称为“百戏之祖”①。这是江苏长江沿线戏曲对我国戏曲文化发展的一大贡献。有学者认为:“昆曲所代表的美学趣味虽然明显是南方的,尤其是江南地区的,但是其文化身份却并不属于一时一地,它凝聚了中国广大地区文人的美学追求以及艺术创造。正是由于它是文人雅趣的典范,才具有极强的覆盖能力,有得到广泛传播的可能,并且在传播过程中,基本保持着它在美学上的内在的一致性。”②2001 年,昆曲还被联合国教科文组织列为中国第一个“人类口述和非物质遗产代表作”。此外还有扬剧、淮剧、淮海戏、柳琴戏、梆子戏等地方戏曲。外来剧种主要有京剧、越剧、徽剧、沪剧、黄梅戏等。扬州、泰兴等沿江地区的木偶戏也以其悠久的历史、丰富的艺术手段而名扬海内外。这些戏曲从不同方面体现了江苏长江文化多彩特色,是江苏长江文化保护、传承、弘扬的活态支撑性资源。

(五) 传统工艺美术

江苏悠久的长江文化也孕育了多种多样的传统工艺美术,涵盖织绣、雕塑、美术陶瓷、编织、漆器、家具、金属工艺、玩具、人造花、工艺画及其他工艺美术品等。其中,南京云锦织造技艺、苏州桃花坞木版年画、宜兴紫砂、宜兴均陶、常州梳篦、扬州玉雕、苏州玉雕、苏州光福核雕、苏绣、无锡精微绣、南通仿真绣、无锡留青竹刻、常州留青竹刻、惠山泥人、苏州泥塑、苏州灯彩、秦淮灯彩、扬州和泰州的扬派盆景技艺等,均被列入国家级非物质文化遗产名录。这些都是具有江苏长江文化特色的传统工艺品,为长江文化的保护传承弘扬提供了充分的资源依据。

(六) 饮食文化

长江江苏段也是饮食文化发达的区域之一。早在春秋末年,吴国就出了一

① 陈益:《寻梦六百年——昆曲盛衰史探幽》,上海辞书出版社,2004 年。

② 傅谨:《京剧崛起与中国文化传统的近代转型——以昆曲的文化角色为背景》,《文艺研究》2007 年第 9 期。

位著名的厨师太和公,有“炙鱼名天下”的美称。《楚辞·招魂》中就写到“和酸若苦,陈吴羹些”,说明吴人善调酸。又《大招》中写到“吴酸蒿蒌,不沾薄只”,指的是一种浓淡适宜的吴国式佐味酸菜。江苏菜系中徐州菜历史最久,彭祖被称为“中国第一位职业厨师”。春秋时代的易牙被誉为“中国古代第一名厨”,曾三次到徐州学艺,得到彭祖的真传。南京历史上,出现过“名妓厨师”董小宛,她的烹调技艺非常精深,她烹制的各种佳肴誉满秦淮,名传江南。清代著名的女点心师萧美人家居江苏仪征,以善制馒头、糕点、饺子等各式点心而闻名,受到美食家袁枚的推崇,称她的点心“小巧可爱,洁白如雪”。袁枚的《随园食单》熔各种经验、各地风味于一炉,把具体的操作过程和抽象的理论阐述合为一体,既有前人的经验,又有当时名厨的实践,还有他本人的创见,是我国历史上烹饪理论方面最优秀的代表作。

长江江苏段形成的菜系中,原料上注重蔬菜,善于烹制鱼虾等水产,以鱼肉为主的菜肴配以蔬菜,讲究清、鲜、淡,不只是与当地的自然条件、传统习俗有关,更是以文化为底蕴的。自汉末以来,中国饮食风格南北截然不同,北方人嗜肉酪菜饼,南方人喜鱼菜稻茗。宋明以来,渐渐以南方饮食为贵。宋以前人以大鱼大肉为珍,宋以后,人们逐渐喜吃蔬菜,菌类的美味逐渐为人们所赏识。这与宋明以后江南文化的发展密不可分。明清之际,江苏地区有很多文士组建的社团,开展过多次活动,均与饮食分不开,从而发展了饮食文化。今天江苏菜系中的素菜基本上属于淮扬风味,为其他菜系的素菜所难及,这与江苏悠久的文化底蕴分不开。

宋代以来,关于饮食文化的著作,江苏文士撰写的居多。如江苏吴县韩奕的《易牙遗意》,记载了许多关于佳肴的制作,长期居住金陵的袁枚的《随园食单》,更是集饮食实践与理论之大成,李斗的《扬州画舫录》中也有很多饮食方面的记载,等等。这些著作,不仅保存了古代有关饮食方面的丰富理论与实践知识,也大大促进了饮食文化的发展。在中华饮食文化史上,江苏的饮食文化占有突出的地位,这与江苏境内的文士们对饮食文化的保存与发展所作出的贡献密不可分。

苏菜为我国八大菜系之一，主要由淮扬菜（淮安、扬州、镇江）、金陵菜（南京）、徐海菜（徐州、连云港）以及苏锡菜（苏州、无锡、常州）四种风味组成，其中以长江沿线城市的饮食特色为主，受这些城市历史变迁影响较多。先秦两汉之时，江苏地区的先民大多就地取材，司马迁《史记》中有“饭稻羹鱼”的记载，指出稻、鱼是当时的主要产物，也反映了江南先民的基本饮食结构。魏晋南北朝时期，大量北方人口南迁，江苏地区的饮食结构发生改变，麦食渐受青睐，尤其在苏北地区逐渐呈现出南北交融的特点。唐宋时经济发展，推动了饮食业的繁荣，苏菜成为“南食”两大台柱之一。明清时期，苏菜南北沿长江的运河、东西沿长江发展更为迅速。

其中，淮扬菜也称维扬菜，为中国四大菜系之首，素有“东南第一佳味，天下之至美”之美誉，可谓中国菜的最经典代表作。“淮扬菜”的“扬”即扬菜，以长江流域的扬州一带为代表，“淮”即淮菜，以淮河流域的淮安一带为代表，是中国东南这一广大地域的烹饪技艺的代表，也是中国饮食文化的重要组成部分。淮扬菜原料以水产为主，由于靠近江淮水域，故多以江湖河鲜为主料，以顶尖烹艺为支撑，以本味本色为上乘，以妙契众口为追求，雅俗共赏而不失其大雅，尤其具有“和、精、清、新”的独特理念。它始于春秋，兴于隋唐，盛于明清，也是在明清时成为中国四大菜系之首。淮扬菜系的形成以清代三部著作的问世为标志：其一是袁枚所著的《随园食单》，记录了作者在江淮所见所闻的各种菜肴品种、制作技艺和风味特色，可以说是一本以淮扬菜为主的烹饪专著。其二是童岳荐所编的《调鼎集》，该书以淮扬菜为主辑录了各类菜点和进馔款式，从成席的大菜到家常小菜再到茶酒饭粥和风味调料，多达两千余种，可谓淮扬菜集大成之作，是研究淮扬菜的必备资料。其三是李斗的《扬州画舫录》，作为一本记述清代扬州风物、掌故的专著，书中记载了大量扬州日常饮食的细节，更为可贵的是，书中还详实记载了乾隆南巡时的“满汉席”菜单，其淮扬菜的风味特点十分明显，引起了烹饪界的关注。与淮扬菜相辅相成的还有餐桌礼仪。酒宴是社会交往的重要形式，注重礼仪和排场的观念，在扬州人的酒宴上得到了集中的体现。扬州有句俗语“居家不可不省，待客不可不丰”。酒宴的档次、规模和形式也有讲究。家宴待客有“三碗六盘”之礼，近代又有“五碗八碟”之说，都强调了待客的规模和形式。家中“办酒”还常请名厨来帮忙，所谓“帮厨”。“帮厨”走百家，见多识广，技艺精进，有的就会被富裕人家长期雇佣，成为“家厨”。淮扬菜系的形成与“帮厨”“家厨”有很大关系，正是他们走千家万户，博采众长，从而汇集成闻名遐迩的“淮扬菜系”。

京苏菜又称“金陵菜”“南京菜”，厨师则自称“京苏帮”，是指以南京为中心，一直延伸到江西九江的菜系，是苏菜的四大代表菜之一。京苏菜起源于先秦，战国末期屈原在《楚辞》记载有当时的金陵菜肴，隋唐已负盛名，至明清成流派，民国时期发展至顶峰，民国时期的京苏菜享有极高的声誉，有“京苏大菜”之称，受到上层名流显贵的喜爱，名门望族设宴无不以“京苏盛宴”为傲。京苏菜的主要名菜有金陵三炖、金陵三敲等，还有南京鸭馔。

除了京苏菜系，南京的小吃也位列中国四大小吃之首，历史悠久，品种繁多。自六朝时期流传至今已有千年历史，多达百十多个品种。名点小吃有荤有素，甜咸俱有，形态各异，其中代表是秦淮河夫子庙地区，夫子庙秦淮小吃手工精细，造型美观，选料考究，风味独特。

苏锡菜代表了苏南风味，主要流行于苏锡常地区。苏锡菜和浙菜、安徽菜系中的皖南、沿江风味相近，其与浙菜最大的区别在于味道偏甜。苏南偏甜的口味也颇具历史。屈原《楚辞・招魂》曰“和酸若苦，陈吴羹些”“粔籹蜜饵，有张餭些”，说明当时吴地的汤羹、蜜饵遐迩闻名。隋唐以后，苏州水产成为贡品，隋炀帝时，吴郡贡蜜蟹、蜜拥剑。唐末北方战乱不断，北人南迁，南北饮食文化不断交流，苏式菜肴、蜜饯、卤菜逐渐形成帮式特色。明清时期，苏州商贸繁荣，饮食交流愈加频繁。至清末民初，苏式食品已形成了 12 个大类、6 个帮式。又烹制“无锡乾隆江南宴”“无锡西施宴”“苏州菜肴宴”和太湖船菜，因而在民间拥有“天下第一食府”的美誉。苏锡菜以注重时令性、因材施艺、讲究节令著称。在工艺上，苏锡菜擅长炖、焖、煨、焐，注重保持原汁原味，不做过多调料的配伍，形成了养生与饮食并重的特色，实践了传统中国“药食同源”的养生观念。在选材上，多取新鲜鱼虾水产，且讲究时节。太湖蟹在元代就很有名，清末阳澄湖大闸蟹更是广为人知。为了食蟹方便，苏州人还发明了蟹八件，旧时还是当地姑娘必备的陪嫁之一。苏南名菜有糖醋排骨、梁溪脆鳝、肉酿面筋、银鱼炒蛋、镜箱豆腐、清炒虾仁、老烧鱼、香菇炖鸡、咕咾肉、松鼠鳜鱼、鲃肺汤、碧螺虾仁、响油鳝糊、白汁圆菜、西瓜鸡、鸡油菜心、阳澄湖大闸蟹。松鹤楼、得月楼是苏州的代表名食楼。

此外，长江江苏段自古以来还是中国的产茶胜地之一，名茶数不胜数。江苏省最出名的名优茶是碧螺春，就产于长江沿线城市苏州的洞庭山，相传是吴王夫差和西施的避暑之地。洞庭山所产茶叶香气浓郁，俗呼"吓煞人香"。长江沿线城市南京雨花茶也是绿茶炒青中的珍品，可谓中国"三针"之一。雨花茶是优质细嫩针状春茶，当茶芽萌生至一芽三叶时，于清明前约十天开采直至清明，故名雨花。其历史可追溯至唐代，"茶圣"陆羽在《茶经》中记载润州江宁县有"傲山"茶，他还曾亲自在栖霞寺采摘茶叶。明清时，江宁牛首山出产的云雾茶，其香色俱艳，上元东乡摄山茶、城内清凉山茶皆香甘，散生于山顶，寺僧采之以供贵宾。至清宣统年间，南京种茶范围已扩大至长江南北。

无锡的毫茶更是极为有名，毫茶产于风光旖旎太湖之滨，乃茶树经冬之后初萌的新芽，冲泡之后，白毫显现，故而得名。毫茶条索卷曲，肥壮翠绿，白毫披覆。冲泡后香高味浓，汤色晶莹隐翠，滋味鲜醇。无锡北面有惠山，正所谓"茶禅一体"，被誉为佛禅圣地的惠山与茶关系密切。由唐代"茶圣"陆羽品评、县令敬澄开凿，又得到李德裕、李绅两位宰相极力推崇的"天下第二泉"名扬天下。得益于二泉的好水，惠山茶名极一时。明代文徵明作《惠山茶会图》就描绘了众人列鼎煮茶的情形。清朝康熙、乾隆多次南巡，每次也必到二泉品茗。名泉、名茶汇为一体，相得益彰，"无锡茶，二泉水"一时名响天下。

好茶还需好器。江苏最有名的茶具莫过于宜兴的紫砂陶壶。紫砂陶壶是用宜兴丁蜀镇附近山中特有紫砂土烧制而成。紫砂陶最早出现于北宋，到明末清初工艺渐趋成熟。明正德年间的制壶高手供春，制成的紫砂壶"敦庞周正"深受当时名流的喜爱，也被称为"供春壶"。紫砂壶作为茶具，具有泡茶不走味的特点，即便在夏日亦能久不变质。也得益于紫砂壶的特殊工艺，宜兴、江阴一带的人偏爱红茶，壶与茶相得益彰，韵味更浓郁持久。此外，长江江苏段沿线地区的饮茶习惯也别具一格。如扬州素有“早上皮包水”的说法，指的就是进茶馆吃茶，扬州的茶肆一般叫茶社、茶楼、茶坊等，主要是因为老茶社大多与花园连着，或者茶社本身就是一座花园。由于有花园做营业场所，故而字号都起得十分雅致，《扬州画舫录》里就有“二梅轩”“惠芳轩”“集芳轩”“丰乐园”“文杏园”等。扬州的茶肆还分为荤茶肆、素茶肆和书茶肆。

长江江苏段的酒文化也历史悠久。结合考古发掘，长江江苏段的酒文化可上溯 2000 余年。如无锡鸿山遗址博物馆陈列着吴越贵族的酒器，近年来扬州也出土了许多与酒有关的文物，包括汉代的漆制羽觞等，这些都印证了长江江苏段沿线地区酿酒饮酒的习俗。长江沿线还多出名酒，如江阴的黑杜酒就十分有名，相传为制酒祖师杜康所创。当年杜康用糯米经蒸熟后发酵酿成米酒，因此有了“江阴黑酒饮三湾，醉倒刘伶整三天”的故事。唐代，南京有“解我紫绮裘，且换金陵酒”的金陵春，常州有“兰陵美酒郁金香，玉碗盛来琥珀光”的兰陵酒。

宋代，无锡以二泉水酿制的惠泉酒可谓“苏式老酒”的典型代表，扬州则有糯米酒，即苏东坡所言的“云液酒”。扬州元有葡萄酒，明有雪酒，清有木瓜酒。清代，玉祁作为我国黄酒发源地之一，首创复式酿酒法于嘉庆年间，2009 年入选江苏省非物质文化遗产保护项目名录。常州有奔牛酒，正所谓“不吃奔牛酒，枉向江湖走”。

长江江苏段的香醋也是饮食文化的重要组成部分，如镇江香醋就是实证。镇江香醋属黑醋，与山西老陈醋、阆中保宁醋、福建永春老醋并列为“中国四大名醋”，是江苏的地方名产。镇江香醋具有“色、香、酸、醇、浓”五大特色。其色泽清亮，酸味柔和，口感绵和，香而微甜，具有久存质不变，反而更加香醇的特点。与其他种类的醋相比，镇江醋的香气独特，且具有微甜的口感。其微甜的口感符合江苏人做菜偏甜的特点，与淮扬菜系相辅相成。更重要的是，南方人喜食肉馅小吃，搭配微甜的镇江香醋更能凸显出小吃的鲜美。镇江香醋用料十分考究。以江南地区的糯米为主要原料,并选用含有多种微生物的大曲进行酿造。大曲在酿制镇江香醋中起到极其重要的作用。它的主要功用是作为糖化发酵剂,同时它的分解蛋白质、产酯等功能与镇江香醋特有的风味、特色有着密切的关系。

长江江苏段沿线八市代表性非物质文化遗产名录表

城市	类别	名称
苏州市	传统技艺	中国蚕桑丝织技艺(苏州宋锦织造技艺、苏州缂丝织造技艺)、苏州香山帮传统建筑营造技艺(打包入选传统木结构营造技艺)、苏州御窑金砖制作技艺、明式家具制作技艺、剧装戏具制作技艺、苏州民族乐器制作技艺、国画颜料制作技艺(姜思序堂国画颜料制作技艺)、装裱修复技艺(苏州书画装裱修复技艺)、绿茶制作技艺(碧螺春制作技艺)、制扇技艺、苏州碑刻技艺、陆慕蟋蟀盆制作技艺、黄天源苏式糕团制作技艺、糕点制作技艺(稻香村苏式月饼制作技艺、叶受和苏式糕点制作技艺)、陆稿荐苏式卤菜制作技艺、苏式卤汁豆腐干制作技艺、木渎石家鲃肺汤制作技艺、苏州织造官府菜制作技艺、苏州彰缎织造技艺、苏派酿酒技艺、吴罗织造技艺(四经绞罗织造技艺、纱罗织造技艺)、苏派鸟笼制作技艺、青铜器失蜡铸造技艺、苏帮菜烹制技艺、传统砖瓦制作技艺、苏州漆器制作技艺、七桅古船制作技艺、常熟古船制作技艺、甪直萝卜制作技艺、渭塘淡水珍珠加工工艺、苏州水乡木船制作技艺、玄妙观小吃制作技艺
	民间文学	吴歌、宝卷(吴地宝卷)、寒山拾得传说、谜语(平望灯谜)、伍子胥传说
	传统舞蹈	千灯跳板茶、莲湘(甪直连厢)、荡湖船
	传统美术	苏州灯彩、苏州泥塑、核雕(光福核雕)、苏州玉雕、盆景技艺(苏派盆景技艺)、砖雕、苏州红木雕刻、佛像雕刻
	民俗	苏州端午习俗(打包入选中国端午节)、苏州甪直水乡妇女服饰、庙会(苏州轧神仙庙会)、庙会(金村庙会)、古胥门元宵灯会、胜浦水乡妇女服饰、苏南水乡婚俗、湖甸龙舟会、圣堂庙会、苏州城隍庙会、小满戏、桑蚕丝绸习俗、穹窿山上真观庙会、同里赞神歌、东山猛将会、水乡婚俗(太湖渔民婚俗)
	传统音乐	古琴、江南丝竹、苏州玄妙观道教音乐、吟诵调(苏州吟诵)、十番音乐(木渎十番)、渔民号子(浏河渔民号子)、苏州小调、苏州吟诵(唐调)

续表

城市	类别	名称
苏州市	传统戏剧	昆曲、苏剧、滑稽戏、虞山派篆刻艺术、锡剧、七都提线木偶
	传统医药	医药传统制剂方法(雷允上六神丸制作技艺)
	曲艺	苏州评弹(苏州弹词、苏州评话)、宣卷
	传统体育游艺与杂技	江南船拳、摇快船、江南船拳(北桥开口船头拳)
无锡市	传统技艺	宜兴紫砂陶制作技艺、宜兴均陶制作技艺、无锡酱排骨烹制技艺、玉祁双套酒酿造技艺、宜兴青瓷制作技艺、宜兴彩陶装饰技艺、宜兴龙窑烧制技艺、宜兴陶传统仓储技艺、锡帮菜烹制技艺、太湖船菜、太湖船点、清水油面筋、王兴记小吃、惠山油酥制作技艺、蓝印花布织染技艺、"太湖翠竹"制作技艺、玉祁水芹菜栽培技艺、阳山水蜜桃栽培技艺
	民间文学	吴歌、梁祝传说、谜语(无锡灯谜)、梁孟传说、徐霞客故事
	传统舞蹈	男欢女喜、玉祁龙舞、凤羽龙、渔篮虾鼓舞、渔舟剑桨、渔篮花鼓、荡湖船、蚌舞
	传统美术	竹刻(无锡留青竹刻)、泥塑(惠山泥人)、苏绣(无锡精微绣)、无锡纸马、微雕、清名桥灯彩、内画
	民俗	庙会(泰伯庙会)、惠山庙会、宜兴观蝶节、西塘庙会、舜皇庙会、朝阳寺张中丞庙会、太湖渔俗阳山桃花节
	传统音乐	道教音乐(无锡道教音乐)、江南丝竹、十番音乐(十番锣鼓)、宜兴丝弦、二胡艺术、滆湖渔歌
	传统戏剧	锡剧、滑稽戏
	传统医药	中医传统制剂方法(致和堂膏滋药制作技艺)、龙砂医学诊疗方法、梨膏糖制作技艺、无锡丁氏痔科疗法、黄氏喉科疗法、刘氏骨伤疗法
	曲艺	无锡评曲、宣卷(无锡宣卷)、苏州评弹、小热昏
	传统体育游艺与杂技	无锡花样石锁

续表

城市	类别	名称
常州市	传统技艺	封缸酒酿制技艺、常州萝卜干腌制技艺、横山桥百叶制作技艺、常州龙泉印泥制作技艺、常州梨膏糖制作技艺、常州芝麻糖制作技艺、常州大麻糕制作技艺、明式家具制作技艺、溧阳风鹅制作技艺、常州春江江鲜烹制技艺、天目湖砂锅鱼头制作技艺
	民间文学	董永传说、常州宣卷、苏东坡传说、乾隆皇帝的传说、圩墩村传说、武进歌谣、史贞女传说、伍员山神佑伍子胥的传说
	传统舞蹈	直溪巨龙、竹马(蒋塘马灯舞)、指前鱼灯、太平龙灯、万绥猴灯、芙蓉荡湖船、孟河固村太平青狮
	传统美术	金坛刻纸、常州竹刻、常州梳篦、象牙雕刻(常州象牙浅刻)、乱针绣、常州掐丝珐琅画、孟河斧劈石盆景、常州烙画、常州红木浅刻
	民俗	杨桥庙会
	传统音乐	吟诵调(常州吟诵)、佛教音乐(天宁寺梵呗唱诵)、泓口丝弦
	传统戏剧	锡剧、常州滑稽戏
	传统医药	常州钱氏中医儿科疗法、常州屠氏中医内科疗法、常州朱氏伤骨科疗法、孟河医派
	曲艺	小热昏、常州唱春、常州评话、常州道情
	传统体育游艺与杂技	金坛抬阁、阳湖拳、常州划龙舟
镇江市	传统技艺	镇江恒顺香醋酿制技艺、酿造酒传统酿造技艺(封缸酒传统酿造技艺)、天鹅绒织造技艺、酿醋技艺(恒升香醋酿造技艺)、镇江肴肉制作技艺、汤面制作技艺(镇江锅盖面制作技艺)、民族乐器制作技艺(赵氏二胡制作技艺)
	民间文学	白蛇传传说、董永传说、《华山畿》和华山畿传说
	传统舞蹈	二龙戏珠、灯舞(春城马灯阵舞)、灯舞(马灯阵舞)、句容南乡花船
	传统美术	灯彩(秦淮灯彩)、乱针绣、上党挑花、泥塑(太平泥叫叫)
	民俗	庙会(华山庙会)、庙会(子房山庙会)、“上茅山回九里”文化活动

续表

城市	类别	名称
镇江市	传统音乐	古琴艺术(梅庵琴派)、佛教音乐(金山寺水陆法会仪式音乐)、道教音乐(茅山道教音乐)、宝堰双推车、南乡田歌、狮舞(丹阳九狮舞)、灯舞(马灯阵舞)
	传统戏剧	扬剧
	传统医药	唐老一正斋膏药制作技艺
	曲艺	扬州评话、扬州清曲、丹阳啷当
	传统体育游艺与杂技	太极拳(孙氏太极拳)
扬州市	传统技艺	扬州雕版印刷技艺、扬州剪纸、扬州漆器髹饰技艺、金银细工制作技艺(江都金银细工制作技艺)、富春茶点制作技艺、毛笔制作技艺(扬州毛笔制作技艺)、传统造园技艺(扬州园林营造技艺)、扬州水笔制作技艺、宝应捶藕和鹅毛雪片制作技艺、董糖制作技艺(秦邮董糖制作技艺)、豆腐制品制作技艺(界首茶干制作技艺)、谢馥春"香、粉、油"制作技艺、传统鸟笼制作技艺(扬派雀笼传统制作技艺)、高邮咸鸭蛋制作技艺、共和春小吃制作技艺、扬州酱菜制作技艺、家具制作技艺(扬州明清家具制作技艺)、扬州精细木作、绒花制作技艺、朴席制作技艺、扬州通草花制作技艺、装裱技艺(扬州装裱技艺)、扬州炒饭制作技艺、新城水车制作技艺、扬州盐商菜烹饪技艺
	民间文学	隋炀帝传说、露筋娘娘传说、谜语(竹西谜语)、邗沟大王庙传说、杜十娘传说、鉴真传说、船村故事、黄金坝传说、扬州盐商故事、瘦西湖传说、伍子胥传说、乾隆与宝应故事、子婴河传说、瓜洲古渡传说、三汊河传说、壁虎坝的传说、龙头关的传说
	传统舞蹈	高跷(临泽高跷)、黄塍跑马阵、傩舞(跳幡神、跳娘娘、跳马伕)、龙舞(丁伙龙舞)、宝应河蚌舞
	传统美术	扬州玉雕、盆景技艺(扬派盆景技艺)、苏绣(扬州刺绣)、木雕(扬州木雕)、江都漆画、扬州叠石、竹刻(扬州竹刻)、象牙雕刻(扬州牙刻)、灯彩
	民俗	江苏省菱塘回族乡习俗、中秋节(扬州中秋拜月)、吴桥社火、扬州"三把刀"、扬州船娘风情文化、沿湖渔民习俗、宝应水乡婚俗、清明节(船村印子祭祀习俗)、车桅灯习俗、庙会(河口庙会)、广洋渔民香会
	传统音乐	古琴艺术(广陵琴派)、十番音乐(邵伯锣鼓小牌子)、高邮民歌、邵伯秧号子、古筝艺术、扬州民歌(胥浦农歌)、夏集车水号子、打渔令

续表

城市	类别	名称
扬州市	传统戏剧	扬剧、木偶戏(杖头木偶戏)、淮剧、肩担木偶戏
	传统医药	中医诊疗法(扬州传统修脚术)、臣字门儿科中医术、儿科疗法(谦字门儿科中医术)、然字门内科中医术、春字门内科中医术、针灸(朱氏针灸疗法)
	曲艺	扬州评话、扬州清曲、扬州弹词、扬州道情
	传统体育游艺与杂技	十五巧板
南京市	传统技艺	南京云锦织造技艺、金陵刻经印刷技艺、金银细工制作技艺、制扇技艺(高淳羽毛扇制作技艺)、素食烹制技艺(绿柳居素食烹制技艺)、秦淮(夫子庙)传统风味小吃制作技艺、刘长兴面点制作技艺、永和园面点制作技艺、安乐园清真小吃制作技艺、绿茶制作技艺(雨花茶制作技艺)、皮毛制作技艺
	民间文学	卞和献玉传说、伍子胥故事、崔致远与双女坟的故事、梁祝的传说、秦淮传说故事
	传统舞蹈	龙舞(骆山大龙)、竹马(东坝大马灯)、傩舞(跳五猖)、龙舞(长芦抬龙)、高跷(沛桥高跷)、龙吟车、打罗汉、栖塘打社火、跳当当、麻雀蹦、狮舞(铜山高台狮子舞)
	传统美术	南京剪纸、戏剧脸谱、灯彩(秦淮灯彩)、南京瓷刻
	民俗	秦淮灯会、庙会(薛城花台会)、庙会(南京祠山庙会)、抖空竹
	传统音乐	金陵琴派、高淳民歌
	传统戏剧	阳腔目连戏、皮影戏、越剧(竺派艺术)
	传统医药	丁氏痔科医术、张简斋中医温病医术、金陵洪氏眼科、金陵中医推拿术、金陵杨氏中药炮制技艺
	曲艺	南京白局、南京评话
	传统体育游艺与杂技	殷巷石锁赛力

续表

城市	类别	名称
泰州市	传统技艺	传统木船制造技艺、泰州白酒酿造技艺、靖江肉脯制作技艺、靖江蟹黄汤包制作技艺、溱潼砖瓦制作工艺、兴化水车制作技艺、兴化风动水车制作技艺、里下河渔具渔法
	民间文学	靖江讲经宝卷
	传统舞蹈	泰兴花鼓、姜堰滚莲湘
	民俗	清明节(溱潼会船)、清明节(茅山会船)、元宵节(沙沟游走灯会)、兴化渔家婚俗
	传统音乐	茅山号子、泰州道教音乐、民歌(兴化民歌)
	传统戏剧	淮剧、泰兴杖头木偶戏
	传统医药	许氏正骨疗法、针灸(陈氏针灸)
	传统体育游艺与杂技	海陵掇石锁、姜堰掇石锁
南通市	传统技艺	如皋董糖制作技艺、风筝制作技艺、如皋丝毯织造技艺、白蒲茶干制作技艺、海安勾针技艺、糯米陈酒酿制技艺、白蒲蟹黄鱼圆制作技艺、南通老船木制品制作技艺、柈茶蛏干汤煨制技艺
	传统舞蹈	跳马伕、海安花鼓、倒花篮、如皋莲湘、海安苍龙舞、海安罗汉龙、荡旱船、河蚌舞
	民俗	吕四庙会
	传统音乐	海门山歌、吕四渔号、里下河号子、丰利渔民号子
	传统戏剧	童子戏、如皋杖头木偶戏
	传统医药	黄氏玉容丸制作技艺
	曲艺	莲花落

九、江苏保护、传承、弘扬长江文化现状

(一)保护、传承、弘扬长江文化的现状

1. 不断强化长江文化研究

早在20世纪90年代前后,江苏学术界就已开始探索长江文化,江苏考古学界与文化遗产界为长江文物发掘、长江文化遗产保护传承、长江文化研究学术阵地开辟等做过大量卓有成效的研究工作。如我们参与创办的《长江文化论丛》以及在《东南文化》杂志开设的"长江文化研究",就是为长江文化开辟的专门学术阵地,对研究长江文化产生了积极而深远的影响。近年来,江苏又开展了系列与长江文化有关的调研、会议、论坛、艺术节等,如张家港长江文化艺术节、紫金文化产业论坛"长江经济带与长江文化"分论坛等。这些,为江苏开展长江文化研究奠定了坚实的理论基础。

长江边的镇江焦山碑林

2. 不断加强长江文化遗产保护利用

一是做好长江沿线文物资源调查登记与公布工作，截至2020年底，沿江8市新增第八批全国重点文物保护单位18处，省级文物保护单位93处。重点实施了长江江苏段沿线红色遗产和名人故居保护与展示提升工程，使文物保存状况得到很大改善。2019年，南京长江大桥公路桥维修文物保护项目入选第五届“全国优秀古迹遗址保护项目”。

二是积极推进江南水乡古镇、海上丝绸之路、中国明清城墙联合申报世界文化遗产准备工作，牵头开展海上丝绸之路长江口片区区域研究。

三是积极开展探索江苏地域文明工程，推动考古学文化研究，完成了江苏太湖水下文物资源调查，启动了一批考古遗址公园建设工程等。

四是加强长江沿线非物质文化遗产保护利用。结合传统工艺振兴计划，积极推动“非遗＋”融合发展，提升非遗传承生命力。推动非物质文化遗产生产性保护,加强传承人作品和产品的知识产权保护。目前,长江江苏段沿线8市建有省级文化生态保护实验区8个,苏州3个、无锡1个、常州2个、南京1个、泰州1个。

五是文旅融合力度加大。长江流域的重要节点城市,特别是南京等地统筹城市、山水与人文等要素,推动产城景、农文旅深度融合,集文化遗产保护展示与旅游于一体,努力打造长江流域黄金旅游目的地。包括围绕长江沿线文化遗产、文化景观等开展重要遗址公园、生态公园的建设,以及对原有景区的提档升级,如南京九大“城市客厅”的建设等。

3. 不断提升长江文化展览展示水平

江苏发挥文化强省、旅游消费大省的优势,积极推动江苏长江文化创造性转化和创新性发展,尤其是大力提高展览展示水平。目前,江苏张家港市已建成国内首家以长江文化为主题的长江文化博物馆,全面、详细、形象地展示了长江文化。同时还实施了长江沿线博物馆陈列展览提升工程,如南京渡江胜利纪念馆等,加强博物馆社会教育功能,开展文化文物单位文创开发试点工作等。

4. 长江岸线自然修复、功能提升

“十三五”期间,积极推进了南通沿江五山、扬州南水北调、南京一江两岸35公里、无锡江阴滨江、常州新北滨江、苏州张家港湾、镇江京口岸线修复、泰兴生态廊道等20个特色示范段建设,覆盖长江岸线157.4公里,使长江江苏段水清岸绿景美的美好画卷逐步展开。

5. 江苏长江文化保护、传承、弘扬有政策护航

江苏出台了系列“规格很高”的政策文件为长江文化保护、传承、弘扬保驾护航。省政府出台的《江苏省国民经济和社会发展第十四个五年规划和二〇三五年远景目标纲要》中将长江文化作为重要内容列入建设规划。南京、扬州等地将

“考古前置”纳入地方法规或出台专门政策文件。南京编制完成《长江经济带南京段长江文化旅游融合发展概念规划》,为积极推进地方长江文化的保护传承弘扬工作提供了一定的政策依据。还修订了《江苏省非物质文化遗产保护条例》,支持指导江苏各设区市出台地方非遗保护条例或文化遗产保护管理办法,包括《南京市非物质文化遗产保护条例》《苏州市濒危非物质文化遗产代表性项目保护办法》等。

(二)存在的问题

目前,长江文化保护传承弘扬还是一项新任务,在具体实践中还存在诸多不足:

1. 保护状况不均衡和资源体系尚未建立

一是长江江苏段沿线各市县(区)文物和文化遗产、工作基础、发展思路各异,使长江江苏段沿线的文化遗产保护工作发展不均衡。包括在分级管理模式下,不同级别的文物保护状况不一。市级以上文物保存情况较好,而各区县保护情况较差。基层单位仍面临人才、资金短缺的困境。在文物保护中,非国有不可移动文物保护面临产权不清、地理位置偏僻、分布较为分散所导致的保护力量缺失等问题。

二是目前普遍存在的问题是长江文化资源调查、认定工作有待开展,数据资源分散,标准化水平低,尚未建立统一的资源清单和数据库,资源体系有待建立。这是长江流域文化保护传承弘扬的基础性工作,江苏自不例外。

2. 长江文化系统性研究不够

江苏对长江文化内涵的挖掘及系统性研究还不足,对长江文化的结构类别、内涵演化、发展规律、保护现状等认识不足,也缺少专门的长江文化研究机构,研究课题整体规划不足、系统性不强。特别是对已列入世界遗产的长江文化遗产,有不少未开展充分的研究和考古勘察工作,尤其是各个历史时期重要的港口等遗存现状还不清楚,价值难以依据实物遗存进行证实,保护等级无法确定,管理规定无法落实。

3. 长江文化保护利用模式单一

主要体现在江苏长江文化载体性资源中,文物大部分作为公共文化服务中的重要资源进行利用,如建筑类文化遗产大多作为博物馆、展览馆加以使用。且活化利用主要依赖于政府扶持,活化利用模式单一。特别是非遗保护存在概念界定模糊、保护理念与方式传统、数字化保护程度低、品牌量化程度低等难题。

4. 长江文化与国家及区域发展战略、与城乡建设、与旅游融合等不足

一是长江江苏段所蕴含的丰富文化与长江经济带及长三角一体化、与"一带一路"交汇点建设、与长江文化带、与沿海高质量建设、与乡村振兴、与美丽江苏及生态文明建设、与相关旅游业等的融合协同发展都尚待进一步开展与提高,且已经融合的又缺乏体系性创新提升,未形成一批核心建设项目、文化地标项目等,使得融合联动不足,文化经济生态空间未有效串联,长江水上游线缺乏,融合层次不高,缺乏多产业、多领域等赋能,进而造成长江江苏段沿线旅游产业规模相对较低,产业结构不够优化,产业主体相对较弱等。

二是目前长江江苏段沿线各地发展旅游产业,主要还是依托现有的文化遗产,以游客的参观游览为主,存在对于遗产资源背后的文化内涵缺乏深度利用,旅游产品开发水平相对较低,旅游区建设品质不高,缺乏 IP 打造,核心竞争力不强,综合配套服务体系不够完善等旅游供给质量不高的问题。此外,品牌认知度的问题、客源覆盖度、市场渠道等市场影响力有待增强。

5. 保护传承弘扬的体制机制有待完善

一是长江文化保护传承弘扬是一项宏大而又复杂的工作,需要体制机制提

供保障支持。目前江苏长江文化保护传承弘扬方面缺乏完善的顶层设计及工作机制，缺乏地区间合作互动与沟通交流平台；相关部门在制定保障措施、鼓励机制以及出台优惠政策等方面的工作有待加强；财政支持保障不足，未设立专项资金，无法保障工作资金来源稳定；区域发展不均衡、城乡旅游一体化成效不显著、合作发展机制不完善等。

二是江苏长江文物和文化遗产不仅分布广泛，且数量众多、形态多样，涉及的管理部门众多，包括文化、文物、园林、旅游、住房和建设、环保、水利、航运等多个方面的部门。就是具体的文化遗产点也是分属不同部门管理，有的是文物部门直管，有的是建设、园林、宗教部门管理，还有的甚至是企业在管理，管理头绪较为复杂。不同部门基于不同目标，自成体系，条块分割，权责不明，不利于保护工作的落实。

十、江苏长江文化保护传承与利用总体思路

（一）发展目标

以习近平新时代中国特色社会主义思想为指导，全面贯彻落实党中央、国务院关于长江文化保护传承与弘扬的指示批示精神，统筹推进“五位一体”总体布局和“四个全面”战略布局，对照高质量发展标准，坚持以文化为引领，以尊重文化遗产真实性和完整性为基本原则，坚持“整体保护、活化传承”的基本思路，以及文化遗产保护传承与利用应惠及民众的工作要求，加大江苏长江沿线考古调查与研究工作，强化长江文物和文化遗产保护传承力，完善长江文物与文化遗产保护传承与弘扬体制机制，尤其要把保护和修复生态环境摆在优先位置，坚持绿色发展、集约节约发展，探索建立统一编制、联合报批、共同实施的生态绿色一体化管理体制，以及以江苏长江文脉为引领，以文化旅游深度融合项目为主体，探索文旅项目跨区域一体化管理机制，探索促进各类文化旅游要素跨区域自由流动的制度安排等，进一步加强保护好、传承好、弘扬好长江文化，形成长江文化保护传承弘扬经典区，使长江文化成为展现江苏形象、江苏风韵、江苏自信、江苏担当的亮丽名片，为推动江苏长江经济带建设走在前列以及“强富美高”新江苏建

设提供智力支撑和实践指引。

（二）具体思路

1. 推动长江江苏段沿线考古调查和文物与文化遗产调查整理研究、评估与认定、保护修复等工作实施

推动江苏长江文物和文化遗产调查整理研究、评估与认定、保护修复等工作实施，建立江苏长江文物和文化遗产保护名录，以及完善权责明确的保护传承协调机制。制定江苏长江文物和文化遗产考古调查工作计划，落实建设项目考古前置制度，妥善保存长江江苏段相关历史信息，持续推进长江江苏段沿线重要遗址的考古、研究和保护、展示工程，推动江苏长江沿线考古事业走在全国前列。持续推进各类文化遗产保护工作，全面提升保护管理能力建设，构建丰富、完整、科学的长江历史文化见证物征藏和展陈体系。深入发掘和记录各项非物质文化遗产，制定非物质文化遗产传承基地建设计划，率先启动扬州、苏州、南京、无锡、常州等非物质文化遗产富集区的区域性整体保护工作。

2. 加强长江文物和文化遗产全面系统保护，长江文化价值和精神内涵得到深入挖掘和活态传承

完善江苏省长江文物和文化遗产保护管理体系，形成以监测预防为基础、以考古与科技实验为支撑、适宜长江活态遗产保护传承的理念及工程技术体系。保证长江全线各类水工遗产和相关遗产保存状态良好，沿江景观环境得以修复，历史城镇及街区建筑和环境得到保护修复，博物馆及收藏展陈体系更加完善等。加深长江经济带江苏段文化与旅游融合程度，基本完成滨江核心区文旅融合，江苏长江旅游正在崛起，长江经济带江苏段知名度和美誉度提高，建设成为宜居、宜业、宜游的江苏长江之滨，助力高质量“强富美高”新江苏建设。

3. 以江苏长江文脉为引领,以文化旅游深度融合项目为主体,建成具江苏特色的长江文化带

推动各类长江文物和文化遗产焕发新的生机与活力,全面推进地标项目、文化游线、邮轮码头等的建设,丰富沿江文化旅游业态产品,全面提升基础设施与公共服务体系,建成长江经济带江苏段文旅融合区,使以文化为引领的江苏长江经济带建设成为走在全国前列的先导段、示范段、样板段,也为中华优秀传统文化保护传承与弘扬贡献江苏智慧与江苏力量。

十一、 江苏长江文物与文化遗产保护利用建议

(一) 深挖长江文物与文化遗产内涵,构建长江文物与文化遗产保护管控体系

1. 开展长江文物和文化遗产普查,建设江苏长江文物与文化遗产数据库

要做好长江文化的保护传承弘扬工作,前提是要把相关基础调查和研究工作扎实、打牢。没有深入调查就无法做出科学决策。习近平总书记提出的长江文化保护传承弘扬是个重大的新课题、新任务,我们迄今并不了解长江文化的资源家底,不了解江苏长江文化建设的现状,为此,当前必须有组织地系统开展江苏长江文化资源及现状调查,摸清家底,明确对象,构建起长江文物体系和长江文化遗产体系以及长江文化保护体系,并建立长江文化资源数据库,为江苏各界参与长江文化保护、传承、弘扬提供智力支持。

此外,江苏处于长江经济带、长三角区域一体化、江淮生态大走廊以及“一带一路”等多种战略叠加处,使江苏的长江文物和文化遗产保护、传承与利用更具

典型意义和代表性。开展长江文物和文化遗产普查工作,是保护好每一处长江文物和文化遗产的真实性、完整性,发挥好长江文物和文化遗产的整体性支撑和文化引领作用的重要基础和保障。

2. 加快顶层设计,制定江苏长江文物与文化遗产保护规划

一是形成全局性的系统规划,使长江两岸的城市和乡村清楚地知晓自身在其中的角色、定位,以及如何保护传承好长江文化。应加快组织专业力量,制定长江文化保护传承弘扬专项规划,将江苏长江文物与文化遗产保护、长江历史文化、山水文化等与城乡发展、与长江经济带建设、与相关战略融合等作为重要任务,纳入规划,做好顶层设计,指导和引领全省各地做好长江文化保护传承弘扬的具体工作。

二是规划实施一批长江重要文物和文化遗产保护利用项目,会同住建部门采用"微改造"的"绣花"功夫,做好沿线历史文化名城名镇名村和历史文化街区保护工作。如重点保护世界级和国家级文物保护单位,以及世界级和国家级非物质遗产项目;重点保护革命遗址、遗迹、烈士纪念设施等红色文化资源,包括国家级文保单位、省市县(区)文保单位。此外,应注重将长江文化与乡村山水、村落、田园等空间要素相互融合,作为规划建设的重要内容之一,积极彰显乡村振兴地域特色之美,助力江苏乡村振兴战略实施。

三是在规划的基础上,还应强化江苏与上海、安徽等沿江省市沟通交流,深入挖掘不同文化高地的特色文化,强化资源整合,使江苏长江文化在更高、更广的层面上得到整合和联动,让长江文化在助力长三角一体化方面发挥积极作用。

3. 加强江苏长江文化研究包括考古研究、智库建设等,这是科学推动长江文化"创造性转化、创新性发展"的前提

一是对江苏长江文化开展多学科、综合性研究,包括深入研究江苏长江文化

内涵,以江苏长江文化的内涵、外延、历史渊源、表现形态、发展历程、发展规律等为重点,阐释江苏长江文化所蕴含的吴文化、金陵文化、淮扬文化、江海文化、江南文化、运河文化以及航海文化、古都文化、工商文化、科技文化、教育文化、革命文化、文学文化、工艺文化、饮食文化、儒释道文化、生态文化等。让长江文化的保护传承弘扬建立在科学的基础之上,也让更多的学者参与到江苏长江文化的研究中来,用科学的研究支撑对未来江苏长江文化的规划与建设。

二是加强考古支撑研究。定期编制长江江苏段考古研究工作计划,及时进行评估及调整细化,有计划地持续、系统开展长江文物与文化遗产的考古研究工作。开展多学科、跨学科合作,提升考古研究工作的质量和科研水平,做好考古调查、发掘资料的整理和成果刊布工作。加强考古队伍建设,支持考古机构申报考古发掘资质等。

三是成立覆盖多层级政府、各类型长江文化保护传承与弘扬的智库。成立由国内外从事长江文化、旅游、生态、经济、地理等方面研究的知名专家,以及长江文化保护传承与弘扬相关行业领军人物组成的专家智库,鼓励各层级政府成立长江文化保护传承与弘扬智库,鼓励各企事业单位成立长江文化保护传承与弘扬智库。通过常态化顾问指导,增加发展开发决策的科学性、规划性和创新性。

(二) 推进特色长江文物与文化遗产保护传承

1. 推进长江沿线历史文化名城名镇名村活态保护与修复

一是加强调查研究。研究江河交汇、水利工程、航运技术等对长江沿线城镇、村落形成、发展的推动,研究吴文化、淮扬文化、楚文化、金陵文化和沿江城镇、村落的形成与发展。将长江文物与文化遗产保护与城市更新相结合,推进各级文物保护单位、历史建筑、工业遗产等历史遗存保护利用,弘扬水文化、工商文化、儒家文化,扩展城市发展空间,提升城市文化特质。

二是鼓励名城名镇名村保护示范。推动江南水乡古镇、江北运河古镇等古镇群的系统专题保护,支持江南水乡古镇申报世界文化遗产。鼓励苏州、南京、泰州等沿江城市古村落集中地区创建传统村落集中连片保护利用示范区(市),鼓励符合要求的古城古镇古村积极申报历史文化名城名镇名村和传统村落。

三是完善长江江苏段沿线建筑遗产保护传承机制。支持长江沿线代表性民居建筑的研究和保护,加强文物建筑、历史建筑、历史风貌区的调查工作,建立保护档案和数据库。加强历史文化名城名镇名村中的文物保护单位、历史建筑的保护修缮和环境整治,探索建立古村落保护更新的长效机制,增强古村落生命力。合理确定修缮内容和规模,制定适应聚落遗产、文物建筑空间特征的市政、消防、环卫等设施的技术规范。

2. 推进长江沿线革命文物保护传承

一是推进长江沿线革命文物调查保护工作。加强长江沿线革命文物的调查研究,推进革命文物的认定、定级和建档工作。推进革命旧址维修保护行动计划,鼓励将革命旧址辟为革命文化专题博物馆、纪念馆等公共文化教育活动场所,推进馆藏革命文物保护修复和文物征集计划,重点推进长江沿线国家革命文物保护利用片区的革命文物保护展示工程。

二是提升长江沿线革命文物展示传承水平。围绕周恩来精神、新四军铁军精神、淮海战役精神、雨花英烈精神,实施一批中共早期领导人故旧居、新四军抗日民主根据地、淮海战役等具有重大影响和示范意义的革命文物展示利用项目,打造主题突出、导向鲜明、内涵丰富的革命文物陈列展览精品。鼓励利用革命旧址开展红色文化创意、红色旅游和革命文化研究。通过陈列展览、网络平台、电视报刊、学堂讲堂、通俗读本等形式宣传和传承革命文化,讲好长江江苏段沿线革命文物故事,弘扬革命精神。

江阴黄山炮台旧址

3. 推进长江沿线工业遗产活化利用

一是积极推进长江沿线工业遗产调查、评估和认定工作开展，建立工业遗产分级保护机制，具有重要价值的工业遗产应及时登记公布为文物保护单位或不可移动文物。加快甄别和抢救长江沿线濒危工业遗产，加强工业遗产保养修缮和周边环境整治。

二是在工业遗产分布集中的无锡、常州、南通、南京、扬州等长江沿线城市，实施一批具有示范性、带动性的工业遗产保护利用项目，推动棉纺织业、缫丝业、面粉业、钢铁业等特色工业遗产活化利用，打造长江工业文化遗产特色品牌。

三是支持鼓励有条件的长江沿线地区和企业建设主题博物馆、纪念馆，培育工业文化产业园区、特色工业小镇、创新创业基地和工业设计、工艺美术、工业文化创意、非物质文化遗产传承、科技文化融合等新业态，推动工业遗产的可持续发展。

4. 支持长江沿线农业文化遗产活态传承

一是会同农业农村部门梳理、调查适应江苏长江沿线自然环境、具有江苏长江文化特色的稻作、圩田、垛田、桑田、茶园、果园等土地利用系统、灌溉系统和农业景观，重点开展太湖、高邮湖、固城湖地区传统农业系统调查研究工作。建立省级长江农业文化遗产名录，支持有条件的项目申报中国重要农业文化遗产。

二是推动农业文化遗产活态保护传承，加强与生态农业、休闲农业的结合，推动长江沿线地区经济社会的可持续发展。重点推动兴化垛田传统农业系统、高邮—宝应—邵伯湖湖泊湿地农业系统、无锡阳山水蜜桃栽培系统、太湖塘浦圩田水利灌溉工程的研究、保护和利用，带动沭阳古栗林等其他农业遗产的传承发展。

5. 开展长江沿线重要文物与文化遗产保护利用

坚持"保护为主，抢救第一，合理利用，加强管理"的文物工作原则，加强长江江苏段沿线各级文物保护单位、历史建筑、传统民居的保护修缮，完善保护管理措施。坚持文物保护工作的公共文化服务属性，有效发挥社会教育功能，主动融入地方经济社会发展大局，探索文化遗产保护传承利用有效路径、方法和手段。重点加强苏州古典园林、南京明孝陵等世界文化遗产和重要文物保护单位的保护管理，积极推动海上丝绸之路、中国明清城墙、江南水乡古镇申报世界文化遗产，开展长江江苏段沿线传统民居和名人故居的保护利用、近代公共建筑保护利用，以及文庙书院、祠堂会馆、宗教民俗文物等专题性文化遗产保护利用工程。

（三）推进长江非物质文化遗产保护传承

根据非物质文化遗产的活态保护和传承特征，确定长江沿线及周边地区非物质文化遗产保护内容。加强非物质文化遗产传承人队伍建设，落实代表性传承人各项扶持政策，不断扩大传承人群。加强基础理论研究，挖掘各长江沿线非物质文化遗产资源特色，拓展保护、传承与利用空间，创新保护传承方式，激发非物质文化遗产传承发展的内生动力。

1. 推进区域性整体保护

推动长江沿线的市、县(区)编制区域性非物质文化遗产专项保护规划。以“保护优先、整体保护、见人见物见生活”的理念为指导，支持长江沿线的名城名镇名村等非物质文化遗产项目集中地，尤其是扬州、苏州、南京等非物质文化遗产富集区，结合周边自然环境、人文环境和文化遗产，对非物质文化遗产以及非物质文化遗产赖以生存发展的文化空间进行整体保护。支持江苏长江沿线历史文化积淀丰厚、特色非物质文化遗产资源存续状态良好的区域申报省级文化生态保护实验区。对标《国家级文化生态保护区管理办法》，鼓励当地政府加大政策、资金等投入力度，组织推动长江沿线的省级文化生态保护实验区申报国家级文化生态保护区。

2. 推进长江非物质文化遗产社会化传承

根据上位法修订情况，适时修订《江苏省非物质文化遗产保护条例》等法律法规，建立完善非物质文化遗产保护的政策体系。坚持以人为本、活态传承，充分尊重人民群众的文化主体地位，以长江沿线地区的国家级项目为龙头，省级项目为骨干，市县(区)级项目为基础，持续推动长江非物质文化遗产保护工作。积极推动与长江文化相关的非物质文化遗产项目进学校、进社区，鼓励长江沿线地区结合当地特色民间习俗，举办好大型传统民俗文化活动。增强民众对中国传统节日的认同感和参与度，让苏州端午习俗等地方特色民俗文化世代相传。

3. 开展长江非物质文化遗产记录工作

运用文字、录音、录像等方式记录长江非物质文化遗产资源，逐步建立完善江苏长江沿线地区非物质文化遗产代表性项目、代表性传承人的档案和数据库。

对长江沿线地区的非物质文化遗产代表性项目实行分类指导、动态管理，推动相关数据信息的研究分析和转化利用。有序推进江苏长江沿线地区省级以上非物质文化遗产代表性项目和代表性传承人的记录工作，遴选长江沿线地区处于濒危状态的非物质文化遗产代表性项目和高龄的代表性传承人，优先开展记录工作。

4. 加强传承人扶持与管理

一是采取"以师带徒"和院校研修研习等方式，加大对长江沿线地区非物质文化遗产代表性项目传承人的培养力度，鼓励热爱非物质文化遗产、技艺精湛、符合条件的中青年传承人申报并进入各级非物质文化遗产代表性传承人队伍，逐步形成年龄层次优化、梯次结构合理、充满传承活力的保护传承群体。面向长江沿线地区，实施非物质文化遗产传承人群研修、研习、培训计划，普及非物质文化遗产理论和非物质文化遗产保护知识，提高传承人的荣誉感、责任感和传承能力。发挥江苏省内高校、职业院校的专业优势，组织长江沿线地区传统技艺、传统美术、传统戏剧和曲艺类非物质文化遗产代表性项目的传承人、从业者，学习专业知识和技能，增强可持续发展能力。

二是依据《国家级非物质文化遗产代表性传承人认定与管理办法》和《江苏省非物质文化遗产代表性传承人认定与管理办法》，长江沿线各设区市、县（区、市）逐步完善相应级别非物质文化遗产代表性传承人的管理制度，做到有章可循、有效管理。加强对非物质文化遗产代表性传承人的日常管理和考核评估，表扬先进，鞭策后进，鼓励非物质文化遗产代表性传承人增强使命担当意识，认真履行传承义务和责任。

三是鼓励江苏长江沿线各级非物质文化遗产代表性传承人在社区、学校建立教学基地、实训基地，拓展传播途径，进一步扩大传承人群。在长江沿线的名镇名村、历史文化街区、传统村落等设立一批传习所和工作室，倡导代表性传承人面向社会招收学徒，传授技艺。支持传承人设计开发非物质文化遗产体验课程，让更多的民众在体验互动中感受长江非物质文化遗产魅力。

5. 推进江苏长江沿线传统工艺振兴

一是针对江苏长江沿线地区传统工艺类非物质文化遗产代表性项目数量多、级别高等特点，依据《中国传统工艺振兴计划》，结合江苏省公布的传统工艺振兴目录，遴选出江苏长江沿线地区重点振兴的传统技艺、传统美术类非物质文化遗产项目目录。积极探索新形势下传统工艺保护、传承和发展的新途径，对长江文化特色鲜明，并有一定传承基础、生产规模和发展前景的传统技艺、传统美术类项目进行多渠道重点扶持。

二是在相关高校、研究机构、企业等设立传统工艺的研究基地、生产性保护示范基地和传承基地。探索传统工艺与现代技术的有机融合，推动传统工艺成果转化。推动“产、学、研”相结合的创新机制建立，鼓励传统工艺企业和从业者结合当代审美和社会需求，设计、研发具有时代特色的传统工艺作品、产品，注册产品商标。重点打造一批文化特色浓、品牌信誉度高、市场竞争力强的江苏长江中华老字号品牌。

6. 推进长江非物质文化遗产研究与传播

一是加强长江非物质文化遗产研究。发挥江苏省高校和研究机构专业人才和学术优势，深入挖掘江苏长江沿线非物质文化遗产资源，研究与长江相关的民间文学、传统音乐、传统舞蹈、传统戏曲等，提炼长江文化核心价值；深入探寻长江沿线区域历史层累过程中形成的民众生活方式、生活场域，以及伴随长江而生的农耕文明，为非物质文化遗产保护打好基础。重点做好长江非物质文化遗产保护、传承和发展的专项课题研究，以及关联性代表性项目的生态和联动保护机制研究，通过学术研讨、观摩学习等形式，交流保护传承新理念、新方法。鼓励发表和出版有关长江非物质文化遗产的论文、专著、图册、译著等研究和实践成果，为江苏长江非物质文化遗产保护和利用工作提供理论支撑。

二是拓展长江非物质文化遗产宣传途径。依托文化和自然遗产日、重大传统节日,开展长江非物质文化遗产主题传播、展示展演活动。通过江苏智慧文旅等网络平台,策划推出“长江戏曲”“长江工艺”“长江美食”“长江传说”等系列专题宣传片、纪录片。推动长江非物质文化遗产项目进景区。依托长江沿线各类非物质文化遗产场馆,优选适合体验互动的非物质文化遗产项目,针对研学游、亲子游、银发游等细分市场,开发适合不同年龄层次人群的非物质文化遗产旅游产品,扩大非物质文化遗产传播途径。重点开展传统戏剧、曲艺类国家级非物质文化遗产代表性项目的保护传承工作,搭建小剧场、戏台等展演场所,丰富民众文化生活、活跃夜经济、促进文旅产业发展。结合扬州、苏州等长江沿线城市聚落遗产数量多、非物质文化遗产资源丰富的特点,鼓励修缮后的文保单位、历史建筑、工业遗产等用于非物质文化遗产展览展示。在名镇名村、历史文化街区等场所,设立非物质文化遗产商店,集中展示和销售长江非物质文化遗产产品或衍生品,将非物质文化遗产资源聚集区与旅游区域、文化创意产业区等项目有效衔接,提升传承的生命力。推动江苏长江非物质文化遗产“走出去”,宣传江苏长江非物质文化遗产保护传承成果。

(四)推动长江文化与旅游融合发展

1. 建设长江文化博物馆以及若干长江文化客厅

通过在江苏沿江地区开展综合性展示、体验载体建设,充分将长江流域文化资源整合、利用和分享,让人民有地方能够充分了解长江文化,将长江江苏段建设成为主题鲜明、内涵明确、文化标识性强的文化保护传承弘扬样板。具体包括:

在长江重镇南京建立长江文化博览馆或长江文化博物馆,作为向国内外展示长江文化的窗口,让人民有地方有条件能够充分了解长江文化的内涵和价值,为长江文化保护传承弘扬打好群众基础和提供宣传平台。

利用长江江苏段宽度多变、岸线多折、洲岛多布、景观多样、文化多元的资源禀赋，在沿江不同城市建立呈现江苏大江风貌，突出江苏长江文化特质的“长江文化客厅”，形成高颜值的长江沿线历史文化特色区。尤其要在坚持守护传承生生不息的长江千年文脉的基础上，发挥长三角世界级城市群优势，推进沿江城市集群发展、融合发展，依托长江干流、众多支流和生态岸线，开发江畔休闲体验与江上游乐项目，展现城市山林、灯火沿流等美好幸福生活图景，推动建设长江国际黄金旅游带。

2. 打造江苏长江文旅地标项目

结合现有资源，打造长江文旅地标项目，以文化高度塑造影响力高度，提高江苏在长江文化资源集聚、展览展示、旅游观光等方面的国内国际地位。如以苏州为核心，带动无锡、常州，连接沿江主要历史城镇，对接浙江、上海，构建以江南水乡、书香古韵、工商文化等为特色的长江文化遗产重点组群，突出江南水乡古镇等城镇聚落和吴江古纤道等代表性长江文化遗产的保护展示；以镇江为中心，连接长江沿线丹阳、句容等主要历史城镇，构建以吴头楚尾、江河交汇、南北锁钥为特色的宁镇长江文化遗产组群，突出京口闸遗址、破岗渎堰埭遗址群等休现长江运口的代表性长江文化遗产的保护展示，以及立足长江连通大海、交汇运河、汇聚名城的独特条件，延伸拓展水上旅游开发，建设一批山水人城和谐相融的滨江旅游观光景点，开发推出体现长江文化特色的旅游目的地等。

3. 建设沿江文旅产业集聚区

以发展文旅新业态为抓手，充分利用长江江苏段现有文化空间，构建沿江文旅产业集聚区，以优良的文旅新业态为产业集聚区赋能，引入数字科技、滨江工业、商务会展、文艺影视、现代农业、文化创意、电子竞技等新业态，提升区域文化旅游发展的动能，引导江苏沿江文化和旅游产业集聚、业态创新，促进沿江文旅产业全面升级，形成长江江苏段文旅融合新业态示范带。

4. 构建长江江苏段旅游产品体系

依据旅游与生态、文化、产业有机融合战略，按照“差异化、特色化、主题化”思路，构建长江江苏段文旅带生态旅游、文化旅游和产业旅游三大类型组成的产品体系。

一是生态旅游类产品。生态是旅游开发的前提，也是重要的旅游资源，践行“绿水青山就是金山银山”理念，按照旅游与生态有机融合的思路，以旅游发展推进生态文明建设，在保护长江、山地、沙洲等生态系统前提下，利用自然生态保护区、地质公园、湿地公园、水利风景区和风景名胜区等，强化长江、山地、沙洲等生态资源的生态价值，适当利用其休闲观光和科普教育价值，在保护中利用，以利用促进保护，实现生态效益与旅游效益的统一，满足人民接近自然和探索科学的需求。重点开发长江观光休闲、研学科普和生态度假等长江生态旅游产品，沙洲观光休闲、运动探险、研学科普和体验度假等沙洲生态旅游产品，山地研学科普和山地休闲运动等山地生态旅游产品。

二是文化旅游类产品。在保护文物和非物质遗产等前提下，利用文化遗址公园、历史文化古城镇、古村落、古街区、古建筑院落等场所，博物馆(院)、纪念馆、文化馆和文化广场等公共文化场馆，发挥文物和非物质文化遗产的历史价值、观光休闲价值和科研教育等价值，满足人民体验文化和探寻历史的需求。重点开发农耕民俗休闲体验和水利文化研学等长江农耕文化旅游产品、红色文化研学教育和红色文化演艺等长江红色文化旅游产品。

三是产业旅游类产品。在做强农业种植及相关产业和能源业等主业前提下，利用农业种植园、养殖区、农业加工基地、村落、工业园区、矿区、风场等生产生活场所，挖掘产业资源的休闲观光和科普教育价值，满足人民了解社会和研学的需求。开发田园观光休闲和渔业休闲体验等农业种植及相关产业旅游产品、工业研学科普和工业文化创意商品等能源及相关产业旅游产品。

5. 打造长江特色文化遗产线路

一是根据长江文化遗产线性分布特点，在遗产资源丰富、价值特色凸显、交通便利的长江段，打造一批长江特色河道遗产线路。统筹规划和方案设计，以长江为纽带“串珠成线，以点带面”，串联长江沿线的文化遗产、历史城镇、乡村田园、自然景观等资源，建设融合特色专题展示、非物质文化遗产展演等形式多样的长江特色河道遗产线路。

二是以长江文化遗产价值和内涵为引领，依托长江沿线水工、航运、古镇、民族工商业、园林、书院、文庙等文化资源，培育长江特色文化主题线路。依托与长江文化相关的文化遗址、文博场馆、文物建筑、工业遗产等，建设长江文化特色主题展示场所馆。利用现代互联网技术和数字化平台，建立长江特色文化主题线路智慧展示系统。

三是发展长江水上游线，实现水岸联动发展。在共建“21 世纪海上丝绸之路”倡议下，以现有码头与渡口为基础，整合周边文化旅游资源，提升建设长江综合码头渡口，并串联建设城市游轮线路，实现江海联运，引领延展上下游产业链条。建议对现有码头与渡口进行部分滨江休闲游憩空间打造与景观提升，并配合游线新建游轮码头，打造完整的江苏长江滨江码头体系。同时结合不同的需求，开发长江巴士线、滨江风貌线和画舫夜游线三种水上游线。长江巴士航线兼具城市公共交通和沿江观光二合一性质；滨江风貌航线以欣赏滨江美丽风光为主题；画舫夜游航线是以夜景、表演、夜宴、品茶等为主要内容联结内支流与长江的精品线路。

（五）加快推动江苏长江国家文化公园建设

1. 尽快编制并出台《江苏省长江国家文化公园建设保护规划》

参照已编制完成的《江苏省大运河国家文化公园建设保护规划》，立足展现现代表现形式文化价值、讲好国家文化故事的原则，编制并出台《江苏省长江国家文化公园建设保护规划》。规划应按照保护、传承、利用的要求，划定江苏长江文化管控保护、主题展示、文旅融合、传统利用等功能分区，并明确相应的建设保护要求。

2. 以推动考古遗址公园建设为重点，助力江苏长江国家文化公园建设

一是水工类考古遗址公园。根据长江江苏段水工遗产特征，实施一批以坝、闸、堤等水工遗存为元素的水工类考古遗址公园建设。统筹推进考古研究、遗址保护、环境整治、展陈设施建设等工作，优化公共文化服务设施配置，使保护成果惠及民众。

二是其他考古遗址公园。结合长江江苏段沿线聚落、陵墓等重要遗址分布特点，实施一批长江聚落类、陵园类考古遗址公园建设。持续推进扬州城（含隋炀帝墓）考古遗址公园、阖闾城考古遗址公园、龙虬庄考古遗址公园建设，积极推进南京固城遗址等长江沿线古代城址的保护利用工作。

3. 依托新技术，搭建数字云平台架构

借助 5G 通信技术，搭建长江国家文化公园数字云平台架构，形成线上线下协同展示格局，充分展现长江的整体风貌和文化价值，开拓更多长江文化公园的公共服务场景，打造长江国家文化公园超级 IP。同时，围绕规划建立实施传导机制，对 11 个相关地市均明确了其功能定位、空间布局及重点项目库，并建立了实施方案和年度考核指标，增强规划可实施性。

（六）推动信息化、数字化建设

1. 创新技术手段，加强长江文化数字化动态维护与管理

积极利用现代信息技术手段，包括"互联网＋"、云计算、大数据等，加强对长

江文化保护传承与弘扬的数字化动态维护与管理，提高遗产评估、认定的效率与品质。其中基于专项评估工作之需，可鼓励有条件的区域充分发挥数字化技术手段的价值，推动数据库建设，形成包括大运河历史文化、优秀传统文化以及遗产评估、认定、修复、保护传承与利用在内的数据库。并建构长江文化信息模型，作为长江文化信息储存的基础平台，同时与长江文化评估、认定等信息平台相互衔接。数字化资源应包括大运河物质文化遗产大数据、非物质文化遗产大数据和网络大数据。依托长江文化独特内涵，打造数字创意产品，为人们提供网络化的文化交互体验，扩大长江文化的影响力。

2. 加强长江文化相关重要题材的文艺创作，推进长江文化文艺项目数据库建设及长江文化数字化保护

坚持把提高质量作为文艺作品的生命线，鼓励文学、戏剧、曲艺、舞蹈、美术、书法、民间工艺等领域的专家学者，开展长江题材文艺精品创作，尤其加强现实题材创作，不断推出反映江苏长江文化新时代新气象、讴歌江苏民众新创造的文艺精品，创建一批江苏长江文艺特色品牌。特别是应围绕中国共产党成立 100 周年、党的二十大、中华人民共和国成立 75 周年等重要节点和党史、新中国史、改革开放史、社会主义发展史等重要领域，合理集聚和配置资源，强化长江沿线革命文化题材的文艺作品创作，为江苏群众提供更丰富、有营养的精神食粮。同时，利用现有设施和数字资源，建设长江文化数字云平台，对长江文化相关重要题材的文艺创作进行数字化展示，形成长江文化保护传承弘扬文艺项目数据库及传播平台。

3. 建设长江文化旅游产业大数据平台，促进旅游服务大数据应用

一是对接“12301”国家智慧旅游公共服务平台，整合旅游信息资源，实现江苏长江段文化旅游信息数据共享，推动旅游与公安、交通运输、卫生、气象以及航

空、通信等跨部门、跨行业的数据衔接共享,研究制定数据共享清单、开放清单,推动互联互通、融合发展,实现长江文化旅游产业运行的有效监测,建设长江文化旅游产业大数据平台。

二是鼓励市场主体共建江苏长江段文旅电子商务平台,利用旅游服务大数据,优化电子商务服务;鼓励旅行社等市场主体依托旅游服务大数据,开发提供个性化、定制化产品和服务等;鼓励各级旅游主管部门利用旅游服务大数据,提升政策规划制定和市场监管水平;鼓励各科研单位,利用旅游服务大数据,开展学术研究。

4. 建设长江文化虚拟旅游云平台

一是整合江苏长江段文旅业的地理信息、旅游区信息以及景点信息,利用三维技术和虚拟漫游技术,建立江苏长江文旅带虚拟场景,全景全息展示江苏长江文旅带,建设江苏长江文化虚拟旅游云平台。

二是和旅游区结合,虚实结合,将虚拟旅游云平台和旅游区电子语音解说系统结合,将云平台信息内容整合到旅游区二维码自助语音导览系统和电子导游系统,采用汉、英、蒙多语种导游解说;和文博场馆结合,将虚拟旅游云平台植入江苏长江文旅带的文博场馆,作为文博场馆的内容,增加大众对江苏长江文旅带的了解;打造独立的 APP,将虚拟旅游云平台的内容转化至手机 APP,作为游客行前了解江苏长江文旅带的移动百科工具书。

(七) 提升江苏长江文化传播与交流能力

1. 动员主流媒体投入力量,建立长江文化传播主流阵地

讲好长江文化故事,加强长江文化的宣传,为长江文化保护传承弘扬工作形成良好舆论氛围。在充分挖掘长江文化内涵的基础上,动员江苏境内主流媒体投入专业力量,围绕长江文化主题、长江文化精神等积极发声,建立长江文化传

播主流阵地，强化主流舆论宣传和展示，推出一批彰显江苏长江文化特色及长江文化精神价值报道的经典作品，引导全民讲好江苏长江文化故事，形成良好的保护传承弘扬江苏长江文化的舆论氛围，进而让长江文化观念深入人心，增强价值认同，凝聚整体合力。此外，省、市还可联合举办长江文化节，打造长江文化品牌并加以宣传推广。

2. 推动凝练江苏长江文化的精神价值

长江江苏段是锻造长江文化精神的重要区域之一，尤其是近代以来形成的张謇精神、雨花英烈精神、铁军精神、渡江精神、大桥精神等，是江苏优秀文化精神的重要高地。应在推动梳理和挖掘长江文化精神载体内涵的基础上，凝练长江文化的精神价值，并运用不同方式加以传承弘扬，使长江文化精神价值在现代生产生活中发挥实践性作用。如以江苏民族实业家群体和民族工商业发展脉络为重点，深化长江文化的地域精神研究，进一步保护好、挖掘好、利用好保留至今的与民族实业家和民族工商业相关的历史文化遗存，讲好江苏民族实业发展故事等。

（八）提升长江文化公共服务共享力

1. 建设丰富的公共文化空间，供给高质量公共文化产品

一是做好已建成的江苏长江文化主题相关的博物馆、文化艺术馆、遗产展示馆等场馆的展陈提升工作，并全面完成场馆风险等级重新评定工作。新建设一批具有鲜明特色的长江文化主题文博场馆和遗址展示区段。同时，加快长江文化主题博物馆衍生品的市场化进程，创立具有江苏特色的长江文化创意品牌。鼓励个人、企业参与长江文化场馆建设事业，促进各类长江文化主题相关的场馆资源的社会化利用。

二是利用长江江苏段沿线绿地、广场、岸线、码头等公共空间，结合长江文化

内涵,加强长江沿线的堂馆、广场、园区、长廊、标志性工程等文化资源配套设施建设,为江苏长江文化保护传承与弘扬提供公众服务平台。

三是通过实施长江文物和文化遗产解读工程、保护工程、展示工程等措施,将价值突出、功能完善的长江文物和文化遗产项目集中到博物馆、展览馆、陈列馆等专题展示场所,全面展示长江相关的考古学文化、水文化、儒释道文化、文学艺术文化、工商业文化、红色文化、园林文化、航运文化、山水文化等,并向公众开放,同时推出寓教于乐的系列展览,广泛开展长江文化知识教育普及活动,通过有序有效利用来传递相关保护传承与弘扬理念,充分发挥江苏长江文化的教化育人功能和公共文化服务作用。

2. 加强长江文化旅游公共服务共享力

将长江文化旅游公共服务体系建设融入公共文化服务体系,加强主客共享,建立统一的旅游服务网络、标识系统、救援应急系统、智慧旅游系统和接待设施与服务系统,推进《江苏长江文化旅游公共服务一体化实施方案》编制和实施。

3. 推进长江文化旅游公共服务体制改革

按照多元化供给、引导多市场主体参与,健全治理模式、提高供给效率,加强信息化、提高供给质量的思路,深入探索江苏长江文化旅游公共服务体制改革,示范引领江苏长江文化与旅游公共服务体系建设。

(九)构建完善的支持与保障体系

1. 建立健全江苏长江文化保护、传承与弘扬机制

建立江苏省级层面长江文化保护传承弘扬工作领导小组,制定出台推动江苏长江文化保护传承弘扬的工作要点,明确具体工作指向。江苏沿江各市如南京、扬州、镇江、常州、无锡、苏州、南通、泰州等应发挥区域协同、部门联合作用,

探索合作共赢机制，共享成功经验和做法，确保江苏长江文化保护传承弘扬工作落实到位。在沿江地区优先安排省级以上重点旅游项目特别是世界级旅游景区和度假区建设点供用地指标。同时，还应与沿江省市联动，建立长江文化保护传承弘扬跨省市统筹推进机制，可相互研讨重大事项和交流工作经验，进而加强长江文化保护传承弘扬的系统性与协同性。

同时，基于江苏长江文化保护传承与弘扬工作综合性强，涉及考古调查与研究、文物遗存保护修复、基础设施建设改造、环境整治提升维护与管理等，资金投入大、要求高。应充分发挥政府在统筹协调、组织实施及监督管理等方面的作用，如组织专家学者编辑出版各类大长江文化主题性普及读物，供群众阅览，促进长江文化走入人民群众、走入日常生活等，形成社会共同参与保护传承与弘扬的新机制。

2. 突出政府主导地位，形成社会共同参与保护传承与利用的良好局面

协调和配合江苏省全线长江文化保护传承与弘扬相关工作。推进各有关设区市和县(市、区)人民政府建立长江文化保护传承与弘扬协调机制，健全保护传承与利用联席会议制度，推动各地建立区域间长江文化保护传承与弘扬的联动机制。如江苏可主动担当，联合长江沿线城市，牵头成立沿江文化保护传承与弘扬联盟，建立常态化会商议事机制，就长江文化保护传承与弘扬战略展开协调合作。还可建立长江文化发展论坛，定期在沿江城市轮流组织主办长江文化发展论坛，邀请国内外区域发展、长江文化、旅游、生态等方面专家，共同探讨长江文化发展新思路，出版论坛文集等。

3. 加大资金投入力度

一是加大政府财政投入。实施长江文化保护传承与弘扬工作不仅周期长、任务重、难度大，且需各级政府加大财政投入，为保护传承与利用工作提供保障。

根据当前江苏长江文化保护传承和弘扬的实际需要,研究设立长江文化保护传承和利用省级专项资金,主要投向保护价值较高、旅游发展潜力较大、示范带动效应显著的长江文化,并对与其相关的基础设施建设、生态环境保护、文旅融合等领域的项目进行重点扶持。同时,督促市、区(县)人民政府依法将长江文化保护传承和利用纳入国民经济和社会发展规划。贯彻落实《中国传统工艺振兴计划》《曲艺传承发展计划》等,协调文化产业引导资金、省艺术基金和省非遗专项扶持资金对相关非遗项目给予资金扶持,并结合文物保护、非物质文化遗产保护引导资金等专项资金安排,加大资金引导力度。

二是将专项债券作为建设资金运用。建议相关部门调整优化专项债券使用结构,对公益性强、需重点加强建设和发展的重点文旅项目,予以政府专项债优先使用扶持。

三是广泛吸引社会资本。鼓励长江江苏段沿线地区在文化遗产保护传承和利用工作中,按照"政府主导、民众主体、市场参与"的原则,推进"国资平台+社会资本+集体经济组织"的发展模式等,广泛吸引企业、金融机构和其他社会资本投入。

4. 完善保障和考古管理体系

一是完善法制保障。鼓励各设区市开展长江文化保护专项立法工作,进一步明确保护对象,突出整体和全面的保护要求,体现各设区市遗产特色,强化长江文化遗产保护传承的可操作性,规范约束长江沿线建设行为。整合各类执法资源,强化执法力量建设,对涉及长江文化的文物违法犯罪案件和安全事故等安全管理问题,坚决查处,依法追责。

二是加强人才保障。首先,各级人民政府须确保文物或非遗保护机构内人员编制,加强专职人员队伍建设,强化长江考古等相关领域的再教育培训工作,建立具备综合专业知识的人才队伍,通过人才引进与加强培训、交流等,提升各市文化遗产考古调查及研究专业机构及单位人才队伍建设,为江苏长江文化保护传承与利用提供实实在在的专业支撑。其次，加强长江沿线地区与大专院校的合作，加快培养急需的长江文化建设和文化遗产保护传承和利用方面的人才。

三是强化考古管理。省政府应将长江文化考古调查和研究工作列入对长江沿线地区和相关部门的目标管理考核范围，建立长江文化考古调查和研究工作年度责任目标考核和动态管理机制，督促将建设项目考古前置制度落实在基层。

四是不断强化配套支持。发挥长江文化引领作用，统筹长江文化保护传承和利用与城市更新、美丽乡村、特色田园乡村等城乡建设。涉及文化遗产综合保护传承项目要加大税收优惠、投融资、土地政策的扶持力度。协调相关机构，探索用地创新，加大长江文化保护、展示、环境整治等项目用地计划保障力度，加快建设用地审批服务等。

专题篇

专题 1
南京长江文化与旅游融合发展路径研究

2020 年 11 月 14 日，习近平总书记在南京主持召开全面推动长江经济带发展座谈会，在会上指出“要保护传承弘扬长江文化”。这是总书记第一次专门就“长江经济带”建设发展中的“长江文化保护传承弘扬”问题发出的指示。南京跨长江而立，南京文化依江而生、拥江融合、伴江而兴，是长江流域的文化中心城市，在地域文明体的演进和发展过程中，形成了独特的长江文化气质和丰富的历史文化遗存、自然山水风光、城乡建设景观等。它们共同构成了南京长江文化新的时代内涵。据不完全统计，长江南京段沿线共有 16 类 155 个长江文化特色资源，412 个文旅资源单体。其中，有 9 处全国重点文物保护单位、8 处省级文物保护单位、17 处市级文物保护单位，3 项世界级非物质文化遗产、3 项国家级非物质文化遗产以及 21 项省市级非物质文化遗产，还有 8 家 AAA 级及以上旅游景区，2 家国家级湿地公园及其他文化景观资源等。

当前，文化与旅游融合发展已成为时代特征，加强长江文化与旅游融合发展，是推动长江经济带建设的重要动力之一，也是推动文化强国建设，乃至向世界贡献中华文化智慧的有利路径之一。南京应充分发挥长江文化与旅游融合之功能，通过系统梳理长江南京段沿线的文旅资源，突出非物质类文旅资源的载体建设，深化长江文化精神的载体熔铸，推动长江南京段沿线优秀传统文化创造性转化、创新性发展，将长江南京段先民的精神创造成果源源不断地转化为促进长江经济带建设，以及“文化强市”“文化强省”建设和中国现代化建设与中华民族伟大复兴目标实现的现实力量。

一、 南京长江文化发展脉络

南京是江苏省唯一跨江发展的特大城市，长江对于南京城市文化的起源、变迁和未来发展均起着至关重要的作用，孕育了南京生生不息的地域文明。从6000年前左右新石器时代的北阴阳营文化、薛城文化，到青铜时代的湖熟文化，以至于春秋战国时代的吴文化、越文化、楚文化，它们的主体都属于特色鲜明的长江文化，与同时期一样辉煌的黄河文化形成互补与互动的关系。

南京历代城市建设者都非常重视长江一线的防御，滨江与滨淮间具有强烈的“表里”关系。代表着南京城市“聚落”起源的6000多年前的北阴阳营遗址就位于长江之滨的鼓楼岗上。春秋时期范蠡所修筑的越城，一般被认为是南京城市的母城。这座城址位于中华门外长干桥以西，在地势上有“滨江控淮”的优势，它和秦淮河南岸的长干里正是这样的关系，历代诗人在描述长干里时，长江也成为一个绕不开的文化元素。东汉末年，割据东南的孙权定都建业(今南京)，在长江边首开南京建都史而建“石头城”，在南京城中，考古工作者发现了石头城遗迹，也与长江有着密切关联[①]。南宋周应合在《景定建康志》中指出：“石头在其西，三山(在今板桥附近)在其西南，两山可望而挹大江之水横其前，秦淮自东而

① 贺云翱、邵磊等：《南京石头城遗址1998—1999年勘探试掘简报》，《东南文化》2012年第2期。

来，出两山之端注于江，此盖建邺之门户也……自临沂山以至三山围绕于其左，直渎山以至石头，溯江而上，屏蔽于右，此建邺之城郭也。玄武湖注其北，秦淮水绕其南，清溪萦其东，大江环其西，此建邺天然之池也。形势若此，帝王之宅宜哉。”[①]滨江的石头城是水师驻防要塞，以石头城为依托的石头津，是位于石头山麓的沿长江岸线分布的重要港湾。南朝梁诗人何逊的《登石头城》中有“连樯入回浦”，就是对石头津舟船首尾相接入港的繁荣景象的描绘。六朝时期，秦淮河入江口，越城与石头城之间的夹江，成为名动天下的良港，曾停泊舟船万艘。由此启航的船队，不仅航行于大江，且“直挂云帆济沧海”，使南京在中国四大古都中独具海洋文化因子。如东吴黄武五年(226)“南宣国化”，使者经历和了解到的国家共有一百多个，这是中国第一次派专使通过海上丝绸之路加强对外政治、经济、文化联系。东晋和南朝常有船队从石头津出发，南至海南岛，北至辽东半岛，更远到达东南亚、南洋诸国和朝鲜半岛、日本，进行海外贸易。这不仅丰富了建康人的物质和精神生活，开阔了他们的眼界，也促进了商业经济与手工业技艺的发展。据统计，六朝时有 20 多个国家和地区的 100 多批使臣至建康。梁朝画家萧绎所画《职贡图》中有倭国、百济、波斯等数十国使臣形象。

杨吴、南唐时期，断淮修筑金陵城，把西面的城墙建在夹江岸边，使得整个城市形成滨江格局。宋元时期，江水西移，南唐金陵城以西地区的江中沙洲逐步变成陆地，原来的石头城已经失去滨江军事优势，但是扩建和改造建康城所需大批建筑材料要从上江运输至此，南京城市的主要防卫力量也不得不转移至长江一线。在元末朱元璋和陈友谅在南京地区的决战过程中也能看到这一点，曾亲历战争的俞本在其所写的《纪事录》中描述了朱元璋将虎口城、龙湾城修建于卢龙山一带的新开河口，是典型的滨江军事城堡。

明代初年，在南京城墙规划和修筑过程中，京城城墙越过鼓楼岗一线向北延伸，将滨江的卢龙山包入主城，同时修筑外郭城，将石灰山、江东桥等江防要塞纳

① 周应合:《景定建康志》(卷十七),山川志序。

入城内。很多人好奇为何明代在外郭城的西北方向是缺失的,其实朱元璋在江对岸修筑了浦子口城,安置了 5 个卫驻防,实际上是把外郭城的江防任务向江对面进行了延伸,让南京主城区首次实现了跨江发展,奠定了今天以江为轴的大南京城市格局。同时,依托其通江达海的独特地理区位,朱元璋开展了“宣德化以柔远人”的和平外交活动,连续派出外交使团出访日本、高丽、安南等 36 国。明成祖朱棣登基后,自永乐三年(1405)到宣德八年(1433)的 28 年间,由郑和统领的庞大外交使团,以船舰一二百艘、军士二万余人,组成史无前例的远洋船队,由长江之滨的“龙江关”始发,七下西洋,远航十余万里,到访三十余国,成为世界航海史上的一大壮举。南京成为这一壮举的决策地、造船地和始发地,乃至今天也成为海上丝绸之路申报世界遗产的联合申遗城市。今留存在南京明代宝船厂遗址公园中的六作塘、五作塘、四作塘三条古船坞就是重要见证。此外,位于南京的郑和墓、浡泥国王墓、石头城遗址、明故宫遗址等都是重要的海上丝绸之路申遗对象。

清代,南京降格为江宁府城,辖区仍跨越长江两岸,江北有两个县未变,江南六个县减少到五个县(溧阳划出)。清咸丰八年(1858)中法《天津条约》签订,将今南京列为通商口岸。到 1899 年,南京正式开埠,一时间,外商进入,马路、码头、车站、饭店、工厂、银行、邮局、照相馆等如雨后春笋,迅速发展,使南京进入拥抱大江的时代。清光绪三十四年(1908),南京下关车站(南京西站)建成通车,且同年六月,上海北站到南京下关沪宁铁路建成通车后,称为沪宁铁路南京车站,进一步展开了南京跨江发展的历史。

1913 年,英商韦氏兄弟创办南京和记洋行,成为开埠后外国资本在下关办的第一家工厂;1914 年,浦口火车站(一名津浦铁路总站,又名江口车站)建成通车,是津浦铁路的南端终点,更是民国时期重要的交通枢纽和兵家必争之地;1918 年,在江南下关大马路附近,江苏邮务管理局(江苏邮政管理局)大厦开工建设;1919 年,金陵电灯官厂在原下关江边建立分厂下关发电所,等等。这些使原滨江下关一带成为南京最早的“对外开放区”,成为南京当时对外国开放的窗口地段。

1929年,南京国民政府公布《首都计划》,将长江两岸定位为工业区。其中,浦口车站南部和北部地区作为重工业安置区域,即含有毒或危险性物质的工厂,以及不适合在南京主城区经营的工业,都得在这片区域发展。如1936年建成的永利铔厂,号称"远东第一大厂",则让江北沿江地区真正有了现代大工业。

新中国成立后,随着长江大桥、二桥、三桥以及多个长江隧道的相继建成通车,天堑变通途。南京的发展进入一个新的时代。至21世纪初,南京依托长江,大力发展现代经济,长江两岸成为重工业区。江北地区集聚了南化公司、金陵石化公司、扬子石化公司、南京钢铁集团等大型国企,成为我国重要的现代工业基地,被称为"大厂区"。2002年,大厂区与六合县合并成为六合区。2015年7月,江北新区正式获批成为中国第13个国家级新区,南京进入现代化的跨江发展新时期。

二、南京长江文化与旅游融合发展现状

（一）现状

1. 南京长江文旅资源保护现状

长江文化指的是以长江流域特殊的自然地理和人文地理为依托，以物质文化和精神文化为内涵的古今一体的文化体系，是长江流域文化创造和文化特性的总和与集聚。即既包括长江物质文化和长江精神文化，也包括历史长江文化和当代长江文化。奔流不息的长江流至南京城北下关附近，转折向东，在南京段形成一个“厂”字形的大曲折，这一独特的走势使长江成为南京都城建设依靠的天然屏障和城市经济社会发展依托的重要资源，也浇灌了长江文化之花，哺育了南京城市文明。保留至今的历史文化遗存、自然山水风光与城乡建设景观等，和谐共生、交汇融合，构成了南京长江文化的时代内涵。

参照《旅游资源分类、调查、评价（试行）》标准，按照文旅资源分类“一张表”分类体系，据不完全统计，长江南京段沿线共有 16 类 155 个长江文化特色资源，412 个文旅资源单体。其中，有 9 处全国重点文物保护单位、8 处省级文物保护单位、17处市级文物保护单位，3项世界级非物质文化遗产、3项国家级非物质文化遗产以及21项省市级非物质文化遗产，还有3家国家级AAAA旅游景区、5家国家级AAA旅游景区、2家国家级湿地公园及其他文化景观资源等。这些文旅资源主要集中在大胜关大桥至栖霞山段，集聚区包括建邺滨江、鼓楼下关滨江、幕燕滨江、栖霞山和桥北滨江区域。

长江南京段16类特色文化及资源点

特色文化	资源点
山水文化	狮子山、幕府山、栖霞山、老山、瓜埠山、江心洲湿地、八卦洲、新济洲国家湿地公园、潜洲、三山矶、狮岭雄观、三宿名崖、龙江夜雨、栖霞胜景、燕矶夕照、嘉善闻经、永济江流、达摩古洞、化龙丽地、幕府登高、星岗落石、凤凰三山、秦淮河、秦淮新河、滁河、朱家山河、便民河
生态文化	江心洲湿地、鱼嘴湿地公园、南京长江江豚自然保护区、潜洲、长江鱼嘴长吻鮠铜鱼国家级水产种质资源保护区、绿水湾湿地公园、东方白鹤重点保护区、震旦鸦雀重点保护区、新济洲国家湿地公园、江宁滨江公园、龙袍省级长江湿地公园、八卦洲、三桥湿地公园、南京滨江规划建设展示中心
水运文化	中山码头、南京水运文化展示中心(航道文化主题公园)、瓜埠古渡、燕子矶渡口、五马渡
海丝文化	宝船厂遗址公园、天妃宫、静海寺、郑和墓、洪保墓、浡泥国王墓
古都文化	石头城、南京城墙(狮子山段)、阅江楼、浦口明城墙遗址、瓜埠古渡、五马渡、南京明城墙砖官窑考古遗址公园、明城砖官办应天府上元县窑厂遗址、乾隆行宫遗址、越城遗址公园
秦淮文化	秦淮河、秦淮新河、江南贡院、南京白局、秦淮灯会、梁台古文化遗址、老鼠墩古文化遗址、船墩古文化遗址、前岗古文化遗址、乌龟墩古文化遗址、神墩古文化遗址
佛教文化	定山寺、长芦寺、千佛崖及明征君碑、栖霞寺舍利塔、中国佛学院栖霞山分院、弘济寺石刻
商埠文化	大马路、南京招商局旧址、和记洋行旧址、中国银行南京分行旧址、江苏邮政管理局旧址、扬子饭店旧址、江汉会馆旧址
工业文化	江南水泥厂、永利铔厂旧址、梅钢工业旅游区、南钢工业文化旅游区、金陵造船厂、浦镇车辆厂、南京长江大桥、江心洲大桥、大胜关长江大桥、南京八卦洲长江大桥、南京栖霞山长江大桥、下关浦口铁路轮渡桥

续表

特色文化	资源点
红色文化	渡江胜利纪念馆、渡江胜利纪念碑、侵华日军南京大屠杀遇难同胞纪念馆、侵华日军大屠杀死难同胞中山码头丛葬地、侵华日军大屠杀死难同胞煤炭港丛葬地、侵华日军南京大屠杀死难同胞鱼雷营丛葬地、侵华日军南京大屠杀死难同胞草鞋峡丛葬地、侵华日军南京大屠杀死难同胞燕子矶江滩丛葬地、煤炭港中共南京铁路地下党小组旧址、南京下关历史陈列馆、南京长江大桥、侵华日军南京大屠杀死难同胞上新河丛葬地、太平军老营房遗址、侵华日军浦口战俘营焚尸集葬地、两浦铁路工人“二七”大罢工指挥所旧址、龙袍长江渔村、六合渡江胜利纪念公园、江南水泥厂、王荷波纪念馆、红色广场、梅钢工业旅游区、南钢工业文化旅游区、浦镇车辆厂
民国文化	中山码头、下关电厂旧址、下关浦口铁路轮渡桥、南京西站、两浦铁路工人“二七”大罢工指挥所旧址、浦口火车站旧址、永利铔厂旧址、民国海军医院旧址
大桥文化	南京长江大桥、大桥公园、南京眼步行桥、江心洲大桥、大胜关长江大桥、南京八卦洲长江大桥、南京栖霞山长江大桥、下关浦口铁路轮渡桥
早期文明	北阴阳营古文化遗址、营盘山古文化遗址、梁台古文化遗址、老鼠墩古文化遗址、船墩古文化遗址、前岗古文化遗址、乌龟墩古文化遗址、神墩古文化遗址
军事文化	石头城、南京城墙(狮子山段)、渡江胜利纪念馆、渡江胜利纪念碑、民国海军医院旧址、浦口明城墙遗址、太平军老营房遗址、渡江胜利纪念公园
民艺文化	幕府登高习俗、南京云锦织造技艺、水八鲜饮食习俗、林散之故居、求雨山文化公园、项羽故事、狮子岭庙会、达摩传说、黄天荡的故事、龙灯(长芦龙灯)、太子山的传说、龙袍蟹黄汤包加工制作技艺、达摩古洞、化龙丽地、栖霞山非遗文创小镇、南京金箔锻制技艺、真金线制作技艺、制扇技艺(金陵折扇制作技艺)、栖霞寺石匠成佛的传说、金银细工制作技艺、中国古琴艺术(金陵琴派)、越剧(竺派艺术)、中国剪纸(南京剪纸)、绿茶制作技艺(雨花茶制作技艺)、南京赏梅习俗、张籍读书台
滨江文化	大桥公园、鱼嘴湿地公园、南京眼步行桥、青奥森林公园、南京双子塔、江苏大剧院、南京保利大剧院、绿博园、紫金文创园、太阳宫、奥体中心、青奥博物馆、国际青年文化公园、万景园、绿水湾湿地公园、新济洲国家湿地公园、江心洲湿地、潜洲、江宁滨江公园、八卦洲、燕子矶公园、三桥湿地公园、龙袍省级长江湿地公园、国际水务中心、南京滨江规划建设展示中心

长江南京段文旅资源数量情况表

主类	亚类	数量(个)	总数(个)
A 地文景观	AA 自然景观综合体	9	21
	AB 地质与构造形迹	1	
	AC 地表形态	11	
B 水域景观	BA 河系	9	20
	BB 湖沼与水库	10	
	BC 地下水	1	
C 生物景观	CA 植被景观	12	20
	CB 野生动物栖息地	8	
D 天象与气候景观	DB 天气与气候现象	2	2
E 物质文化遗产	EB 不可移动文物	75	77
	EC 历史文化名城、街区、村镇	2	
F 非物质文化遗产	FA 传统文学与美术	8	27
	FB 传统表演与杂技	8	
	FC 传统实践与民俗	11	
G 建筑与设施	GA 文化活动场所	52	192
	GB 人文景观综合体	80	
	GC 实用建筑与核心设施	39	
	GD 景观小品与设施	21	
H 文旅购品	HA 农业产品	6	7
	HC 工艺品	1	
I 人文活动	IA 人事活动记录	11	42
	IB 岁时节令	5	
	IC 现代节庆	14	
	ID 演艺活动	12	

从文化类型而言，东西两侧滨江区域以生态文化资源为主，建邺滨江区域以现代滨江文化资源为主，幕燕滨江区域以山水文化资源为主，桥北、栖霞山等以历史文化资源为主；从数量上看，资源丰富特色突出，有着高等级优质的水系、湿地和山地等自然资源和独具特色的人文资源；从空间上看，旅游资源集聚呈中心

地域带状分布;从等级上看,优良级资源丰富,以长江文化为核心的高等级资源较多;从产品结构上看,可利用类型多样等。它们共同构成了南京长江文化与旅游融合发展的厚实基础,也赋予南京率先建设和发展长江文化,以及阐释弘扬长江文化价值的时代课题和历史使命。

南京长江文旅资源等级表

资源等级		资源数(个)	资源数量百分比(%)
优良级旅游资源	五级	48	13.2%
	四级	74	20.4%
	三级	163	44.9%
普通级旅游资源	二、一级	78	21.5%
	无等级	0	0

长江南京段范围图(南京大学文化与自然遗产研究所制)

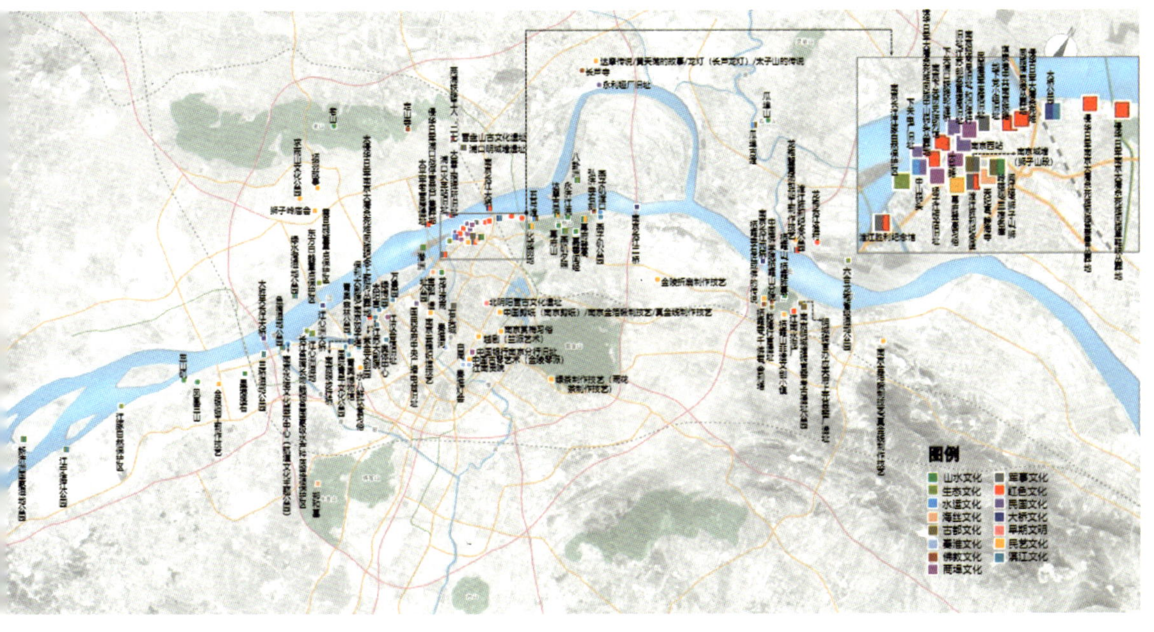

长江南京段主要文旅资源空间分布（南京大学文化与自然遗产研究所制）

2. 长江南京段沿线文旅融合发展状况

作为长江经济带上历史悠久的古都及大型港口城市，南京正充分利用岸线附近丰富的历史文化遗存和自然风光景观，发展文旅融合业态。如“十三五”期间，建成江苏大剧院、国际青年文化中心、江北新区市民中心、南京江心洲长江大桥（南京长江第五大桥）等一批长江沿线功能类型多元的公共建筑；打造了欢乐谷、下关火车主题公园等一批文旅项目，以及推动了一批产业项目如 1934 文化产业园、枫彩漫城等投入运营。同时，推出了《桥·家》杂技舞台剧、《凤凰台》越剧演出和“长江之歌”智幻灯光水影观实景演出等文旅演艺。还积极开展南京长江岸线湿地保护与环境提升工程，推进新济洲湿地保护，成功举办了南京长江大桥马拉松等节庆活动。目前，国际邮轮母港、栖霞山非遗小镇等多个文旅项目正准备落地；长江岸线生态建设成就显著，滨江风光带已成为深受游客青睐的旅游地之一和市民休闲的好去处，文旅融合进入不断探索建设阶段。

（二）面临的主要问题

1. 长江文化内涵挖掘不够及知识体系有待完善

南京长江文化相关研究缺乏综合性和独立性，目前处于基础研究阶段，尚未形成学术高地和学术高峰。长江南京段沿线的物质和非物质文化遗产缺乏全面深入的调查和评估，文化遗产的数量、属性、分类、特色、价值以及相关的历史文化和地域文化缺乏系统深入的统计和研究；当代南京长江文化的知识体系尚未完善，南京长江文化蕴含的古都文化、秦淮文化、工业文化、红色文化、文学文化、山水文化、景观文化等系列文化类型有待系统梳理和归类。

2. 长江文化与旅游融合重点项目不突出

目前，长江南京段文旅资源虽然集聚度较高，但以古镇、古村、历史建筑、非物质文化遗产等为支撑的重点项目不足，全国高知名度产品较少，这易造成核心竞争力缺乏、对游客吸引力不足等问题。

3. 长江文化与旅游融合品牌宣传力度不够

目前，虽然长江南京段沿岸已有较多景点遗迹、旅游项目，但仍缺乏整体文化品牌概念，文化品牌宣传推广缺乏思想和艺术创新，历史文化深度和文学艺术审美高度不够，以及其所蕴含的文化价值阐释弘扬不够，在内容建设等方面存在短板，难以在南京旅游中整体突出。

4. 旅游体验质量与公共服务有待完善

目前，虽然长江南京段沿岸已有一定的滨江空间公共服务建设，但缺乏整体片区的旅游配套、公共服务体系等。主要体现在跨部门、跨区域协作机制和平台还需健全完善，部分地区还存在长江整体环境风貌分割、生态岸线不足、亲水平台较少等现象。此外，长江特色的沉浸式、交互式体验型项目需加大力度打造，文化含量高的旅游体验项目有待增加等。

三、南京长江文化与旅游融合发展路径

（一）弘扬长江文化核心价值，建设长江文旅地标项目

南京作为长江文化的代表性城市，在围绕“创新名城、美丽古都”和中国式现代化“典范城市”的建设中，应以创新长江文化之美的新画卷，激发共创美好生活的新动能。建议以文化高度创造影响力高度，实施以长江文化为核心的长江文化博览园、揽江怀古望江带、国际邮轮母港等文旅地标工程，提高南京在长江文化资源集聚、展览展示、旅游观光等方面的国内国际地位。

三大长江文旅地标项目打造思路表

建议项目名称	主要思路
世界级长江文化窗口区	以尊重、保护、传承和凝聚长江文化为原则，打造集文化展览、休闲娱乐、文化体验、高科互动、科普教育等功能于一体的长江文化博览园，实现南京长江古都文化历史文脉的传承与复兴
长江古都山水文化揽胜高地	通过“幕燕登高望江带”串联燕子矶—幕府山—老虎山沿线的“登高观景台”，建设以乾隆名人故事为主题，多层次、多视角的揽江观山文化步道系统及眺望系统，形成长江古都山水文化揽胜高地

续表

建议项目名称	主要思路
南京江海交流门户	打造成集邮轮、旅游、金融、商贸、物流等为一体的综合性门户，促进形成长江下游邮轮旅游产业基地，进一步提升南京在长三角城市群的中心度，构筑南京江海门户中心

（二）梳理长江文化资源禀赋，建设长江文化纽带工程

建议在对长江文化资源禀赋梳理的基础上，运用考古学、历史学、文化遗产学等学科知识，挖掘特色文化资源，建设重点文化项目，同时串联长江两岸文化景观，以长江南京段文化核心特质为纽带，促进长江文化价值创新，实现长江文化的整体活化和传承弘扬。如可以五大南京长江文化特质——长江古都文化、海丝文化、秦淮文化、红色文化、佛教文化作纽带赋能长江高质量发展。

五大长江文化特质纽带工程建设思路表

纽带工程名称	建设思路
长江古都文化纽带工程	以长江古都文化为纽带，以尊重、保护、传承和凝聚长江古都文化为原则，升级石头城遗址公园打造都城历史文化体验区，升级浦口火车站片区打造南京城市更新示范区，提升古都文化相关主题资源景区，实现南京长江古都文化历史文脉的传承与复兴
长江海丝文化纽带工程	以长江海丝文化为纽带，以郑和精神为核心，升级郑和宝船遗址公园，打造郑和文化精神弘扬基地，建设郑和博物馆，打造海丝文化遗产展示中心，提升海丝文化相关主题资源景区，进一步提升南京在“21 世纪海上丝绸之路”的中心度
长江秦淮文化纽带工程	以长江秦淮文化为纽带，以探索秦淮源头，打通外秦淮、长江游线为核心，建设湖熟文化博物馆，打造中华湖熟文明展示中心；建设外秦淮码头广场，打造长江休闲码头文娱街区，串联秦淮文化相关水域，实现南京秦淮文化和长江的结合，并进一步实现南京城市水脉的资源激活

续表

纽带工程名称	建设思路
长江红色文化纽带工程	以长江红色文化为纽带,整合革命人物、革命事迹、工业遗址等红色资源,以弘扬红色文化、保护利用红色资源为核心,升级两个渡江胜利纪念园打造红色南京形象名片,升级大桥公园打造南京长江艺术活动基地,提升红色文化相关主题资源景区,提升南京市红色教育水平
长江佛教文化纽带工程	以长江佛教文化为纽带,依托栖霞山的佛教资源,以普及佛教教育为主题,建设栖霞三论宗文化园,打造中国佛学文化传承基地,提升佛教文化相关主题资源景区,展示"金陵第一明秀山"的魅力,形成长江古都佛教文化高地

(三) 建设长江"文旅+"新业态,形成沿江文旅产业集聚区

建议以优良的文旅新业态为产业集聚区提质增量,利用区域内的核心文化项目进行业态升级改造,提升区域文化旅游发展的动能,引导集聚区内文化和旅游产业集聚、业态创新,促进集聚区文旅产业全面升级。如依托古都文化资源、秦淮文化资源、海丝文化资源、红色文化资源、商埠文化资源等,结合南京长江文化旅游的整体形象,打造市内、省内、国内、国际优质文化产品的集合与流通平台,使其成为南京长江文化的形象输出区;依托 1934 文创产业园、南钢工业旅游等资源,结合大厂工业文明小镇建设,打造南京工业文化旅游创新区等。

(四) 依托南京长江沿线特色文化资源,打造长江文化特色旅游空间

坚持"共抓大保护,不搞大开发"的理念,激活长江南京核心段成为集文化资源、公共文化、文化创意、文化生活于一体的九大长江文化特色空间,实现长江全岸线文化空间串珠成链,使之成为人民喜闻乐见的长江文化景观带、休闲带。如可利用废置的工业遗址或工业废弃地永利铔厂旧址等升级改造成可供游憩、观赏、娱乐、科普教育等活动的遗产旧址公园;深入挖掘"郑和下西洋"等文化资源,

与秦淮文化、钟山文化等联动,提升南京在海上丝绸之路中的区域文化能级及国际文化地位等。

(五) 依托长江沿线码头、渡口等资源,打造长江文化水上游线

建议以现有长江码头与渡口为基础,整合其周边文化与旅游资源,提升建设长江综合码头渡口,并串联建设城市游轮线路,引领延展上下游产业链条。如可参照已建成的从五马渡码头起航的豪华滨江游轮“长江传奇”(该游轮途经幕燕滨江风光带、燕子矶公园、八卦洲、南京长江大桥、浦口火车站、中山码头、阅江楼等 10 余处沿江知名人文及自然景观点),以长江两岸丰富的自然景观与人文景观为基础,利用沿线码头与渡口,开发具有城市公共交通和沿江观光二合一性质的长江巴士航线;串联燕子矶渡口、五马渡、中山码头、外秦淮码头、棉花堤渡口、青奥码头、鱼嘴码头、三山矶渡口,打造滨江风貌线,欣赏两岸如阅江楼、中山码头、大马路风貌区、青奥公园、南京眼等;联结外秦淮河与长江,利用演艺、非遗、美食等资源,打造长江精品画舫夜游航线。

(六) 建设长江古都文化学术研究与旅游融合品牌

建议建设致力于长江文化、历史与生态的研究、传播与体验,以“文化长江”为理念,促进长江经济带各地区之间的长江文化良性互动的长江文化研究院。一方面依托长江文化研究院,持续调查研究北阴阳营文化等史前文化、湖熟文化等青铜文化、六朝文化、南唐文化、明文化、近现代文化、工业文化、科技文化、教育文化、革命文化、水运文化、儒释道文化、长江名人文化、长江文学文化等长江文化特色资源和内涵,以科学成果支持长江文化保护传承弘扬事业。另一方面依托长江文化研究院,讲好“长江故事”。推动长江主题文艺创作繁荣发展,推出一批长江主题文艺精品,并升级相关文娱产品、节事节庆活动产品和夜间活动产品,以现代科技提升引领长江城市文化品牌升级,同时举办主题艺术活动,广泛开展群众文艺活动,搭建长江文化展示传播平台,加大长江文化社会普及力度。

专题 2
推进江苏大运河与长江国家文化公园协同融合建设研究

一、江苏大运河与长江国家文化公园协同建设的意义

中华优秀传统文化是发展中国特色社会主义文化产业及文旅融合的基础和宝贵资源。党的二十大报告指出,"加大文物和文化遗产保护力度,加强城乡建设中历史文化保护传承,建好用好国家文化公园"。江苏是大运河和长江两大国家文化公园建设的重点省,建好用好两大国家文化公园,对江苏具有多方面意义。

一是建设贯彻落实习近平总书记重要指示的标志性文化工程。大运河、长江都是中华民族标志性文化符号。江苏是长江与大运河交汇的水运网络中心区域,大运河沟通南北,水运体系遍及全省,顺长江、淮河及海洋通往全国各地乃至世界,也在江苏境内孕育了一批重要港口城市如南京、镇江、扬州、苏州、常州、南通等,它们同时还是长江下游经济文化中心城市。可见,江苏在历史上是大运河

文化和长江文化的重要交汇区和文化创造区，理应在当代大运河和长江两大国家文化公园建设方面率先承担使命、作出贡献，深入贯彻落实国家战略，把握正确方向，结合区域实际，拓展建设思路，书写时代新篇。这不仅是国家赋予江苏优秀传统文化创造性转化、创新性发展的重大历史使命，也是贯彻落实习近平总书记的重要指示，高水平、高质量建设长江经济带及长三角一体化的重要战略性、标志性文化工程。

二是为国家文化公园提供江苏样本和建设示范。大运河和长江在历史上是互相支撑的，它们两线交织，畅通东西，贯穿南北，构成江苏发展的“十”字坐标轴，这在全国乃至世界上都是极为鲜明的地域文化特色和协同发展优势。推进江苏大运河与长江国家文化公园融合建设，系统且全面把握大运河和长江文化的当代价值及文化基因，强化重点文物和文化遗产以及景观文化等的保护、传承、弘扬，通过凸显“江河交汇”特殊区位功能价值的工程展示江苏作为，进而能够为省内乃至其他省份提供国家文化公园建设的江苏样本和示范。

三是服务国家重大战略、促进城乡区域协调发展战略之需。大运河干流流经江苏，从苏州到徐州一线，支流涉及更多城市，尤与长江江苏段沿线的南京、扬州、泰州、南通、镇江、常州等城市紧密相关。它们还处于长江经济带、长三角一体化等国家发展战略叠加的特殊区位。融合建设大运河与长江国家文化公园，发挥大运河与长江沿线地域相连、城市密集、经济发达、文化丰厚的综合优势，统筹各级各类资源有序合理开发，加强与沿线其他省市交流合作，落实区域协调发展战略，不仅有助于江苏深入参与国家重大战略，也有利于从更高层次为江苏城乡区域协调发展开辟新空间、新路径、新动力。

四是江苏建设“社会主义文化强国先行区”的重要抓手。建设江苏社会主义文化强国先行区，是绘好习近平总书记为江苏擘画“强富美高”宏伟蓝图的重要内容。江苏是大运河文化和长江文化富集区，江苏人民在历史上创造过大运河和长江沿线均蕴含的地域文化如江南文化、江淮文化、江海文化等，体现了大运河和长江沿线深厚的文化底蕴，值得去深入挖掘、传承创新。2022 年 3 月 23

日，省委书记吴政隆在南京调研长江国家文化公园建设时强调要高质量推进长江文化公园江苏段建设，集全省之力统筹推进大运河和长江两大国家文化公园江苏段建设，形成集中展示江苏大运河、长江历史文化的核心空间场景，推动大运河文化、长江文化创造性转化、创新性发展，加强沿线生态环境保护修复，适度发展文旅融合、生态等产业，以文化引领，为沿线经济、城乡、文旅、生态等高质量发展赋能增势，为深入推进江苏建设“社会主义文化强国先行区”注入新动能、新活力。2023 年 2 月 4 日，江苏省委书记信长星也指出，要“高水平推进江苏长江国家文化公园建设，在保护传承弘扬长江文化上持续用力，在高质量发展中充分展现人与自然和谐共生、绿水青山与金山银山交相辉映的现实图景，更好‘扛起新使命、谱写新篇章’”。

五是建设展示江苏文明、彰显文化自信自强的重要载体。大运河、长江孕育了江苏早期地域文明。江苏早期的文化类型如青莲岗文化、北阴阳营文化、龙虬庄文化、马家浜文化、骆驼墩文化、薛城文化、崧泽文化、良渚文化、湖熟文化、马桥文化、吴文化、越文化等均具长江文化特质，并塑造了江苏鱼米之乡、吴韵汉风、水色书香、开放包容、精致秀美等人文特色，积淀了深厚悠久的文化底蕴，传承着中华民族的灿烂文明。对此，基于大运河和长江深厚文化底蕴，建设大运河和长江国家文化公园，高质量建设呈现大运河和长江江苏段尤其是江河交汇区的文化风貌、演进过程、空间结构和时代风采的保护传承弘扬体系，传承、创造、传播更多承载江苏文化、江苏精神的价值符号和文化产品，不仅有利于发挥江苏优秀传统文化持续影响力，也为不断增强江苏文化自觉、文化自强及文化创新开辟新空间。

二、江苏国家文化公园建设的现状

2022 年 3 月 24 日,江苏省委召开大运河文化带暨长江国家文化公园建设工作领导小组会议,明确要求大运河文化带江苏段和长江国家文化公园江苏段建设应走在全国前列。作为国家文化公园建设的重点区域,江苏在积极推进两大国家文化公园建设中,从顶层设计、文物和文化遗产保护、文旅融合发展、生态治理修复、公共文化服务和公民文化休闲权利实现、国际文化影响力提升等方面发力,高标准、高水平、高品位推进国家文化公园建设,并取得可喜成绩。具体包括:

1. 稳妥推进国家文化公园建设的政策设计体系建立及践行。国家文化公园建设是中国特色社会主义文化建设的创举,在"打造中华文化标识,增强文化自信"这一总体政策目标下,如何从管理体制机制、建设模式、协调发展等层面有效推动,目前还处于起步摸索阶段。江苏作为大运河国家文化公园建设的试点省份,充分发挥了决策智库和"文化治理"的优势和经验,迅速开展相关学术研究和政策设计研究,发挥组织政策、财税政策、法律法规、信息政策等政策工具的作用,探索全省一盘棋的大运河国家文化公园建设的路径。

在组织类政策层面,江苏成立省级和地市级大运河文化带暨国家文化公园建设工作领导小组,统筹推进相关工作,形成了省负总责、分级管理和分段负责的工作格局。支持成立大运河城市联盟、大运河非遗联盟、大运河古镇联盟等协同组织。

在财政类政策层面，江苏在利用直接财政支出支持相关国家文化公园建设中的重点项目之外，还专门成立了支持大运河文化与旅游融合发展的专项基金“江苏省大运河文化旅游发展基金”，并在大运河沿线各市成立子基金，支持和保障政府、企业等项目主体的发展运行。

在法律法规类政策层面，由江苏省人民代表大会常务委员会制定的《关于促进大运河文化带建设的决定》，通过了江苏省人大的审定。大运河江苏段沿线城市中有些已就大运河文化遗产保护利用发布了相关条例。江苏出台了系列“高规格”的政策性规划，为国家文化公园建设起到了保驾护航的作用。2020 年，江苏率先在国内完成江苏省《大运河国家文化公园建设保护规划》，不仅是国内首个省级层面的国家文化公园专项规划，还与《江苏省大运河文化遗产保护传承规划》等其他规划一并构建了“1＋1＋6＋11”大运河文化带江苏段建设规划体系。其中针对大运河文化价值阐释弘扬的规划，还是国内首个围绕大运河学术研究的规划。随后，江苏又在全国率先出台《长江国家文化公园江苏段建设推进方案》，明确了其建设范围和内容。

2. 加强相关文物和文化遗产的保护及利用。近年来，按照国家文化公园建设要“让文物说话，让历史说话，让文化说话”的原则，江苏不断推进大运河、长江江苏段沿线文物和文化资源调查研究、保护与活化利用等工作的实施，使千年历史文脉呈现时代之光。具体做法有：

一是积极开展江苏地域文明探源工程。推动大运河、长江沿线考古学调查与研究：一方面是推动大运河与长江沿线的地上和地下文物的考古调查和发掘保护；另一方面，在江苏大运河与长江沿线启动一批考古遗址公园建设工程，如隋炀帝墓考古遗址公园等。

二是将大运河与长江沿线的重要遗址遗迹、江南水乡古镇、里下河水网河道体系、江河湖泊等水体串联起来，构筑连接江苏南北、彰显大运河文化特色的文化景观廊道。在提升沿线人居环境质量的同时,也促进沿线文化遗产的活化利用,包括淮安板闸、扬州隋炀帝墓等大运河文化遗产被纳入新一批国保单位,江南水乡古镇申遗工作稳步推进,沿线文物、古城古镇古街区古村落整体保护修复水平持续提升等。其中重点实施了大运河沿线历史文化名城名镇保护修复工程,以及长江江苏段沿线红色遗产和名人故居保护与展示提升工程等,使文物保存状况得到很大改善。

三是加强沿线非物质文化遗产利用。包括推动非物质文化遗产生产性保护、加强传承人作品和产品的知识产权保护、建设核心展示园等。在非物质文化遗产生产性保护方面,大运河、长江共同流经江苏的设区市建有省级文化生态保护实验区 6 个,其中苏州 3 个、无锡 1 个、常州 2 个。在核心展示园建设方面,建设中的扬州三湾核心展示园——大运河非遗文化园,规划用地面积约 90 亩,总建筑面积 2.2 万平方米,主要包括非遗文化演艺、非遗大师工作室、非遗文化体验、文创产品展示馆等,以充分展示江河交汇地扬州丰富的非物质文化遗产。

3. 提升展览展示工程和文旅融合发展水平。江苏发挥文化强省、旅游消费大省的优势,积极推动江苏大运河文化和长江文化创造性转化、创新性发展,大力推进江苏大运河文化、长江文化和旅游融合发展。如围绕大运河文化"活化"之目的,先后更新了苏州"运河十景"、淮安大运河百里画廊、宿迁皂河龙运城等文化地标,使山水园林、滨水空间在"美丽中轴"上串珠成链,焕发新的活力;首创了文化主题展示区、文旅融合区和"三种空间形态"(核心展示园、集中展示带、特色展示点),受到国家文化公园建设办公室高度认可,并建议予以全面推广;开展大运河、长江文化主题博物馆、展示馆建设,包括在扬州建成(中国)大运河博物馆、大运河盐商文化展示馆、大运河与海上丝绸之路展示馆,在淮安建设中国水工科技馆,在苏州张家港市建立长江文化的主题博物馆,并推动长江文化博物馆的前期策划等;实施了南京渡江胜利纪念馆等长江沿线革命博物馆陈列展览提升工程,以及文化文物单位文创开发试点工作;京杭运河绿色航运示范区创建工程建成扬州段、淮安段、苏州段先导示范段等。这些大大助力了大运河、长江国家文化公园江苏段建设走在全国前列。

江苏"十四五"时期文化保护传承利用工程入库项目中国家文化公园项目名录表

名称	地点
板闸遗址公园(水工科技馆一期)	淮安市淮安区
里运河文化长廊四行系统提升项目	淮安市清江浦区、淮安区
窑湾核心展示园建设项目	徐州新沂市窑湾镇
三湾核心展示园—大运河非遗文化园建设项目	扬州市广陵区
皂河龙运城保护利用项目	宿迁市湖滨新区
周庄古镇旅游基础设施项目	苏州昆山市
春秋淹城遗址公园改造项目	常州市武进区
栟茶镇东大街保护利用项目	南通市如东县
惠山村前村保护修复项目	无锡市惠山区
兴化东门街区维修改造项目	泰州兴化市
清口枢纽核心展示园建设项目	淮安市淮阴区
户部山、状元府历史文化街区保护利用项目	徐州市云龙区

4. 加强沿线生态配套工程建设。江苏加快大运河沿线水环境综合整治工程的实施,提升大运河水质标准,减少生产岸线,增加生活岸线设置,运河沿线市民公园得到加密,环境普遍得到提升。在长江沿线,江苏坚决贯彻落实"共抓大保护,不搞大开发"的战略思想,在生态系统保护修复、专项整治行动等方面取得卓越成就。"十三五"时期,长江干流违法违规岸线利用项目清理整治工作成效显著,据统计,完成岸线清理整治项目596个,沿江非法码头清理整治117个,岸线腾退达60.3公里,提升生态型岸线占比至62.1%,使岸线利用强度占比至37.9%,沿线低端落后化工生产企业、化工园区被依法关闭退出。同时高质量推动20个沿江特色示范段建设,包括南通沿江五山、苏州张家港湾、镇江京口岸线修复,泰兴生态廊道建设等,逐步呈现了长江江苏段水清岸绿之景色。

5. 开展大运河国家文化公园数字化建设。分析总结江苏目前已建成的省级大运河文化遗产监测管理平台以及大运河江苏段水文化遗产数据库的实践经验，结合当前江苏国家文化公园建设实际，2021年年底，大运河国家文化公园数字云平台一期实现线上公测，其依托虚拟现实、三维建模等数字化技术，向人们提供足不出户即可游览运河沿线景观的线上服务，使人们在互动体验中感受江苏大运河文化的独特魅力。同时，扬州中国大运河博物馆作为大运河国家文化公园建设的标志性项目之一，通过"5G＋VR"技术、沉浸式互动体验，呈现了"5G看运河"数字技术，为大运河文化传播开创了虚拟空间。这些也为将来长江国家文化公园数字化建设开辟了先河。

6. 实现公共文化服务和公民文化休闲权利。基于国家文化公园的公益性特征，江苏积极推动大运河、长江沿线及周边地区公共文化服务设施建设，以满足民众不断增长的高品质休闲需求。如南京正加快建设"博物馆之城"，重点建设一批标志性公共文化设施，包括中国第二历史档案馆新馆、南京市博物馆总馆新馆，以及加快建设城乡一体化公共文化服务网络体系和小剧场、新型阅读空间等文化设施；无锡在运河畔建成一批滨水带状公园、社区公园、口袋公园；常州紧扣"红色、名人、工商"之文化特色，还河于民、还景于民。

7. 搭建对外文化交流平台，提升国家文化公园的国际文化影响力。江苏每年举办各类型的大运河文化主题的博览会、展览会，吸引世界各地政府、企业和团体参与。支持扬州通过世界运河历史文化城市合作组织(WCCO)开展国际交流，其主办的世界运河城市论坛已连续举办15年，2022年被升格为由文旅部和省政府共同主办的国家级论坛，运河城市会员增至221个，遍及世界五大洲，使江苏大运河文化的国际影响力、传播力不断加大。

三、江苏大运河与长江国家文化公园融合建设的基础条件

（一）建设主体与建设空间的叠加与连通

大运河、长江国家文化公园建设主体明确，由省大运河文化带暨长江国家文化公园建设工作领导小组负责推进，领导小组办公室设在省委宣传部。在大运河沿线各市设立市级领导小组，统筹国家文化公园建设工作。

长江自西向东贯穿江苏 8 个设区市，大运河自南向北流经江苏 8 个设区市，它们作为中华民族标志性的文化符号，流经诸多交叠的文化区域，如吴文化区、淮扬文化区、江海文化区等，为推动江河南北协同的中华一统格局的形成作出了重要贡献。

国家文化公园具有明确的空间边界，这是其区别于一般文化带建设的最大特征。目前，全省 13 个设区市已被全部纳入大运河文化带和国家文化公园建设范围，但在具体公园范围划定方面，国家文化公园的管理边界还未清晰划定，这是未来公园建设中需要集中解决的核心问题之一。关于长江国家文化公园的建设范围，目前也仅在已出台的《长江国家文化公园江苏段建设推进方案》中得到明确，包括核心区、拓展区、辐射区。核心区为流经沿江 8 个设区市内的县（市、

区），拓展区为流经沿江8个设区市除核心区外的区域，辐射区为其他5个设区市，即淮安市、徐州市、宿迁市、盐城市、连云港市。不过，长江国家文化公园建设中具体的“点、带、园”的项目还未确定，且面临与大运河国家文化公园一样的问题，就是可以协同规划、协同建设，但是否协同管理和运营是一个问号，若开展协同管理，那么公园的边界问题就显得十分重要。总体而言，江苏大运河和长江国家文化公园在建设空间上具有一定的叠加特性，且水系相互连通。如长江江苏段流经城市有8座——南京、镇江、扬州、泰州、常州、苏州、无锡、南通，它们同时也在大运河国家文化公园规划功能分区内，一江一河沿线的文化遗产分布在同一城市，为协同建设提供了资源支撑。例如，长江沿线南京的幕府山—燕子矶风景区的长江传奇游轮与扬州东关码头至瓜洲古渡的游船，完全有条件实现游线相通，相互赋能。

江苏大运河和长江国家文化公园建设范围概况表

公园类型	核心区	拓展区	辐射区
大运河国家文化公园	11个设区市内大运河主河道及重要支线流经的45个县(市、区)：徐州市沛县、邳州、新沂、铜山、贾汪、鼓楼；宿迁市泗阳、宿豫、宿城、泗洪；淮安市清江浦、淮安、淮阴、洪泽、盱眙；扬州市邗江、广陵、江都、高邮、仪征、宝应；镇江市丹阳、丹徒、京口；常州市新北、武进、天宁、钟楼；无锡市滨湖、梁溪、新吴、惠山；苏州市姑苏、吴江、相城、虎丘、吴中；南京市秦淮、江宁、溧水、高淳；泰州市海陵、姜堰；南通市如皋、海安	11个设区市除核心区外的区域	盐城市、连云港市
长江国家文化公园	8个设区市内长江江苏段主河道流经的31个县(市、区)：南京市建邺区、鼓楼区、雨花台区、栖霞区、江宁区、六合区、浦口区；镇江句容市、丹阳市、丹徒区、扬中市；扬州仪征市、邗江区、江都区；泰州市高港区、泰兴和靖江二市；常州市新北、武进、戚墅堰三个区；苏州市张家港、常熟、太仓、昆山四市；无锡江阴市、惠山区；南通如皋市、通州区、海门区、启东市、如东县	8个设区市除核心区外的区域	除核心区、拓展区以外的区域：淮安市、徐州市、宿迁市、盐城市、连云港市

(二)"江运交汇文化区"的遗产资源支撑

自西向东的长江水与南北贯通的大运河在江苏大地呈"十"字相交,成为江苏开展大运河与长江两大国家文化公园协同融合建设的最大特色资源优势,在这里可以同时展示彰显大运河文化和长江文化。据此,本研究从江苏大运河与长江交汇的地域空间区位情况、文化资源状况和功能价值等层面,提出江苏"江运交汇文化区"概念,包括狭义和广义层面。狭义上是以扬州和镇江为核心,以大运河与长江运口交汇为文化载体的区;广义的是江苏长江以北的通扬运河、仪扬运河,江南的苏南运河以及长江南京段所共同构建的大运河与长江深度互动的文化区。其中,广义上涉及的城市主要为8座设区市,包括南京、扬州、镇江、苏州、常州、无锡、泰州和南通,大运河与长江江苏段核心区交叠的城市有5市,分别是镇江、扬州、苏州、无锡和常州。

"江运交汇文化区"内文化遗产资源丰厚。据不完全统计,有丰富的古文化遗址约百处;有100多处不可移动文物被列入全国重点文物保护单位;有11座城市被列为中国历史文化名城,31座镇被列为中国历史文化名镇,12座村被列为中国历史文化名村,三者数量在全省占比分别是85%、94%和100%;有7座镇被列为江苏省历史文化名镇,有历史街区48个;在全省登录的1032处不可移动革命文物中,8市共有534处,占总量的51.7%;有国家级非遗代表性项目88个,省、市级非遗代表性项目321个。文化区内还拥有世界级的经典文化遗产资源,包括苏州园林、明孝陵、大运河世界遗产点段、江南水乡古镇、海上丝绸之路遗迹点、南京城墙、扬州历史城区、南京民国建筑群、惠山祠堂群、南通唐闸历史工业城镇等。被列入联合国人类非物质文化遗产代表作名录的10个项目,也主要分布在江运交汇文化区内。这些为江苏两大国家文化公园协同建设提供了核心支撑资源。

江运交汇文化区内主要古文化遗址表

类型	主要文化遗址
远古遗址	南京人化石地点、莲花洞遗址、溧阳上黄水母遗址保护区(中华曙猿地质公园)、三山岛遗址及哺乳动物化石地点、影山头遗址等
湖熟文化古遗址	城上村遗址、窨子山遗址、梁台遗址、神墩古文化遗址、前岗古文化遗址、天目山遗址等
马家浜—崧泽—良渚文化序列遗址	寺墩、象墩、草鞋山、赵陵山、绰墩、东山村、螺丝墩、骆驼墩、蒋庄、西溪等遗址
其他古文化遗址	兴化南荡遗址等南山文化资源点、龙虬庄遗址等龙虬文化资源点、佘城遗址等马桥文化资源点、北阴阳营古文化遗址等2个北阴阳营文化资源点;青墩遗址等2个青墩文化资源点,薛城遗址、三星村遗址等9个史前文化资源点

江运交汇文化区内省级以上历史文化名城名镇名村表

类别	名录
中国历史文化名城(11个)	南京市、苏州市、扬州市、镇江市、无锡市、南通市、泰州市、常州市8个设区市和常熟市、宜兴市、高邮市
江苏省历史文化名城(4个)	兴化市、江阴市、南京市高淳区、如皋市
中国历史文化名镇(31个)	甪直镇(苏州市吴中区)、周庄镇(苏州昆山市)、同里镇(苏州市吴江区)、木渎镇(苏州市吴中区)、沙溪镇(苏州太仓市)、千灯镇(苏州昆山市)、锦溪镇(苏州昆山市)、沙家浜镇(苏州常熟市)、东山镇(苏州市吴中区)、震泽镇(苏州市吴江区)、黎里镇(苏州市吴江区)、古里镇(苏州常熟市)、凤凰镇(苏州张家港市)、光福镇(苏州市吴中区)、巴城镇(苏州昆山市)、邵伯镇(扬州市江都区)、大桥镇(扬州市江都区)、临泽镇(扬州高邮市)、界首镇(扬州高邮市)、荡口镇(无锡市锡山区)、长泾镇(无锡江阴市)、周铁镇(无锡宜兴市)、孟河镇(常州市新北区)、沙沟镇(泰州兴化市)、溱潼镇(泰州市姜堰区)、黄桥镇(泰州泰兴市)、栟茶镇(南通市如东县)、余东镇(南通市海门区)、安丰镇(盐城东台市)、富安镇(盐城东台市)、淳溪镇(南京市高淳区)
江苏省历史文化名镇(7个)	金庭镇(苏州市吴中区)、平望镇(苏州市吴江区)、桃源镇(苏州市吴江区)、丁蜀镇(无锡宜兴市)、宝堰镇(镇江市丹徒区)、白蒲镇(南通如皋市)、时堰镇(盐城东台市)

续表

类别	名录
中国历史文化名村（12个）	明月湾村（苏州市吴中区）、陆巷村（苏州市吴中区）、杨湾村（苏州市吴中区）、东村（苏州市吴中区）、三山村（苏州市吴中区）、礼社村（无锡市惠山区）、焦溪村（常州市武进区）、杨桥村（常州市武进区）、沙涨村（常州溧阳市）、漆桥村（南京市高淳区）、杨柳村（南京市江宁区）、余西村（南通市通州区）
江苏省历史文化名村（6个）	葛村（镇江市镇江新区）、柳茹村（镇江丹阳市）、儒里村（镇江市镇江新区）、九里村（镇江丹阳市）、华山村（镇江市京口区）、严家桥村（无锡市锡山区）

江运交汇文化区内主要革命文物名录表

城市名称	名录
苏州	张应春烈士墓等
无锡	秦邦宪旧居、宜城街道太平天国建筑及壁画、新四军标语、陆定一故居、张闻天旧居、新四军六师师部旧址、太华新四军一纵纪念地等
常州	新四军江南指挥部旧址、瞿秋白故居、张太雷故居、中山纪念堂、宋巷新四军一支队司令部旧址、李公朴旧居、史良故居、恽代英住地等
镇江	赵伯先故居、墓，焦山炮台、圌山炮台遗址，"五卅"演讲厅，新四军四个县联合抗日会议旧址，总前委、三野司令部驻地旧址，冷遹故居，新四军江南指挥部旧址，贺甲战斗旧址，培根师范旧址，苏南抗战胜利纪念碑，新丰车站抗日战斗旧址等
扬州	周恩来少年读书处，华中雪枫大学旧址，新四军挺进纵队二三支队司令部旧址，新四军苏北指挥部旧址，高邮侵华日军投降处旧址，郭村战斗指挥部旧址，邵伯保卫战遗址，许晓轩故居，苏中军区后方总医院旧址，射阳湖镇革命烈士墓等
淮安	周恩来同志故居、苏皖边区抗日政府旧址、中共中央华中分局旧址、黄花塘新四军军部旧址、关天培祠堂和墓葬、周恩来童年时期读书处旧址、刘老庄八十二烈士墓、江淮大学旧址等
宿迁	彭雪枫烈士陵园、宿北大战烈士陵园、朱家岗烈士陵园、杨泗洪墓等
徐州	淮海战役之碾庄战斗革命烈士纪念碑、纪念淮海战役的建筑群、王杰烈士墓、渡江战役总前委旧址、中国人民解放军华东野战军前委指挥部旧址、第三野战军成立旧址等

续表

城市名称	名录
南京	中山陵、雨花台烈士陵园、中国共产党代表团办事处旧址(梅园新村)、侵华日军南京大屠杀死难同胞丛葬地、孙中山临时大总统府及南京国民政府建筑遗存、拉贝故居、八路军驻南京办事处旧址、天堡城遗址、邓廷桢墓、罗廊巷太平天国建筑及壁画、金沙井太平天国建筑、粤军阵亡将士墓、两浦(浦口、浦镇)铁路工人“二七”大罢工指挥所旧址、新四军一支队司令部旧址、渡江胜利纪念碑、前驻外使节九烈士墓、航空烈士公墓、范鸿仙墓、“皖南事变”三烈士墓、横山县抗日民主政府旧址、六合竹镇抗日民主政府旧址等
泰州	黄桥战斗旧址、人民海军诞生地旧址、新四军东进泰州谈判处旧址、泰州革命烈士陵园等
南通	韩公馆(联合抗日座谈会旧址)、苏北抗大九分校旧址、白蒲镇民居(中美联合谈判旧址)、新四军联抗部队烈士墓、苏北第一届参政会会址、高凤英烈士墓、苏中七战七捷纪念碑、启东县首届人民政府旧址、耙齿凌战役烈士陵园、中国工农红军十四军成立遗址、朱理治故居等
盐城	革命旧址 5 处:新四军重建军部旧址、抗大五分校旧址、八路军新四军白驹狮子口会师旧址、中共中央华中局第一次扩大会议旧址、停翅港新四军军部旧址;纪念碑和塔 2 处:新四军盐阜区抗日阵亡将士纪念塔、苏中四分区抗日烈士纪念碑;顾正红烈士故居、钱氏卷瓦楼、华中鲁迅艺术学院烈士墓等
连云港	赣榆抗日山烈士陵园等

江运交汇文化区内还分布着大量的工业遗产、农业遗产(吴江蚕桑文化系统、先蚕祠、以江苏泰州市兴化垛田为主体的传统农业系统、泰兴银杏作物栽培系统、古海陵仓遗址等)、水利遗产(东水关遗址、京口闸遗址、太仓石拱桥、太湖水利同知署旧址、锡澄运河南北新桥、清名桥及沿河建筑等)、地名文化遗产、交通遗产、风景名胜区(长江新济洲国家湿地公园、幕燕森林公园、龙袍长江湿地公园、三山风景名胜区、张家港双山岛、狼山风景名胜区、泰兴仙鹤湾风光带等)等,这些均是江苏国家文化公园融合建设的核心支撑资源。其中,工业遗产以 2020 年江苏省工信厅首次对省内工业遗产展开调研的结果为主进行统计,共调查登

记并公布了工业遗产 99 项,其中分布在大运河江苏段和长江江苏段交汇片区内的达 74 项,占总数的 74.7%。

江运交汇文化区内主要工业遗产名录表

地级市	名录
南京市(18 项)	金陵机器制造局、永利化学工业公司铔厂、南京油泵油嘴厂、南京手表厂、中船重工集团第七二四研究所旧址、南京电影机械厂、南京第二机床厂、南京工艺装备制造厂、南京宏光空降装备厂、金城机械厂、南京印染厂、南京第一棉纺织厂、金陵船厂、金陵石化公司烷基苯厂、南京金线金箔总厂、南京飞燕活塞环厂等
无锡市(13 项)	茂新面粉厂旧址、北仓门蚕丝仓库、永泰丝厂旧址、大窑路窑群遗址及窑业公所旧址、无锡压缩机厂、无锡钢铁厂、无锡庆丰纱厂、无锡惠元面粉厂、无锡开源机器厂、无锡县柴油机厂、黄田港汽渡码头原址、扬子江造船厂旧址、江阴利用纱厂旧址
常州市(13 项)	常州恒源畅厂、常州大明纱厂、常州大成一厂、常州大成二厂、常州大成三厂、黑牡丹集团旧址、常州华昌染织公司旧址、常州第二无线电厂旧址、常州合成纤维厂、常州梳篦厂、武进双湖粮油机械厂、箭龙水泥厂、戚墅堰机厂
苏州市(8 项)	苏州第二制药厂、苏州电力电容器厂、江南无线电厂、甪直酱品厂、苏州陆慕御窑金砖厂、坛丘缫丝厂旧址、长城电器旧址、浒关蚕种场
南通市(6 项)	大生纱厂、大兴面粉厂、广生油厂旧址、资生铁冶厂旧址、颐生酿造厂老厂区、大生三厂
扬州市(9 项)	扬州瓜洲老扬锻厂、扬州麦粉厂旧址、邗江瓜洲锅厂、扬州灯泡厂、中国兵器工业集团、谢馥春旧址、江苏扬农化工集团、邗江古籍印刷厂、江苏油田真 6 井
镇江市(5 项)	恒顺镇江香醋传统酿造区、德士古火油公司旧址、美孚火油公司旧址、亚细业火油公司旧址、丹阳钢铁厂
泰州市(2 项)	泰来面粉厂、梅兰春酒厂

四、推进江苏大运河与长江国家文化公园协同建设的路径建议

（一）分别加强各自内涵挖掘、尊重既有特色、明确建设主体、协同组织保障、配套政策机制、精心设计项目等

一是江苏大运河和长江国家文化公园建设各有特色，各有内涵，各有任务，应分别加强对大运河、长江江苏段文化内涵的挖掘和研究，以充分认识大运河、长江江苏段各自的文化内涵和价值体系，为进一步明确建设主体以及凝练价值内涵、找准建设定位等提供核心参考。

二是健全协同管理体制机制。在省大运河文化带暨长江国家文化公园建设工作领导小组指导下，构建跨层级、跨部门的政府间沟通协调联席会议制度，统筹宣传、发改、文旅、文物、水利、交通、生态、自然资源、城乡建设等部门合作的重大建设项目，由主体负责部门协调定期召开多部门项目落实联席会。江苏可率先完成国家文化公园管理体制改革，在统一文化主题、统一规划、统一标准的基础上，力争在各市域范围内初步试点建立国家文化公园的统一管理、统一运营的政策机制。当然，在国家文化公园建设和后续更新中，应结合重点区域、时序、目标、策略等，在统一标准基础上依据地方特色，实事求是推动一体化发展。

三是推动各行各业参加江苏大运河与长江国家文化公园建设，并与长三角各省市加强协同。在尊重大运河、长江文化各自既有资源特色的基础上，统筹谋划价值内涵丰富、主题突出、特色鲜明的重大建设项目，并推动实施。

（二）充分总结和发扬已经具有的大运河文化带及国家文化公园建设的成功做法和经验，进一步完善国家文化公园政策设计与评估，确保党中央对于国家文化公园的功能定位在江苏落地

一是依托大运河国家文化公园建设空间载体，围绕江苏国家文化公园内涵，在全省整体统筹下，推动沿线各市协同构建具有立体化、多元化等特征的文化空间格局，为共同展现江苏文化魅力提供优质的载体平台。

二是总结江苏大运河国家文化公园建设资金配置经验，推动设置市级配套资金，统筹安排长江与大运河国家文化公园建设财政资金。建议将大运河文化旅游发展基金扩展为长江与大运河文旅发展基金，确保长江和大运河国家文化公园建设项目的落地及其品位、品貌和品质，并优先支持长江与大运河交汇城市主体功能区重大标志性项目建设。加强大运河、长江文旅项目的协同招商引资力度，积极引进国内外头部企业、金融资本和社会资本参与国家文化公园江苏段建设。

三是借大运河国家文化公园配套设施建设之机，推动长江江苏段沿线八市与国家文化公园建设相关的基础设施互联互通，共同构建立体化的综合交通网络，提升重要文化展示空间的交通通达能力。

（三）开展“江运交汇文化区域遗产”的调查研究，推进大运河及长江江苏段沿线文物和文化遗产保护利用，以进一步彰显中华文化标识，助力国家意识培育

一是开展江运交汇文化区内文物和文化遗产资源考古、调查与研究工作，从历史、文化、艺术、科学等多维价值角度开展科学评估，认定公布保护对象，建立

文物和文化遗产各级保护名录，并据此绘制空间分布图。加快利用数字科技建设信息平台，建立江运交汇区域内文物和文化遗产资源电子化档案，形成数据共享与动态维护机制，夯实交汇区内文物和文化遗产资源保护利用基础工作。

二是借江南水乡古镇、中国明清城墙、海上丝绸之路等项目申遗工作不断被推进的契机，推动更多文化遗产如重要农业文化遗产、灌溉工程遗产等申报世界文化遗产。加强主题相同、距离相近的遗址遗迹有机串联，推动实现整体保护展示。加强特色街区及历史建筑保护性修复，尤应注重保持街区或历史建筑风貌，赋予它们当代价值功能。

三是充分挖掘江运交汇区内红色文化资源内涵。传承弘扬大运河和长江红色文化，分级分类建设完善爱国主义教育基地和红色纪念馆，做好红色旅游经典项目。

四是参照大运河文化带江苏段非物质文化遗产保护传承与弘扬过程中形成的相关理论及经验总结等，明确长江江苏段沿线非物质文化遗产保护传承与弘扬的方向及重要内容，包括形成科学合理的长江非物质文化遗产保护名录体系，建立特色文化生态保护区等。

（四）协调规划编制，防止重复建设，在已完成的专项规划基础上，建议开展《江苏国家文化公园协同融合建设与高质量发展规划》的编制工作，确保国家文化公园江苏段建设和管理的高水平高质量

在深入调查研究的基础上，突出顶层设计，坚持规划先行。从全局出发，站在国家的高度在已分别完成的江苏大运河与长江两大国家文化公园概念规划的基础上，统筹考虑长江、大运河江苏段沿线尤其是江河交汇区域、叠合区域内的区位特点、资源禀赋、人文历史、文化内涵、公众需求等，统筹编制《江苏大运河与长江国家文化公园协同融合建设规划》。规划编制应在符合国家文化公园建设总战略的同时突出江苏特色，注重两大国家文化公园建设重点工作项目的充分衔接，包括与水利水运、生态保护、国土空间管控、文旅产业发展等方面的统筹协

调,以避免重复建设,实现跨区域跨部门齐抓共管,形成集全省合力协同开展大运河与长江两大国家文化公园建设的良好格局,进而确保国家文化公园江苏段建设和管理的高水平高质量。同时也为沿岸各地两大国家文化公园协同建设规划、专项规划等编制工作实施提供方向指引。

(五)在江苏文化一体化建设的总体目标下,科学配置资源,谱写江苏江南、江淮、江海、淮海、黄淮区域内文化建设新篇章,让长江文化、大运河文化与涉及的海洋文化既互相融合又竞相生辉

以江苏江南、江淮、江海、淮海、黄淮区域内重要文化资源为核心支撑,在江苏文化一体化建设目标指引下,整体打造融摄多元文化的展示空间。如以镇江、扬州的长江和大运河交汇处为核心,融合西津渡历史文化街区、瓜洲古渡国家水利风景区,汇聚焦山、北固山和金山等自然景观,联合京口闸、救生会旧址、三江营、瓜洲水利枢纽等文化资源点,形成融合长江文化、大运河文化的主题展示区;以江河、江海交汇区域内海丝文化遗产如浏家港、天妃宫遗址、樊村泾遗址、郑和公园等为核心支撑,讲述郑和下西洋、中外文化交流互鉴和"六国码头""天下第一码头"之前世今生,彰显海丝繁荣之景象等,推动长江文化、大运河文化与涉及的海洋文化、黄河故道文化等各美其美、美美与共。

(六)高起点推进长江与大运河纵横支撑下的江苏文旅融合发展,开展文旅项目协同建设与运营,尤其加强水上旅游线路的串联

一是发挥长江江苏段交汇运河、连通大海的优势,以长江干流为主线,串联秦淮河—胭脂河—胥河、滁河、江淮大运河和江南大运河、通扬运河、串场河、孟河、浏河—娄江等重要支流,统合沿线名城名镇名村、遗址遗迹、革命圣地、自然景观、非遗及文化生态保护区等文化资源点,塑造休闲旅游集中展示带。

二是利用长江及相关支流,联结大运河国家文化公园,形成通行顺畅、景观优美的水上游览线。重点连接大运河沿线遗址公园、纪念设施、博物馆、非遗展

示馆、红色文化场馆、风景名胜区、生态文明场馆等，推动构建高品质、多样化的文化、生态展示和研学体系，打造一批山水人城和谐相融的滨江城市客厅和文化空间，让市民、游客分享国家文化公园的独特价值，最终形成江苏扬子江世界级城市休闲旅游带。

（七）协同推进沿岸居民生活的公共文化服务和公民文化休闲设施建设，助力沿岸城市推进中国式现代化建设

结合大运河、长江江苏段沿岸尤其是江运交汇文化区内城市空间建设、重点公共文化项目建设、文化遗产保护利用项目以及城镇（村）保护修复方案实施等，打造亲水的滨河、滨江型公共文化服务和公众文化休闲系统，以吸引更多民众体验国家文化公园的公益性功能，使国家文化公园融入民众生活，为推动实现长江、大运河沿岸城市包括物质、政治、精神、社会、生态的“五大文明”协调发展的中国式现代化提供动力支撑。

（八）从省级层面协同推进江苏大运河和长江国家文化公园对外传播交流，促进国际文化影响力提升

一是继续支持世界运河历史文化城市合作组织（WCCO）开展国际交流活动，将世界运河城市论坛进一步做大做强。

二是搭建省级国家文化公园外宣平台。统筹谋划国家文化公园重大宣传活动，动态制定宣传推广方案。在已经完成建设的金色运河基础上，推进江苏长江文化的经典内涵挖掘，利用国际通行语言体系在国际媒体平台上讲述大运河文化、长江文化故事，创新二者传播内容、传播媒介及传播途径。

三是通过国家文化公园网站、微信公众平台、电视和网络等多种媒体形式，以及形象标识设计、宣传手册、宣传片等多种途径广泛开展宣传引导工作，以提升广大民众对大运河文化、长江文化的保护传承弘扬意识。

参考文献

[1] (宋)乐史:《太平寰宇记》,王文楚等校,中华书局,2007年。

[2] (宋)王象之:《舆地纪胜》,中华书局,2012年。

[3] (清)赵尔巽等:《清史稿》,中华书局,1977年。

[4] (清)黄之隽:《江南通志》,华文书局,1967年。

[5] 卢思成、冯寿镜:《江阴县志》,194页,光绪四年刻本影印。

[6] 单树模等:《江苏地理》,江苏人民出版社,1980年。

[7] 邹厚本主编:《江苏考古五十年》,南京出版社,2000年。

[8] 周毅之、徐毅英主编:《江苏历史文化览胜》,江苏人民出版社,2016年。

[9] 唐长孺:《魏晋南北朝史论丛》,三联书店,1955年。

[10] 程民生:《宋代地域文化》,河南大学出版社,1997年。

[11] 周振鹤:《周振鹤自选集》,广西师范大学出版社,1999年。

[12] 欧阳洪:《京杭运河工程史考》,江苏省航海学会(苏准印87第175号),1988年。

[13] (明)王穉登:《荆溪疏》(二卷),明万历四十七年(1619)刻《王百谷集》本。

[14] (明)《京口三山志》(十卷),明正德七年(1512)刻本,3册。

[15] (清)张大昌:《广陵曲江复对》(一卷),《武林掌故丛编》本。

[16] (清)戈守智:《邗江杂咏》(一卷),清乾隆刻本,1册。

[17] (清)张之纯:《江阴倭寇旧闻》,1919年铅印本。

[18]（清）陈庆年:《顺治镇江防御海寇记》（一卷），扬州古旧书店朱丝栏抄本。
[19]（清）汪中:《广陵通典》（十卷），清道光三年（1823）刻本。
[20]《润州见闻录》（一卷），刘履芬编《古红梅阁丛抄十种》本，合2册。
[21]（清）吕山嵋编:《江南山水图》，清康熙二十五年（1686）刻本，1册。
[22]（清）《瓜洲志稿》（十二卷），清嘉庆间稿本，今残存八卷。
[23]（清）程思乐:《太湖志略卷》，嘉庆四年（1799）对山堂刻本，1册。
[24]（民国）沙曾达:《澄江咏古录》（三卷），1933年自娱斋铅印本，1册。
[25] 俞友清:《虞山小志》，1935年苏州文新印刷书馆铅印本，1册。
[26] 肖东:《南京大学贺云翱:运河与长江"十字相交"织就江苏繁华》，交汇点，2021年9月28日。
[27] 贺云翱:《长江文化:中华文明的壮丽篇章》，《中国三峡》2020年第1期。
[28] 贺云翱:《展现保护传承弘扬长江文化的江苏作为》，《群众》2021年第1期。
[29] 王宏伟:《林留根:以长江视角，看中华文明起源》，交汇点，2021年9月16日。
[30] 国家发展改革委:《大运河文化保护传承利用"十四五"实施方案》，2021年7月19日。
[31] 住房和城乡建设部、国家文物局:《关于加强国家历史文化名城保护专项评估工作的通知》（建科〔2021〕83号），2021年11月16日。
[32] 住房和城乡建设部、国家文物局:《国家历史文化名城保护不力处理标准（试行）》，2021年11月16日。
[33] 贺云翱、干有成:《中国大运河江苏段的千年华章》，《新华日报》2020年3月17日。
[34] 邱树森主编:《江苏航运史（古代部分）》，人民交通出版社，1989年。
[35] 孙华:《文化遗产利用刍议》，《中国文化遗产》2020年第1期。
[36] 宋长善:《大运河江苏段的文化遗产构成与基因谱系》，《边疆经济与文化》2020年第8期。
[37] 江苏省地方志编纂委员会编:《江苏省志·水利志》，江苏古籍出版社，2001年。
[38] 田德新:《世界遗产运河文化保护传承利用的立法经验与借鉴》，《中国名城》2019年第7期。
[39] 周岚:《历史文化名城的积极保护和整体创造》，科学出版社，2011年。

[40] 施嘉泓、方芳:《系统研究特色价值 规划引导保护发展——江苏省历史文化名村保护规划编制》,《乡村规划建设》2017 年第 2 期。

[41] 李永乐、孙婷、华桂宏:《大运河聚落文化遗产生成与分布规律研究》,《江苏社会科学》2021 年第 2 期。

[42] 闫东坡:《大运河(江苏段)沿岸聚落的空间分布研究》,《城市地理》2017 年第 4 期。

[43] 张秉福:《京杭运河非物质文化遗产保护与旅游开发互动模式研究》,《甘肃理论学刊》2020 年第 1 期。

[44] 胡忆南、孙超、李婷婷、王盈:《江苏工业遗产再利用比较研究——以南京与扬州为例》,《安徽建筑》2018 年第 6 期。

[45] 许晶晶、陈光龙、钱丹:《基于文脉传承的京杭大运河沿线工业遗产保护与再利用现状分析—— 以苏州、无锡和常州为例》,《安徽建筑》2019 年第 8 期。

[46] 杨志纯:《赋予江苏红色文化新的时代内涵》,《新华日报》2018 年 3 月 14 日。

[47] 贺云翱、干有成:《革命文物保护的意义和路径》,《群众》2018 年第 6 期。

[48] 于珍、孟国祥:《江苏革命遗址的保护和利用》,《档案与建设》2012 年第 2 期。

[49] 单霁翔:《乡土建筑遗产保护理念与方法研究(上)》,《城市规划》2008 年第 12 期。

[50] 徐志明:《大运河文化带建设与乡村振兴融合发展的难点与对策》,《江南论坛》2021 年第 10 期。

[51] 朱东风、苏红、武浩然、申一蕾:《打造大运河物质文化保护的"闪亮名片"》,《中国建设报》2019 年 8 月 26 日。

[52] 贺云翱、干有成:《中国大运河江苏段的历史演变及其深远影响》,《江苏地方志》2020 年第 3 期。

[53] 熊海峰:《大运河江苏段的发展演进、鲜明特征与历史影响》,《扬州大学学报》(人文社会科学版)2022 年第 2 期。

[54] 陈爱蓓:《推动江苏大运河文化带建设走在前列》,《群众》2021 年 9 月 13 日。

[55] 黎峰、李思慧、于诚:《以江苏大运河文化带协同治理助推长三角一体化》,《江南论坛》2021 年第 1 期。

[56] 南京市博物馆、北京大学考古学系汤山考古发掘队:《南京人化石地点 1993—1994》,文物出版社,1996 年。

[57] 周春林、汪永进、程海、刘泽纯:《论南京直立人化石的年代》,《人类学学报》1999 年第 4 期。

[58] 刘武、邢松、张银运:《南京人头骨化石研究新进展》,《古生物学报》2009 年第 3 期。

[59] 陈淳、张祖方等:《三山文化——江苏吴县三山岛旧石器时代晚期遗址发掘报告》,《南京博物院集刊》1987 年第 9 期。

[60] 房迎三、沈冠军:《江苏旧石器时代考古 20 年回顾》,《东南文化》2010 年第 6 期。

[61] 王弼、韩康伯注,孔颖达疏:《宋本周易注疏》卷第十二《周易系辞下》,于天宝点校,中华书局,2018 年。

[62] 刘沅:《十三经恒解笺解本・书经恒解・卷二・夏书・禹贡》,谭继和、祁和晖笺解,巴蜀书社,2016 年。

[63] 袁康:《越绝书校释》卷第二,中华书局,2013 年。

[64] 赵翼原诗,王起孙著:《瓯北七律浅注》卷五,苏州大学出版社,2015 年。

[65] 吕思勉:《史学与史籍七种》,译林出版社,2016 年。

[66] 班固:《汉书》卷二十四上《食货志第四上》,颜师古注,中华书局,1962 年。

[67] 李晚芳撰,刘正刚整理:《读史管见・三卷・货殖列传》,齐鲁书社,2014 年。

备注:上篇第一章主要参考资料

万绳楠等:《中国长江流域开发史》,黄山书社出版,1997 年。

蓝勇主编:《长江三峡历史地理》,四川人民出版社,2003 年。

季羡林主编:《长江文化议论集》(上、下),湖北教育出版社,2005 年。

贺云翱:《文化三峡:三峡库区地域文化遗产保护研究》,南京大学出版社,2013 年。

贺云翱:《历史与文化》,中国人事出版社,1996 年。

贺云翱、周行道:《文化南京:历史与趋势》,江苏人民出版社,2020 年。